人際關係與溝通技巧

【第二版】

Interpersonal Relationships and Communication Skills

曾華源◎校閱

鄭佩芬◎編著

校閱序

　　人際關係是生活中影響我們社會適應的重要關鍵。許多人都會發現，專業知識不必然是成功的唯一標準。許多事情是需要人際之間的協調與配合。因此，溝通技巧就成為重要的生活技能。在溝通上詞不達意可能影響不大，但是如果表達錯誤或使人會錯意，恐怕有可能帶來大的衝突。此外，人際關係能提供個人多方面心理需求的滿足；例如，被接納、自尊和安全感等等。而要能受他人接納與歡迎，就必須要能適當的和他人互動。因此，溝通是現代人需要學習的課題。

　　許多人都認為溝通的能力是天生，不需要學習或認識。雖然我們從小就在講話或與他人溝通，不過，我們是否能每次和他人溝通都成功？其實溝通不僅是一門學問，而且溝通是需要學習與實踐的。有時候我們的成長環境並不一定能提供良好的學習環境。例如，環境中重他人講話的用詞、姿態、表情、語調等等，會影響我們日後的人際溝通行為，就是最好的例證。既然溝通行為是學習來的，當然我們可以藉由認識、瞭解與練習的過程，增進溝通行為，使人際關係內涵更具多功能性。

　　過去的溝通與人際關係之課題，常常著重在溝通技巧之介紹與演練。其實溝通是一種藝術，不僅要能夠瞭解溝通之知識，更需要實際去操作。因此，學習溝通要注意幾件事情。首先，溝通行為並非純然只是生物性反應，其意義是具有社會文化性質的。也就是溝通行為必須因地制宜，要看時間、地點和對象。有時，不說話還比講錯話的結果好。因此，愛講話或是話多，不見得就是溝通高手。認識溝通過程，是如何做適當反應的基礎。其次，溝通之重點在於

使雙方能相互瞭解，達成共識才算溝通完成。難以溝通的人，應該是指無法理解他人意思，或是無法把話講得讓人聽得懂。難以溝通的人，絕對不是指對方不接受你意見的人。第三，溝通的藝術在於先能準確把意思傳達清楚，讓人覺得你是誠懇的和可信的。至於幽默或技巧性轉移話題等等層次，則是需要更多經驗和機會才能學習更好。第四，溝通行為之意義是具有社會文化性質。換言之，溝通行為會因為處於不同文化，需要有不同的表現，也需要以當時的社會脈絡來解釋，否則常會造成誤解。例如泰國社會不允許摸小孩子的頭，因為會把人的福氣帶走，而中國社會摸孩子的頭代表憐愛和關心。第五，溝通行為之意義具主觀性，所以溝通者不能強調「我的意思是……」，而必須重視接收訊息者認為是什麼意義，才能做好溝通。另外，兩性在表達與意義上是有差異的，因此溝通時必須多加注意，否則常會造成誤解。

長榮大學社會工作系鄭佩芬老師學有專精，授課精彩，很高興她願意針對此一主題，花許多時間彙整資料出書。書中內容不僅針對溝通過程與影響因素深入分析，而且強調不是溝通技巧好就能建立人際關係。因此，鄭老師還整理人際關係相關理論，以說明人際吸引力的來源，和建構親密人際關係之基礎。尤其難能可貴的是該書還囊括我國文化內容輔佐說明，也特別包括不同情境中，人際溝通與技巧運用之說明。其內容相當紮實，故本人很高興她願意在揚智文化事業出版公司的邀約下出版本書，相信對於有志於增進人際關係和溝通能力的人，定有具體的幫助。故樂意為文推薦。

東海大學社會工作系

曾華源

大度山麓

自　序

　　人際溝通在我們的生活中至為重要。有效的溝通不只為我們化解人際阻礙，甚至帶來正向的關係，進而滿足需求。然而，溝通並非易事。溝通作為一個「有意義」的互動歷程，其內涵相當複雜，溝通的歷程與成效受到溝通者、環境脈絡以及訊息等等不同因素的影響。這本書期望能夠幫助讀者釐清這些不同的影響因素，學習如何進行有效的溝通對話，避免或在必要時得以處理人際間的衝突，甚至在不同的重要人際互動場合能夠善用溝通，建立友善且互利的關係。

　　本書自2000年初版迄今，許多例說已不符時宜，於是在出版社建議下，予以重新編排改版。每章均以一則小故事作為開頭，除了希望能引起讀者興趣並形成於該章的初步印象外，部分章節討論亦延續這一則故事進行舉例，期望能幫助讀者瞭解。全書共分十二章。首先澄清溝通的意義與重要性，接著說明知覺與溝通的關係，並討論自我知覺與對他人的知覺如何影響溝通，繼之談到溝通與關係並特別描述溝通恐懼的現象，然後分別從語言及非語言兩大脈絡來討論溝通。接著，我們談如何強化溝通能力，並首先從傾聽與同理開始，再論及怎樣進行有效的對話，在此我們特別強調在資訊發達的現代社會如何進行合宜的網路溝通，然後說明如何有意識地運用溝通來達成人際影響的效果。最後一部分則是討論幾種較為特別的溝通形式，包括進行談判協商、衝突的處理、在團體中以及職場中的溝通。

　　本書得以完成，除了須感謝出版社的促成與耐心等候之外，亦須特別感謝東海大學曾華源教授。曾教授是我大學時期的恩師，當

年亦是經他舉薦才得以著手編著初版的《人際關係與溝通技巧》一
書。本書匆忙整理付印，恐疏漏難免，尚祈諸先進不吝賜教！

鄭佩芬　謹識

於長榮大學社會工作學系

2013年10月

目　錄

第四章　語言溝通　95

第五章　非語言溝通　123

第六章　傾聽與同理　153

第一章

人際溝通緒論

- 人際溝通的重要
- 人際溝通的意義
- 人際溝通的複雜歷程
- 人際溝通的特質

　　「溝通」幾乎是我們每天都在進行的事，然而，你是否想過，我們為什麼要溝通？你期待溝通帶來怎樣的結果？有些人善於辭令，但是，那樣的人就是溝通能力好的人嗎？口才便給就代表擅長溝通嗎？究竟溝通的定義是什麼呢？其實真正善於溝通的人，應該知道如何把握溝通的時機，並使得溝通帶來正向的結果，創造友善的關係，否則即使說起話來滔滔不絕、言詞犀利或咄咄逼人，恐怕也會弄巧成拙，未必真正長於溝通。

　　具備溝通能力不只可以化解人際阻礙，甚至成為我們在專業領域中獲得成功的必要條件，Crebert等人（2004）中即認定「溝通技能」為核心就業力的範疇之一，如何有效溝通已常見於職場討論的話題當中。「溝通」的英文「communication」，其字源是拉丁字「communis」，原意為「彼此分享」、「建立共同的看法」。所以，從字義上來看，溝通的主體即在於互動雙方彼此瞭解、相互回應，並且期待能經由溝通的行為與歷程建立接納及共識。

　　溝通的範圍極為廣泛，其所包含的層次概分為以下三種：

1. 自我溝通（self communication）：在個人內心進行自我對話（inner talk）或獨白（monologue）。例如，曾參的「吾日三省吾身」，每天自問自己有哪些地方做得不夠好，反省自己還有哪些地方需要再多加改進，以增進個人品德的修養，這就是一種自我的溝通。

2. 人際溝通（interpersonal communication）：與其他人訊息的交換與互動，可能是發生在一對一的兩個人之間，經由不同的訊息管道；也許是講話、書信，或是臉部表情、手勢等，就

叫做人際溝通。

3. 大眾溝通（mass communication）：經由傳播媒體的協助，以多對多的方式進行溝通，或者是不同文化間的溝通，則稱之為大眾溝通。

在本書中，我們所要探討的範圍以人際溝通為主，不過其主旨內涵以及原則都能運用在大眾溝通中。

 ## 第一節　人際溝通的重要

人是社會性動物，幾乎可以說自出生以來，無時無刻都在與他人溝通，我們也藉著溝通來滿足各種不同的內在需求。馬斯洛（Abraham Maslow）的需求階層論（hierarchy of needs）就指出，人類的需求由下而上分別是：生理的需求（physiological needs）、安全感的需求（safety needs）、愛與歸屬感的需求（love and belonging needs）、尊重的需求（esteem needs）、自我實現的需求（self-actualization needs）；根據馬斯洛的說法，人類的需求滿足是階層性的，在先滿足基本需求之後，才會進一步要求更高階的需求滿足；他亦認為我們是透過溝通以滿足這些人類的需求。舉例來說，雖然嬰兒不會講話，但是當他飢餓而啼哭時，就是在與母親進行溝通，讓媽媽前來察看他的狀況，並且進行餵食，以滿足其生理需求。另外，愛與歸屬的需求更是必須經由和他人溝通互動，才有可能得到需求的滿足。如果我們在團體中，因為與他人互動的過程感覺到被愛、被接納，我們會很願意成為團體的一份子，甚至對團體的忠誠度會相當高。

社會心理學家佛洛姆（Erich Fromm）曾指出人類與生俱來具有

「關係需求」（need of relatedness），強調每個人都會期待跟他人產生情感上的關聯，並藉此確定自己的角色（role）、地位與存在的價值。尤其現今的社會生活型態實屬高度相互依賴，這些不同的需求層次，更幾乎都必須仰賴人際間的互動才能得到滿足。在人際關係中可以獲得許多資訊與資源，增進個人的社會生活適應。

Verderber等人（2011）認為人際溝通的功能包括：(1)滿足社會需要（meeting social needs）；(2)發展並維持自我（developing and maintaining self）；(3)發展關係（developing relationships）；(4)交換資訊（exchanging information）；(5)影響他人（influencing others）。而這五項功能可概分為心理、社會和決策三方面。在心理方面，人際溝通滿足我們和他人互動的人際需求，讓我們獲得關懷、接納與尊重，使我們不會感到孤單寂寞，並且進一步幫助我們認識自我。在社會方面，我們藉由和他人的溝通互動，來建立、維持或改變各種社會關係，包括：朋友、同事、夫妻等，並從中獲得社會支持與社會地位。在決策方面，我們每一天從是否起床開始，到早餐吃什麼以及是否要去上學，我們都在做決定。在無數的決定中，其中有些是自己決定的，有些是和別人一起商量後決定的。在決策過程裡，溝通具有相當重要的關鍵力量。透過溝通，一是我們獲取和決策有關的資訊、蒐集各種不同的意見；二是我們交換意見，並完成觀念的互動，在試圖影響他人的同時，也受他人影響。這些想法及意見的交換與互動，有時經由觀察，有時經由閱讀，有些經由其他視聽傳播媒體而獲得資訊，或者藉由和他人的交談溝通使得我們的思考方式更多元，更能避免錯誤。然後，我們可能會進一步影響他人的行為，好讓他人接受或同意我們的決定。例如，說服朋友參加宴會而不要去看電影、力勸朋友改變政治立場、說服老師修正授課方式與課程進度等。因此也有些人認為溝通的目的主要就是在影響他人的行為。

在我們的生命歷程中，可以說無時不刻在進行溝通，經由溝通所建立的各種親密程度不一的人際關係，幾乎可說是現代人必經的生活經驗。人際關係是溝通互動的結果，如果我們缺乏溝通的技能，很容易在人際關係的經營上成為一個失敗者，甚至可能因為溝通技巧不足，而影響我們的學習與工作。因此，不論在人生的哪一個階段中，不論是為了交友或工作，甚至在一般的學習活動或僅僅是生活瑣事，都必須藉由溝通來達成，並且滿足不同層次的需求，就像高夫曼教授（Erving Goffman）所說的：「你可以停止說話，但是不能停止溝通。」

第二節　人際溝通的意義

人際溝通指的是人與人之間訊息傳送和相互瞭解的過程；因此，溝通是一個「有意義」的互動歷程。溝通的本質在傳達訊息，使溝通雙方「瞭解」彼此的意思，而非讓對方「一定接受」傳訊者的期望。

人際溝通包含以下四個重要概念：

一、人際溝通是互動的（interactive）

溝通必然有來有往，而不只是單一方向的行為表現。在溝通歷程中，雙方對於溝通當下及溝通之後形成的意義和關係均負有責任。因此，溝通行為是彼此相互連結的過程。舉個例子來說，老師在下課前宣布：「記得下禮拜要考試……。」這段話所傳遞出來的意義及效果，要看接著發生的事而定。如果學生沒有反應就匆匆下課，表示雙方互動到此結束，而學生的匆忙離開亦代表某種回應的

意思，但是卻不見得已經成功確認了老師先前所傳遞的特定訊息意義。如果學生回答：「考哪幾章？」這時，溝通的內涵已經不同於前面隨即下課離去的反應，表示老師原先宣布的訊息中，對學生而言仍不足以呈現完整的意義，有必要加以澄清。因此，必須再進一步提供訊息，彼此才有可能完成真正的溝通；在我們的生活中，多數訊息的完整意義都必須藉著雙方來回往復的互動之後，才能真正完成。

二、人際溝通是一個過程（process）

它是在一段時間中，有目的地進行的一連串的行為，它不是一個時間點，而是持續不斷發展的過程。十分鐘的電話對談，或在下課時間跟同學聊個幾分鐘，甚至在車站跟朋友交換一個微笑、揮手道別，都是溝通過程。我們幾乎可以說，溝通永遠都是進行式，它是communicating的。

三、人際溝通是有意義的（meaning）

意義是指溝通行為的內容（content）、意圖（intention）及其被賦予的重要性（significance）。「內容」是所傳遞出來的訊息，即要溝通「什麼」，也就是發訊者所希望傳達給收訊者的意思。這些不同的內容可以藉著不同的符號來做表達，其中包含有口語與非口語的不同符號。「意圖」是指說話者表現溝通行為的理由，也就是「為什麼」要溝通；換言之，就是發訊者期待溝通後能得到哪些效果，也許是意見的表達或是傳遞消息，也可能只是發洩情緒。「重要性」則是指溝通的價值，亦即溝通對彼此雙方有「多麼重要」。這個重要性也許隨著內容而產生，也可能因為溝通對象不同

而來。

四、人際溝通的結果會創造關係

透過互動傳達雙方所接收之訊息的意義後，雙方內心會產生或形成對於對方的正負向心理感受，覺得對方是可信任或不可信任，而在心理上產生一種連結（bond），以決定是否要繼續互動或交往下去。

從上述說明來看，溝通其實具有相當強的主觀性，由接收訊息的人來「瞭解」訊息，也就是由他來解讀資訊。因此，在溝通過程中，傳訊者認為「我的意思是什麼」並不重要，而是接受訊息的一方如何解釋「傳訊者的溝通行為是什麼意思」才重要。「真相」可以說是只存在每個人的心中。所以我們可以瞭解為何會有「各說各話」、「同一件事可以有那麼多的版本」的原因了。

第三節　人際溝通的複雜歷程

溝通是一個相當複雜的歷程，達至有效能的溝通並非易事。從一個簡單的基本模式來看（**圖1-1**），溝通是一個訊息傳送的過程，訊息傳送者將訊息編碼之後，經由各種不同的管道，將訊息傳送給接收訊息的人，接收訊息的人再進行譯碼解讀。

```
┌─────────────┐                    ┌─────────────┐
│ 傳送訊息者   │   ──────────▶      │ 接收訊息者   │
│ 將訊息編碼   │      訊息管道       │ 將訊息譯碼   │
└─────────────┘                    └─────────────┘
```

圖1-1　溝通的基本模式

　　然而這個基本模式是從線性歷程的角度來呈現的，並不足以說明在眞實的溝通情境中，溝通「互動」的本質和複雜的內涵。從互動的觀點或體系的觀點來說明溝通的歷程，溝通的模式應可以再更詳細的分解成**圖1-2**（Berko, Wolvin & Wolvin, 1989）。

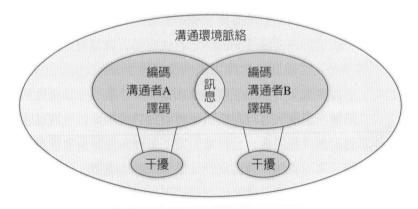

圖1-2　溝通模式的詳細分析

　　訊息傳送者在將訊息編碼並傳送出去之後，訊息接收者會根據自己的基模（schema）架構對訊息內容重新加以詮釋，以便「瞭解」傳送者的意思；然後接收者會將自己接到訊息之後的想法與感受，再回饋傳給對方，在這樣的模式中，發訊者與收訊者同時互爲收發訊息的溝通者，彼此之間同時處在共同的情境系統中，卻各自又爲各自的經驗與基模所影響。而溝通雙方就在這樣一來一往的訊息互動中，形成了彼此雙方的溝通，也建立起雙方的關係。

　　如此繁複的溝通歷程，是否能有效而且適當的與他人分享意見與感受，受到人際溝通歷程中許多因素的影響。其中，六種主要的影響因素分別是：(1)溝通者；(2)溝通訊息；(3)溝通管道；(4)溝通環境脈絡；(5)干擾；(6)回饋。茲分述如下：

一、溝通者

　　參與溝通歷程的人是任何溝通中最重要的主體,個人之間的差異會影響溝通程度及效能。

(一)生理上的差異

　　生理上的差異會影響彼此的溝通能力,而生理的差異所包含的範圍很廣;包括:性別、年齡、體能狀況甚至不同種族等等。因為人類的學習是經由聯結(association)和類推(generalization)的過程而獲得,因此,比較容易瞭解與我們具有類似特徵的人,也較能產生認同並且越能夠預測彼此的行為。當我們和不同生理條件的人溝通時,這些差異可能使我們面臨很大的挑戰。譬如,一個熟悉數位科技的十多歲的孫子,如果要教導已經八十多歲的老爺爺學會使用智慧型手機,大概會是一件非常困難的事,因為他們彼此間的世代差異實在太大了。生活世界不同、表達的方式不同、所使用的語彙不同、所關心的重點也不同,甚至於老爺爺在眼力、聽力和手腳反應上都可能比較退化。因此,彼此間因為生理因素所造成的差異就會成為彼此溝通的阻礙了。

(二)心理上的差異

　　每個人的個性、動機、自信、情緒特質、認知、價值觀和自我概念(self-concept)都有差異。有些害羞內向的人碰到活潑外向的朋友,可能在相處上就會比較辛苦,想法常常不同,在生活的安排上也大異其趣。每個人都會因為過去的經驗或思考,而預存許多不同的心理意象,我們統稱之為認知架構;而刻板印象(stereotype)

就是其中的一種。所謂「刻板印象」指的是一些對特定團體的人存有既定的、根深柢固的看法，這些刻板印象對於溝通的影響就十分深遠。譬如，早期美國的電影中所出現的中國人，千篇一律的都是腦後垂著一條辮子，瞇著一雙細眼，見人便打恭作揖、唯唯諾諾的形象；再比如有些人對於婦女的刻板印象就是女性是不關心政治的、沒有主見的。於是每天早晨看報的時候，先生會自己手執報紙頭版、目不轉睛地看著國家大事，然後不經意地將綜藝影劇版抽出來給太太，這些溝通行為都很可能是受到刻板印象的影響。

我們對自己的看法稱之為「自我概念」，例如，覺得自己是漂亮的、醜的、討人喜歡的、惹人厭的、聰明的、愚笨的等等，這些自我概念並不一定客觀，也不見得與別人的看法一致，甚至還可能與事實不符。但是這些對自己的評斷，卻嚴重影響人際互動溝通的效果與人際關係。舉例來說，一個人如果認為自己是好的、聰明的和有價值的，在同學告訴他「對不起，這個週末我可能不方便跟你一起複習功課」，他可能就會另外找其他朋友一起讀書，或是乾脆自己到圖書館去用功；但是，如果一個人的自我概念是負向的；認為自己不聰明、不夠好，在同學傳送拒絕的訊息後，很可能會認為「一定是因為我太差勁了，所以別人都不喜歡與我一起讀書」，於是更加自卑自憐、自暴自棄，更不容易和他人建立友誼。自我概念在和不同的人互動後，會得到修正，因此，自我概念會隨著人際互動經驗的累積發展或改變。

(三)社會經驗上的差異

每個人都來自不同的家庭，也有許多不同的生活、友誼和工作經驗，彼此之間有不同的角色與地位。這些不同的社會經驗，提供人們溝通時不同的「路線圖」或「腳本」，也會影響我們溝通的

內容和效果。舉例來說，當王馨向朋友傾訴自己嫁入數代同堂的大家庭後與一大家子家族成員共同生活的難處時，王馨的朋友若是個看重個人事業成就的未婚女子，大概比較難以體會她的心路歷程。另外在「放羊的孩子」的故事中，在最後真正「狼來了」的時候，鄰居之所以不願意出手相救，其原因可能並不在於鄰人缺乏同情心（sympathy），而是因為過去的幾次經驗告訴他們「狼來了」只是一個謊言，於是他們建構一個新的行為腳本，再遇到這種情形置之不理就是了。

(四)知識和技能方面的差異

經由教育途徑，人們有機會學習表達思想和感情的語言，亦可能習得較多溝通技巧。因此，教育程度較高的人可能比受教育不多的人來得善於表達自己。通常善於溝通的人在生活中容易占優勢，因為一來他們的溝通能力較強，所以溝通的效果較好；另一方面，則因為溝通對他們來說既然較不成為困擾，所以通常他們更傾向於主動溝通，勇於表達。比方說，英文能力好的人通常較願意與外籍人士溝通討論，也比較快能建立關係，甚至更容易達成他們與外籍人士互動的目的。

(五)性別和文化上的差異

性別與文化常常會影響我們的人生信念和生活經驗，而這些差異也常成為人際溝通上的障礙。兩個人的差異如果越大，就越覺得自己無法預期他人會有何種行為，因此心理上會感到不安，有時候我們以退縮或順從的行為模式來避免衝突，有時候則以攻擊來掩飾我們心裡的焦慮與害怕。

以性別的差異來說，通常不同性別特質的人在語言表達的策略

和細微程度上確實有所不同。一般而言，傾向於男性性別角色者，其表達方式比較果斷，並容易表現直接爭取的態度，例如，「我想跟你借心理學課本」，而女性性別角色者，其表達方式則顯得較為迂迴間接，以請求或是疑問的語氣來表達；例如，「你在看心理學課本嗎？可以借我嗎？」。另外，男性特質較強者在語言表達上比女性特質者來得簡略，同樣是形容運動會中大隊接力的一段，前者大概可以只用一兩個句子就說完；例如，「會計系第一名，資訊系最後一名」，但是換成後者則可以仔細鋪陳每個精采片段。不過，即使不同的性別特質確實可能存在不同的溝通差異，但性別取向其實從極端男性化到極端女性化之間存在許多類型，並不只有男性跟女性兩種，在溝通時應該要避免性別刻板印象所帶來的迷思。

二、溝通訊息

人際溝通，其意義的產生是經由訊息傳遞與接受的歷程而完成。而這個訊息傳遞的歷程相當複雜，因為它必須先將意義予以結構，才成之為訊息，而訊息的出現形態我們謂之符號（symbols），這樣的歷程叫做編碼（encoding），收訊的一方從符號解構為意義的歷程則稱為譯碼（decoding）。有時候因為訊息過於複雜，我們在呈現的形式上層層套疊，或是分段敘述，這個部分叫做訊息組織（organization）或形式（form）。

(一)訊息意義和符號

在一個人腦海中的想法和情感都是有意義的。其實這個意義部分就是藉溝通內容來予以呈現，包括事實（fact）和感受（feeling）。以想法來說，你可能有許多不同的主張或意見：職業

婦女該不該辭去工作專心教養孩子、下次考試要如何準備、將來的生涯計畫；在情感上也有許多紛陳的感受：喜歡、憂愁或是嫉妒。有時，我們傳送的訊息意義僅止於單純的想法與情感、事實與感受；但大部分時候，我們的訊息中同時包括有這兩個部分的意義。然而，這些訊息意義是如何傳遞的呢？為了要分享這些想法和感情，你必須透過由語言和非語言符號來表達。

　　符號是媒介，代表特別意義的一些文字，以及聲音、動作、表情。我們說話的時候，不只選擇能傳達意義的文字，隨之出現的還有，臉部表情、眼神、姿勢、口氣和音調等等。這些非語言的線索都會伴隨語言，影響對方來瞭解我們所要表達的涵義。有時因為符號使用不當，反而會干擾溝通的進行。比方說，訊息過多，可能使收訊者一時無法吸收，而發生難以理解的狀況。或者可能因為社會文化的差異而造成符號的誤用和誤解，例如，在日本的傳統飲食文化中，如果喝湯發出聲音是代表對湯汁美味相當讚賞；但是同樣的非語言行為，到了西方文化中，反而成為缺乏餐飲禮儀的不禮貌行為。另外，語言及非語言符號的不一致，也會造成收訊者對於訊息的困惑，而影響溝通的進行。譬如，當妻子興高采烈地展示自己的新髮型，做丈夫的一邊口中直誇「漂亮、漂亮」，一邊眼裡卻瞄著電視上的廣告美女，這時的妻子就很難確認先生這句「漂亮」究竟是誇讚她的新造型或是出於對廣告女星的讚賞。

(二)編碼和譯碼

　　把我們的想法和情感轉換成為有組織、並能藉以互動的符號，這樣的認知思考過程叫做訊息編碼；至於把對方的訊息轉換成自己所能理解的想法和感情，則稱為譯碼。在溝通的進行中，其實我們不太容易去意識到編碼或譯碼的過程，但是這個過程卻清楚存在。

比方說，你日夜不休地跟同學討論作業，數夜不眠讓你眼皮沉重，然後你說：「我快掛了」。這時候的你其實並非有意識地思考自己可以使用何種符號來表達目前的狀況。但是當對方聽到你說：「我快掛了」，且看到你呵欠連連，他不可能把「我快掛了」解釋為你真的即將性命不保，或轉譯成其他意思，而能清楚理解你已經十分疲倦，快要睡著了的意思。你的語言傳達疲倦的狀態與休息的需要，而非語言的呵欠連連，就更加重了語言訊息。這些都是編碼的過程，然後溝通的另一方則在接收到訊息之後做了譯碼的動作，於是溝通才算完成。

通常大部分人只有在必須仔細琢磨自己的遣詞用字時，才會意識到編碼的過程。比方說，為了要描述自己旅行途中所見到的奇聞異事，而設法找到精準表達的語詞，或是更適切的用語。同樣地，我們也只有在反覆思索從別人口中所吐露出來的某一個不熟悉的文字的意義時，我們才意識到譯碼的過程。但是，即使這個編碼跟譯碼的動作是經過審慎思考才完成的，仍然無法確保溝通雙方能夠像照鏡子一樣的一絲無誤地接收訊息。因為訊息意義是由參與溝通的雙方共同建立的，傳訊者再怎麼謹慎傳達訊息，收訊的一方仍有可能做不同的解讀。

所以，編碼和譯碼的過程其實在人際溝通中相當重要，如何清楚的結構並傳遞各種語言或非語言訊息、如何提升接收並澄清訊息的能力，有助於加強溝通的有效性和正確度。

(三)訊息的形式或組織

有時候我們所要表達的訊息意義比較複雜，就得要以更為結構化的方式來做溝通，因此可能必須將訊息做一番整理，予以分段或分項來說明，這種情況下，我們稱之為訊息表達的組織與形式。比

方說，當我們在陳述自己的生活經驗時，通常我們會選擇以時間作為溝通的順序架構，按照自己從年幼迄今的生命歷程來分段敘述，這種方式比起零零落落地陳述各樣生命事件，更容易讓人理解自己的成長經驗和生活態度。再比如，當李珍想要向家人描述有關於她打算承租的學生公寓時，她所使用的符號也會有一定的形式。如果她想讓父母瞭解居家便利性，那麼她可能會先從公寓的地理位置說起，然後說明公寓跟學校的距離以及公寓的設施；如果她想告訴父母親的是，她計畫怎麼布置自己的小天地，那麼可能就要先說明房間的隔局位置及大小，才能讓家人比較容易捕捉到所要表達的概念。

三、溝通管道

　　訊息形成以後，勢必經由各項感官及知覺管道傳遞。口頭的訊息，不管是面對面或是經由電話等等，都是經由音波傳遞給另一人。而文字和非語言的訊息，包括：符號（不管是書信或是網路）、眼神、表情、姿勢和動作，都是經由光波傳遞的。甚至觸覺、嗅覺也都是我們溝通的重要管道，這些不同的管道通常我們都是同時利用的。譬如，當孩子從學校上課回來，媽媽通常可以從孩子一進門是否有汗臭味，再看看孩子的臉上是否汗流浹背、衣服上是否沾了泥塵，就知道孩子今天在學校是否參與了體育活動，甚至可以推測他今天活動的激烈狀況。這就是經由視覺與嗅覺作為管道來傳送和接收訊息的。

四、溝通環境脈絡

　　人際溝通的環境脈絡包括有：物理環境、社會環境、心理環境、歷史環境以及文化環境。這些影響我們對溝通的期待，訊息意

義的傳送與接收，甚至干擾後續的溝通行為。

(一)物理環境脈絡

　　包括溝通時的地理位置、座位安排，以及溝通當下的時間等等，還有整個環境的因素；諸如冷熱、光線和噪音，這些因素都可能影響溝通。舉例來說，通常我們在車站講電話所用的音量比起在室內要來的大聲許多，這就是因為大部分室內環境較為安靜，不至於會有太多的喧擾，但是同樣的訊息內容傳送，如果在熙來攘往的車站，可能我們必須扯著嗓子說話，才能夠把要傳送的訊息說清楚。不同的物理環境會影響雙方的溝通行為與訊息。

(二)社會環境脈絡

　　所謂的社會環境脈絡是指溝通發生在不同角色地位間的差異，因此，互動溝通訊息的定義會因此而不同。例如，我們跟家人之間、同事之間所扮演的角色不同，溝通行為模式就會不同，溝通所出現的效果也不一樣。在家裡，小美可以接受媽媽喊她「胖小美」，因為她明白這是媽媽對她的暱稱；但是如果是在學校母姊會的會場上，媽媽還這麼喊她，甚至老師同學都跟著喊她「胖小美」，恐怕小美會覺得自己成了笑柄，就要不開心囉！因此，有效的溝通行為要注意溝通場合與時機，以及不同的角色地位。

(三)心理環境脈絡

　　每個人在溝通之際的心情和感覺就是我們所謂的心理環境。例如，阿達的女友剛剛才在電話中以「個性不合」為由跟阿達談分手，阿達正處在失戀的沮喪中，這時候，阿達的室友興高采烈的回到寢室，並大聲宣布自己苦追多時的女孩終於同意交往。這個時候

的阿達恐怕很難對室友說出什麼祝福的話，也無法顧及向來與室友間哥兒們的好感情，也許是兩眼瞪著室友說不出話來，或者甚至以為室友是在嘲諷他而勃然大怒。因為，對阿達來說，沮喪的情緒已經干擾了他對室友訊息的感受，也因此有了不同以往的反應，而這就是心理環境的脈絡。

(四)歷史環境脈絡

　　歷史環境指的是過去的事件或是之前的溝通，並因此讓溝通雙方形塑共識或建構彼此的關係和溝通的期待。譬如，小芳每次碰到室友小薇要跟她借筆記的時候，一定會仔細叮嚀「趕快還我、記得還我、別做記號」，這樣的話卻未必發生在小芳跟其他借筆記的同學之間。因為根據小芳過去出借筆記給小薇的經驗來看，糊塗的小薇經常借了之後忘記歸還，甚至在筆記上塗鴉。小芳為什麼要對小薇特別囑咐，而小薇何以對於小芳的囑咐不以為忤，其追根究源乃是因為兩人過去溝通的結果所形成。這個就是歷史環境的脈絡，換句話說，這個相關於借筆記要記得還的主題，是同學間在過去的溝通經驗中就已經形成的先前條件。

(五)文化環境脈絡

　　文化是指整體的社會生活方式，包括影響大部分人行為的信仰、價值觀和生活規範。在整個文化系統中還包括不同於主流文化的次文化，例如，青少年文化、台客文化等等。甚至在各個學校當中，也有不同的校園文化，而不同的公司也會有不同的企業文化，不同的家庭也形成自己不同的家庭文化。

　　Peter Andersen（1994）就曾指出：文化其實是溝通歷程中不可分割的一部分。文化對於溝通的影響雖然包括溝通雙方的信仰及價

值，但是更清楚影響彼此互動關係的，尤其是潛藏於文化中的溝通規則。所謂的溝通規則其實就是我們在特定情境中，或是和特定對象間，適當的溝通行為準則，甚且包括我們解釋他人溝通行為的指標（indexing）。通常，我們會從經驗中學習到蘊涵於文化的溝通規則。例如，小明從小就被父母依傳統禮教規範來教育，爸媽常告誡他的就是「囡仔郎有耳無嘴」，耳濡目染間塑造小明的溝通規則「大人說話、小孩絕不插嘴」，於是當小明去到學校，很可能習慣性地依照原先習慣的態度來表現，若遇上其他同學七嘴八舌地搶先發言，小明恐怕會覺得難以適應。

相同文化的人在溝通上比起不同文化的人要來得容易許多，例如，現今的青少年流行透過網路來傳達訊息，網路語言幾乎成為他們的慣用語彙，於是「妹妹」成了「美眉」；「shopping」成了「血拼」；「5201314」代表「我愛你一生一世」；甚至構詞形象化，發明不少網路符號來表情達意，例如「orz」。這些流通於青少年之間的溝通文化，對於不熟悉這套文化的人來說，恐怕就對於這樣的溝通方法感到束手無策了。

總之，在溝通的環境脈絡中不管是物理的、社會的、心理的、還是歷史的和文化的，這些因素都會影響溝通的進行，並且強化或者干擾溝通的成效。

五、干擾

干擾可能來自於對溝通雙方的內在或外在的刺激，或是出現其他符號訊息阻礙了意義的解讀。它使得溝通的有效性及正確性大打折扣，必須仔細予以克服。

(一)外在干擾

所謂「外在干擾」（external noise）又可略分為兩大部分，一者單純指存在於環境中的刺激，另一個則是語意上對於訊息理解的妨礙，這個部分我們另稱之為語意干擾（semantic noise）。

◆環境干擾

在環境干擾上，我們有時純粹因為環境上的外在刺激而干擾對訊息的接收。例如，當你正在學習如何操作新的電腦軟體時，你的注意力可能因為教室外一閃而過的熟悉而美麗的倩影所打斷，這時候的窗外倩影便是環境中的外在干擾。這些來自於環境的外在干擾還可能是時間或空間的干擾，例如，在我們急著出門趕車的時候，我們可能來不及聽清楚家人的叮嚀交待；或者是在人聲鼎沸的市場裡，我們很容易對於朋友的牢騷抱怨聽而不聞。這時我們就是受到了外在的環境干擾而影響溝通。

◆語意干擾

有時候外在的干擾並不是因為環境的關係，而是我們對於訊息的理解出現扭曲，會錯意，無法清楚接收到正確語意，這個部分我們另稱之為語意干擾。比方說一些所謂「專家」就可能容易在跟他人互動的時候出現語意干擾，因為這些各行各業的精英份子有時因為過於慣用專有名詞，因而忽略了在他們生活周遭的其他人並不具備專業知識的現實狀況，因此在跟人溝通的時候，經常出現自己所熟悉的專有名詞，譬如，醫院裡的醫護人員與家屬談話時，使用醫學專有名詞或英文簡稱，加護病房直接說ICU，對一般家屬造成理解的困難，這就是一種語意干擾。

有時候語意干擾是因為我們對訊息的某些部分特別在意，而使

得溝通雙方無法清楚瞭解彼此完整的訊息意義。例如，老闆對朋友形容公司一位年屆不惑的女秘書，說她是「辦公室裡的小可愛」，對你來說，這位女秘書對公司盡心盡力，通常得稱呼她一聲「大姐」，而老闆卻說她可愛，聽起來讓你覺得老闆語帶輕蔑，這時候你可能聽不下老闆其他的說明，而認定他是個男性沙文主義者。再舉個例子來說，假設你非常介意自己的身分地位，當別人告訴你說「競選里長需要有社會聲望才容易當選」，這時，你可能會以為別人嘲笑你不具有競選里長的資格，而因此跟他人處得不愉快。會出現這種語意上的誤差，除了彼此溝通能力上以及語彙意義的差異之外，其實內在的思想跟情感也是影響因素之一，而這個部分就是內在干擾了。

(二)內在干擾

「內在干擾」（internal noise）指的是發生於溝通者內，足以干擾溝通過程的思想或情感阻礙。比方說，我們在學習操作新的電腦軟體時，耳邊響起一首熟悉的旋律，那是年少時期跟情人之間最愛哼唱的一首歌，於是心思已無法專注在電腦學習上，只不斷回想起少年時代的戀情，這時干擾我們的其實並不是外在的音樂，而是內在的心情。

內在的干擾還包括錯誤的溝通假設和不同的溝通意願與期待。在發訊者一方常見的溝通假設是「我以為話已經講清楚了」，因為這個假設，常常使得傳送溝通訊息的一方不願多費脣舌，只以自己認為最精簡扼要的方式來溝通，以為對方一定能明白。譬如，當一個女孩子試圖拒絕男孩子的追求時，常常為了避免尷尬，選擇以比較含蓄的方式來表達，明明不喜歡卻不說清楚，而這種基於「你應該會懂」的錯誤假設所表現的溝通經常難以達成溝通的目的。至於

在收訊者一方常見的錯誤溝通假設則是「聽到了就以爲聽懂了」，但是事實上，我們每個人在接收到訊息之後，必須藉由我們原先的參照架構重新評估訊息，所以，聽到了不表示就能聽懂，而聽懂了也不表示就能接受。

　　另外溝通的意願和期待常常也是影響溝通的一個內在干擾。一般而言，溝通上的期待可以分爲：「工具型溝通」和「情緒型溝通」兩種；工具型的溝通主要有明確的目的與任務，譬如，在醫生與病人的關係中，溝通的主要目的是爲了明確瞭解疾病的症狀，好對疾病做確切的診斷，因此，彼此溝通的內容被期待能盡量明確，而溝通雙方若在情緒表達上有所保留，是可以被接受的。而此時，如果醫師對病人十分關懷，甚至對患者罹病的情緒都高度體諒與接納，通常病人內心會覺得非常感動，因爲這個溝通超乎他原先的預期，不只達成工具型溝通，更滿足情緒上的需要；而情緒型的溝通則主要爲了心理情感的滿足，常常未必在意訊息所傳遞的任務性。

六、回饋

　　回饋指的是接訊者對訊息的反應。我們說溝通歷程中包含的要素十分複雜，因此若要明確知道溝通的訊息是否清楚傳遞，接訊者對發訊者進行確認的動作就必不可少，這個確認就是回饋。因爲有回饋，才能讓發訊者知道其訊息是否被接收以及被瞭解。因爲溝通歷程的複雜，如果我們不經由回饋來進一步澄清訊息，我們很容易造成彼此對訊息的誤解。訊息的回饋和訊息的傳送一樣，都可以經由語言或是非語言的方式來進行，也可以同時合併有語言與非語言的不同符號。

　　舉個例子來說，老師在上課的時候，停下來問學生「懂不懂」，不管學生是回答「懂」、「不懂」，或者只是點點頭、搖搖

頭,甚至是面無表情和沒有動作,都屬於回饋的反應行為。老師也
可以從這些回饋中,確實瞭解訊息傳送的成功與否,進而澄清溝通
的意義。因此,回饋在整個的溝通技巧中是相當重要的一環,因為
如果缺乏訊息的檢核,就很可能會導致失敗的溝通。

第四節　人際溝通的特質

　　根據溝通的過程與功能,我們發現幾個人際溝通的特質。這些
特質反應在所有的溝通情境上。

一、溝通是有目的的

　　不論溝通者本身是否意識到溝通的目的,幾乎可以說「每一
個溝通都是目標導向」。譬如,智麟為了要做報告到圖書館去找
資料,當他檢索電腦檔案時,發現他所要的參考資料不在館藏中,
但是在其他學校的圖書館可以找到,他想利用館際合作,卻不知道
該如何利用這項服務。因此他找了圖書館員請教館際合作的事,這
個溝通行為,目的是在取得所要的資訊,如果他能順利辦理館際合
作,拿到他要的資料,他的溝通行為就是有效的。

二、溝通訊息是有差異的

　　我們每個人都試圖讓溝通達成原先期待的目標,但是能否接收
到傳訊者的原始目的,有時候卻有很大的差異。因為溝通可以是語
言和非語言的,我們幾乎無時無刻都在根據預定的「腳本」,或按
照對情況的瞭解來傳遞訊息。在人際溝通上,我們常常是自然流露

訊息，不太思考要把訊息做何種編碼來傳達，尤其個人使用符號的能力也有不同，意見、想法、感受和訊息編碼很難完全一致。有時候，當對方因此遽下推論或解釋時，就會因為「詞不達意」或「用詞不當」，而使人不解或甚至誤解傳訊者的本意，這也是人際溝通中常見的問題。

三、人際溝通是連續的

溝通其實從來沒有停過，只要和他人在一起，我們隨時隨地的一舉一動都在傳遞訊息。就算沉默不語，別人仍然根據這樣的沉默不語推論你的感受或想法。我們以為不說話就不會讓人明白自己所想，其實，我們的訊息仍在不知不覺中流散。冷的時候，我們的牙齒就打顫；天熱了，我們會不停冒汗；高興的時候，我們臉上會掛著微笑；憂愁的時候，我們會雙眉緊蹙。不論你喜不喜歡，你的溝通行為都在持續中。作為一位溝通者，我們必須明白：不論清楚的或隱藏的，我們都在傳遞不同的涵義。這些不同的涵義不會隨著我們的主觀意念而終止。只要我們在社會環境中，我們就隨時處在一個溝通的情境裡。

四、人際溝通是有關係性的

人際溝通會傳達或呈現出彼此的關係；也就是說在溝通中，我們分享了內容，也顯示和傳達溝通雙方的關係。在人際互動中會牽涉到關係的兩種層面，一種是呈現關係的親疏與情感。例如，當小張說：「老方，真高興見到你！」，並且面帶微笑，語調高亢熱誠，這時老方知道小張真的很高興看到他，彼此的關係與情感是正向的。如果小張遇見老方時，抬頭「嗯」了一聲，臉上面無表情

時，對老方來說，也能明白小張對自己恐怕有負向的情緒存在。

　　另一種溝通中的關係本質是在界定誰是控制者，也就是主宰雙方關係的人。關係的控制層面有所謂的互補關係或對稱關係。在互補關係中，一方的權力較大，溝通訊息較具支配性。在對稱關係中，則是溝通雙方都不同意有任何一方能居於主控地位。當一方試圖在溝通中達成控制時，將遭遇另一方對於權力的挑戰。彼此的權力與控制關係無法經由幾次溝通就達成共識，必須經過長時間的互動，才能界定與澄清關係中互補或對稱的本質。

五、溝通是可以學習的

　　因為人際關係在我們的生活中無時不在，因此愈讓我們容易忽略溝通形態與技巧其實是可以學習的。在溝通發生障礙的時候，我們總是以一句「我本來就這樣」來搪塞，我們很少認真去改變我們的溝通行為。我們總是習慣於以自己熟悉的方式來跟別人相處，卻忽略我們慣用的溝通模式其實也是自小學習而來，因此我們更能從不斷地學習與練習中重新修正我們的溝通技巧，改善我們的人際關係。

　　所謂的擅長溝通其實也不過就是「能夠恰如其分地把訊息符號用在互動情境上」，我們如果能善用溝通技巧，我們就可以成為一個勝任的溝通者。而溝通的技巧越好，越能夠真正認識別人，並且建立與維持適當的人際關係。

　　溝通的技巧大致可分為下列幾類：

1.語言技巧：如何善用文字，好讓訊息更明確。
2.非語言技巧：包括表情、手勢、聲音和姿態的應用。
3.傾聽和反應的技巧：幫助解讀訊息的涵義並且回饋分享。
4.表達跟影響的技巧：利用前述三種技巧的綜融運用，讓別人

更能理解自己的意思，甚至可以說服別人改變他們的想法、態度或行為。

熟悉這些技巧，讓它們成為你溝通時的一部分，並且藉此進一步改善或增強自己的人際關係。以下的建議是希望你能從本課程中得到最大的收穫。

第一，分析自己在溝通上的問題，並據此發展目標。由分析問題狀況並計畫學習如何因應溝通情境來使用有效的溝通技巧開始。例如，「問題：我的主管每次都指派我一些例行庶務，在團隊會議時經常略過我的意見，他甚至叫不出我的名字，還以為我是工讀生。我覺得我被忽視、被輕看，而覺得生氣，可是我從來都是悶在心裡，不知該怎麼說出口。所以我的問題是我不能向主管陳述我的感受，而我要學習的目標是，要改進自己向主管陳述我的感受的能力」。

第二，設法以具體的方式來設定改進溝通行為的目標。以特定的標的方向寫下正式的溝通目標敘述（goal statements），並且以具體、明確、甚至可以量化的方式來訂下目標的不同階段，訂定完成的計畫，請別人為自己作證。心理學家發現，人們如果設定具體的目標，會比單單承諾盡力而為的人較能達至滿意的結果。

第三，分析並評估目前的溝通技巧。知己知彼、百戰百勝，在要加強溝通能力之前，先仔細瞭解自己在目前的溝通難題上是怎麼處理的，障礙主要是什麼，這樣的步驟有助於自己在重新學習的時候更能清楚掌握學習的重點。然後在我們研讀到每一章時，都要根據練習指示反覆運用，並且嘗試應用這些步驟在特定的問題或困境中。付出行動是最重要的，因為它才是改變的真正根源與力量。

摘　要

　　溝通是一種有意義的互動過程。人際溝通是互動的，因為訊息意義發生於溝通者之間，它提供了心理的、社會的以及決策的功能。有時我們溝通是為了滿足內在需求或是自我的感覺；有時也為了發展和維持關係而溝通；有時候我們溝通則是因為要分享資訊或是影響他人。

　　溝通歷程包括了訊息的傳送和接收，歷程中包含許多不同的要素，諸如：溝通者、溝通訊息、溝通的管道、溝通的環境脈絡、溝通的干擾以及回饋。

　　人際溝通的特質：(1)溝通是有目的的；(2)溝通的訊息是有差異的；(3)溝通是連續的；(4)人際溝通是有關係性的；(5)溝通是可以學習的。有效的溝通因個人的溝通能力而定，溝通的不同技巧都能重新學習、發展和改進，我們都可以有系統地增進我們的溝通能力。

練習一

> 　　想想你最近參與的兩件溝通情境。其一是你認為溝通順利的；另一則是對你來說挫敗的溝通經驗。仔細比較一下，溝通者的差異、使用的訊息與符號、溝通的管道、溝通的環境、溝通當時的干擾與回饋，有哪些因素影響訊息的傳遞與理解。

練習二

> 　　想一想，你的自我概念是什麼，回顧一下你在今天一天中所參與的各種溝通情境。你對自己的不同看法有沒有影響溝通的進行呢？是正向或是負向的影響？

練習三

> 　　想一想，就你所瞭解的溝通過程，為增進個人溝通能力，你認為有效的溝通原則是什麼？

第二章

知覺與溝通

在公司的年終餐會裡，靖文發現這次的活動辦得比往常還要盛大，不只是公司裡各部門的同事幾乎都來了，甚至連合作的廠商代表亦都盛裝出席。一邊聽著老董在台前致詞，一邊卻不經意地被總經理身後的一個身影所吸引，這人眼角帶著笑意，散發著迷人的光彩，於是在眾人一同舉杯後，靖文藉著要向總經理致意之便，避開正寒暄著的新同事，慢慢走近。

讀完上面這段資料，試著回答下列問題：靖文是男性或是女性？爲什麼？那在總經理身後、吸引靖文目光的那人又是男的還是女的呢？在台前致詞的老董大概多大年紀？再仔細讀一遍上面的資料，你覺得自己的答案正確嗎？其實，這篇文章的小小段落，自頭至尾都沒有指出靖文的性別。但是，根據你過去對男性或女性行爲的瞭解，將影響你對前述兩者性別的判斷。

知覺出現在溝通的每一階段：對環境的知覺影響著訊息的傳送；對聽者的知覺影響訊息的組織與形式；對資訊本身的知覺會影響訊息的接收。知覺在人際溝通的研究上是非常重要的，而知覺還包括個人對自己和對他人的知覺。知覺具備高度的社會建構特質，而且遠比我們所以爲的還要主觀，改進自我知覺和對他人的知覺，其實是改善溝通行爲的一個重要起點。

 # 第一節　知覺與認知

在心理學上所說的感覺（sensation）有它特定的意義，所謂的「感覺」指的是在物理環境中，利用感官系統偵測到訊息的過程。

譬如，感覺到聲音（聽覺）、感覺到溫度（觸覺）、感覺到光線（視覺）；但是，這些眼睛、耳朵、鼻子、皮膚和味蕾所集合的資訊，不一定會對我們產生意義。當我們的心智從收集的訊息中選擇、組織，然後對訊息加以解釋和評估（evaluate），訊息才對我們產生意義，而這樣的過程就叫做知覺（perception）。簡單來說，知覺是指將資訊選擇、組織和解釋的過程，換句話說，就是將我們所感覺到的資訊予以整理，並賦予意義。

知覺是處理感官資料的歷程，也可以說是一個主動並且主觀處理資訊的歷程。有時候我們對世界、對自己和他人的知覺是正確的，但是也有時可能會曲解，以致於像透過哈哈鏡一般的，讓我們的知覺和事實產生距離。由於知覺是我們行為表現的基礎，所以如果知覺有了誤差，溝通的效果就可能會大打折扣，甚至反其道而行了。

基本上知覺的歷程可以分成兩大類，一個是由下而上的歷程，也就是直接從訊息的特徵來辨識，並做組織及建構；另一個是由上而下的歷程，意即從原本既有的經驗及知識出發，來對所感覺到的訊息加以判斷。知覺在本質上可以分成三個階段：訊息的選擇、訊息的組織和訊息的解釋。這三個階段幾乎是同時發生的。

一、訊息的選擇

即使我們處於大量感官刺激的情境中，通常也只能選擇性地注意某些事情，而忽略其他的部分。譬如，你現在正在讀著這本書，於是你的注意力集中在這一頁書上，同一時間你不會去注意到四周的景象或聲音，而這些景象或聲音其實並沒有隱藏起來，只是你沒有選擇這部分的訊息，它們成了背景，至於你所讀著的這一頁書則成為主體。

有時候知覺的選擇是因為生理感官上的限制，比方說，你近視

眼，那麼就看不清遠方的人影；你因為鼻塞，聞不到眼前的花香。但是，除了生理限制的因素之外，我們也可能因為某些心理因素而無法接收環境中所有的訊息，這些影響知覺選擇的因素包括偏好、需求和預期等。

(一)偏好

偏好是決定我們知覺選擇性的重要因素，通常我們會比較容易去注意到我們感興趣的訊息。例如，在聽別人談論桌球賽時，每個人所聽到的可能都不相同，桌球選手可能會注意比數跟擊球技巧；崇拜桌球明星的人可能會注意自己偶像的表現跟成績；而一個對桌球一竅不通的人所接收的訊息則對他一點意義都沒有，這也是為什麼當我們對於訊息不感興趣時，就容易出現所謂「視而不見、聽而不聞」的現象了。

(二)需求

我們是否知覺到訊息，其實也跟我們需不需要有關。當我們「必須」去注意不同訊息時，我們也會容易察覺出訊息的存在。比方說，期中考試到了，你就會特別在上課時注意聽講，尤其關心老師說些什麼和考試有關的話，不管是考試範圍、題型、占學期成績的比重等等。

(三)預期

影響知覺選擇的第三個因素是我們的預期。當我們期待訊息出現的動機較高，通常我們比較能夠知覺。譬如，我們到車站接朋友的時候，會很容易注意到朋友的出現。但是在平時，也許彼此擦身而過都未必注意到對方。感覺能力、偏好、需求和預期等因素共同

作用的結果，限制了我們對訊息的選擇性。

二、訊息的組織

　　訊息藉著感官系統而由我們的大腦接收後，是如何形成它獨特的意義呢？在大腦選擇訊息的同時，它就組織了這個訊息。知覺對訊息的組織依賴許多因素；包括資訊的清楚程度和我們當時的情感狀態，如果訊息不夠清楚或是太過複雜，都會讓我們的大腦在組織訊息上顯得困難許多。有時候我們會在一瞬間，把陌生人誤認為自己的朋友，因為「乍看之下，他的樣子好像某某人」，就像「杯弓蛇影」的故事一樣，我們有時會誤以為自己看到了真實，但卻是和真相大不相同的東西。這就是因為，訊息愈模糊，大腦組織的所需時間愈長，而且愈可能會出現失誤。

　　我們的大腦是依循什麼樣的原則來組織跟理解訊息的呢？從完形心理學（Gestalt Psychology）來看，大腦知覺組織的原則至少包括下面幾項：

(一)接近性

　　將空間上相接近的同類訊息組成有關聯的刺激，視為構成整組架構中的一個單位，比如說，經常同時出現的A、B兩人，通常我們會以為兩個人是親近的好朋友，為什麼我們常說「近水樓台先得月」，就是這個道理。

(二)相似性

　　我們傾向於將相類似的東西視為一個構成的共同單位，舉個例子來說，我們在看到一群人都穿同一個樣式的衣服出現的時候，我

們通常會以為他們屬於同一個群體。

(三)類推性

即使知覺到的訊息並不完整，我們仍能將它組成一個整體，例如，我們還沒有完全蓋好狗屋，但是當完成狗屋的基本骨架時，看到這個骨架的人就能推論出來所要蓋的是間狗屋。

(四)連接性

當訊息跟它的前導事物具有特徵上的銜接時，我們通常會很容易將這個訊息與其前導事物視為同一個單位，比如說，當我們在車站排隊買車票時，我們所知覺的並不是有「多少」人在排隊，而是「一串」很長的隊伍。

(五)單純化

將複雜的訊息組成簡單的形式，我們會依據單純的規則來組織所知覺到的訊息，想像你自己上課的情境，當你提到教室裡的同學時，你會說成「我們班」，而不是個別看待班級裡的人。

通常我們依據這些原則來組織所接收到的訊息，當所看重的原則不同，訊息的處理就可能隨之不同，就拿前面的例子來說，如果強調相似性的原理來看教室裡的同學，你可能會把他們分成男生和女生兩類；若是重視接近性的原理，就可能因此特別注意到有三個人坐在一起，並且跟教室內其他同學人隔開而幾乎沒有互動。

三、訊息的解釋

我們的大腦不只會選擇性注意某些訊息，並且加以組織，這些

訊息真正與我們發生獨特的意義關聯，主要是因為我們對於訊息賦予獨特解釋。解釋主要是針對當時被選擇和組織的訊息，訊息的選擇和組織是知覺的過程，訊息的解釋則是評估的過程。沒有任何的知覺是一種客觀知覺的歷程，因為對知覺訊息的解釋必然會受到主觀經驗和情境脈絡的影響。

(一)主觀經驗

我們每個人的生命歷程，會形塑出彼此不盡相同的感受、價值、信仰、態度，以及對於訊息意義的期待，或者說，足以形成我們在看待每件事上不同的基模。例如，羅小姐和王小姐一起下班，經過一家寵物店，看見店裡一隻虎虎生威的秋田犬。羅小姐心裡想著「好漂亮的狗」，而王小姐心裡所想的可能是「好可怕的動物」。這兩種對於訊息賦予不同意義的方式，就是對訊息的不同解釋。解釋訊息的參照架構來自於兩人過去不同的主觀經驗，因此也可以說，我們其實都戴著一副有色眼鏡在看人。有時，我們的訊息解釋基模會存在共通性，根據心理學的研究顯示，通常我們對於人類表情的觀察基模主要是在眼睛跟嘴形，所以當我們看見別人嘴角上揚時，就多半會以為這人是善意的、愉悅的；若出現不同的嘴形，我們所賦予的解釋就不同了。

(二)情境脈絡

任何訊息都是在整體情境脈絡中來解讀的。我們依據這個情境脈絡作為背景，來判斷訊息的真偽或是合理與否。比方說，「13」這個符號若是介於12與14之間，自然被解讀為數字，若前後文分別是A跟C，它就可能被當作英文字母B了。再例如，穿著禮服盛裝參加喜宴會被視為慎重，但要是濃妝豔抹、盛裝打扮去爬山或騎自行

車環島,恐怕就被認爲不宜了。

 ## 第二節　知覺和溝通的關係

我們每個人很少選擇注意相同的訊息,也不太可能以完全相同的方式來加以組織,更不容易對特定事件或人的行爲產生一樣的解釋,而這些解釋上的差異直接影響溝通。雖然每個人都深信自己的感官對訊息足以接收無誤,但是事實上對於訊息的知覺卻很可能並不正確。即使不正確的程度非常微小,但是,錯誤的知覺必然會影響溝通。就像前面的例子,在羅小姐跟王小姐後來再談起那隻秋田犬時,她們很可能會有不同的說法。羅小姐可能會說:「要是我也能養一隻這樣漂亮的狗就太棒了」,而王小姐可能會用可怕來形容這隻狗,甚至「怎麼會有人願意養這麼嚇人的動物啊!」。

當我們知覺到許多不同的訊息時,我們並不是單純只用我們的感官對刺激做記錄的動作,而是經過我們的大腦,來對不同訊息賦予獨特的意義。我們可能將訊息做部分增刪、甚至予以扭曲改變。當我們對訊息賦予意義的時候,我們自身才眞正與外在刺激訊息產生關聯。所以眞正影響我們知覺的,其實並不在我們的感覺系統,而是在我們的「大腦」,甚至可以說,我們生活在自己所建構的「眞實」裡。如果我們所賦予的意義不同,我們對於訊息的反應也會不同,溝通時的訊息編碼自然就會不同,符號的選擇也就會產生很大的差異,而溝通的效果更是會受到影響了。

這些不同的知覺歷程,看起來似乎只是對於情境的知覺而已,但其實不然,我們所知覺的面向,包含對我們自身的知覺(自我知覺),以及對於環境的知覺(對他人的知覺、社會知覺),以下我們分別來說明。

 # 第三節　自我知覺

　　每個人的自我，大致上可以就兩個部分來呈現。第一個部分是「I」，也就是「主體我」，是處理訊息和解決問題的我；另一個是「Me」，這是「客體我」，也是對應於他人關係的自我，是我們與他人互動過程中的受體。我們的溝通歷程，幾乎都與我們如何定義自己和評估自己密切相關，所謂的自我知覺，指的便是我們對自己的定義和評估。自我知覺跟所有的知覺一樣，不一定是正確的。對於自我的知覺，我們主要從以下三個部分來做說明，包括自我概念、自我印象（self-image）以及自尊。

一、自我概念

　　我們在前一章曾經提過，自我概念是一個人對自己的看法，它影響著關於自我的訊息處理歷程。自我概念在我們成長的過程中逐漸形成，並且持續經由我們所認定的種種角色來表現。所謂的角色是一個人為求符合特定情境需求的行為模式。基於我們對自己的評估和別人的反應，我們可能會在不同時間、不同情境扮演種種角色。比方說，在一天之中你所出現的角色包括：學生、工讀生、兄弟姊妹或是兒女；相對於老師，你扮演學生；相對於你的老闆，你是一個工讀生；而相對於你的父母，你的角色就成為兒女了。

　　每個人都要扮演許多不同的角色，這些角色會受到我們與他人的人際關係、我們所認同的參照團體，以及文化期待、甚至是我們對自己的決定或要求的影響。舉例來說，我們的文化對於媽媽、老師或醫生的角色，可能都存在一些期待，認為這些角色應該要出現

某些特定行為模式，媽媽應該要「慈祥和藹」、老師應該要「諄諄善誘」、醫生應該要「仁心仁術」，這就是文化期待的影響。除此之外，我們所認同的特定團體對我們的期待也會影響我們的角色。比方我們的家庭、我們的教會、班級、球隊等等，每個團體都會期待我們的行為表現應該要符合自己的角色。例如，你是大家族裡的長子，父母可能會要你負責照顧弟妹、長兄如父、長姐如母，這些是你的家庭中對你的角色期待。甚至有些角色是因為自我期待而來，你可能要求自己在工作上操守清白，做個完美盡責的父母，或是認真讀書的學生，以符合對自己的期待。

我們交錯扮演著許多不同角色，這種種角色雖然繁複，但因為能使我們對自己有多面的認識，反而有助於我們的社會適應。因為我們是在角色中認同自己，當一個角色結束時，隨角色而來的自我概念，大部分也會隨之結束。此時如果不能適應不同情境去調整扮演另外一種角色，反而容易受到傷害。例如，一個人若是只會扮演學生的角色，當他一離開學校，可能就覺得內心悵然若失，感到不知所措。相反地，學生若能適當轉換為兒女、朋友和店員等其他角色，當他或她不是學生的時候，便能透過這些其他角色（自我概念）來認同自己。

另一方面，我們每個人都不是打從出生就認識自己或者充分瞭解自己的角色，我們所扮演的角色，以及對於自身的自我概念，都會在與他人的互動溝通中，獲得新的想法，並作適當修正。換句話說，我們的自我必須藉著溝通才得以發展，自我概念的產生，除了自己的想法之外，還必須從他人的回饋，以及一些社會比較而來，並從而產生自我印象。

二、自我印象

　　自我印象是指我們對自我概念的知覺，它從自我評價而來，並且受到我們的主觀經驗以及他人反應的影響，自我印象可以說就是「你認為別人怎麼看你」的答案。我們的自我印象，有一部分來自於我們所看到的。我們在鏡子裡看到自己，然後對自己的樣子，包括：體型、穿著和長相下評斷。如果我們看到所喜歡的自己，我們會對自己覺得滿意。如果我們不喜歡從鏡子裡所看到的自己的樣子，我們可能覺得不滿意而想要改變。說不定我們會減肥、塑身、買新衣、換髮型或甚至去做個整型美容。如果我們不喜歡自己的樣子，卻又不想改變或者根本無法改變，說不定我們就會開始否定自己。

　　自我評價也可能來自於我們的經驗。因為過去你和陌生人交談時，感覺自己蠻自在，甚至自認還頗受歡迎，因此你可能認定自己討人喜歡且頗得人緣。尤其最初的經驗比起後來的經驗對自我印象的影響更大。例如，青少年如果第一次約會就被拒絕，以後可能較不願意再冒險去約會，特別是，如果隨之而來的經驗和最初經驗出現類似的結果，那麼最初經驗被強化的可能性便非常之高。

　　除了自我評價之外，自我印象也受到他人對我們的反應的影響。因為別人的評語會確認、強化或甚至改變我們對自己的知覺。從相關研究中可以知道，正面、肯定而且是立即的回饋對於修正自我印象極有幫助。正面評語越多，我們的自我印象就愈正面；反之亦然。假設當你跟同學提議一項畢業旅行的企劃案時，同學們七嘴八舌地附和你：「聽起來好好玩，這個計畫好有趣。」這樣的反應會讓你對自己的知覺產生正面影響；如果這個評論反應的人對你來說是個重要他人時，其影響效果更是驚人。我們生命早期的自我印象，主要來自雙親和家人的反應，偶爾的否定未必會有長遠的影

響，但是如果家中一般的溝通方式是否定、嘲笑、責備、評斷，就很可能會損及自我印象並且導致我們的低自尊。

我們的自我知覺比起我們所遭遇的真實情況更能影響我們的行為。而正確的知覺有助於我們形成較正確的自我印象。每個人都有過成功和失敗的經驗，我們必須同時接納自己正面跟負面的經驗，以及別人對我們的不同反應。如果我們只注意成功和正面的部分，或是只注意負面的批評，我們對自己的自我印象都是一種扭曲。

我們可以從以下兩個面向來說明自我知覺對溝通的影響。首先是自我實現預言（self-fulfilling prophecy）。因為對事先想法的自我實現，藉著溝通作為媒介，讓你的自我印象逐漸變成真的，而看起來似乎是預言應驗了。自我實現預言會影響你的人際表現。舉個例子來說，啟鈞認為自己擅長社交而且人緣很好，在迎新舞會之前就開始熱切地期待，而因為他的正面自我印象，他在舞會當天充滿自信且愉快地到處主動認識新朋友，跟同學們在舞會中輕輕鬆鬆地無所不聊，於是一切就如他原先所預期，他不只認識了許多新朋友，還成為當晚的風雲人物。啟鈞心裡很得意，因為他再次地印證自己的人際吸引力。但是，我們來看舞會會場角落裡的孟光，孟光是被同寢室的室友硬拖著來的。在這之前，孟光就一直覺得自己很容易不自在，他非常焦慮自己要跟新同學做自我介紹，他預期自己被迫來參加舞會一定會很痛苦，於是孟光從頭到尾都躲在會場的角落裡，也一直都想拋下室友，自己先行離開，當有人前來跟孟光說話，孟光只覺得手足無措，彆扭極了，過不多時，新朋友便自覺無趣地離開。結果也正如孟光所預期，他從頭到尾都孤零零獨自呆坐角落，整個舞會讓他感覺十分煎熬。這種自己預期互動會失敗，而最後的結果也的確是失敗的情形，就是自我實現預言，或稱自我應驗預言，也就是「比馬龍效應」（pygmalion effect）。

自我印象影響溝通的第二個要素是過濾訊息（filtering

message）。自我知覺會過濾他人的溝通訊息而影響人際溝通。即使我們能夠正確接收訊息，我們也可能並未完全理解，而且我們可能會選擇那些能強化自我印象的訊息，而迴避那些和我們的知覺衝突的訊息。例如，一向認為自己能力很差的人，當完成一篇讀書報告後，即使同學誇獎這報告做得非常好而且很有深度，你也可能故意去做別的事情，而忽視這個訊息，或者回答：「我沒有你講得那麼好」。所以，自我印象就像個過濾器一樣，過濾我們所選擇的訊息。

三、自尊

　　自尊是對自己正面或負面的評價高低，指的是對於自己價值感的判斷。自尊影響溝通，修正我們的內部訊息，並且影響我們對別人的知覺。研究顯示自尊影響我們對於行為的歸因，低自尊的人容易否定自己，並且以自我否定的方式來與人互動；相反地，高自尊的人則出現較正面的自我觀點。例如，在公司調整人事的時候，低自尊的人如果沒有被晉升，他的想法會是「我就知道自己只是一個庸才」，並且因此覺得沮喪失落，而高自尊的人或許同樣感到失望，但他會認為「我的機會終有來臨的時候，等著看吧！」自尊之所以影響溝通，主要在於低自尊的人無法自我肯定，在與他人互動時容易產生溝通恐懼及社會焦慮，而高自尊的人對自己有信心，因此認為別人會正視他們的價值，在與人互動時，也會較有自信。不論低自尊者對自己的觀點是否屬實，自尊低而對自我存在的意義有所存疑的人，將以真實或想像的否定態度來看待自己，並且從中找到自己真的毫無價值的證據。

　　由於每個人在思考的時候，同時也都在進行內在的自我溝通，而這些內在訊息的調整與修正，和個人的自尊息息相關。例如，當學生收到校長邀請出席餐會的請帖時，心裡就可能會出現這樣的自

我對話：「校長經常請成績好的學生吃飯，難道是我最近模擬考的表現真的進步這麼多嗎？可是校長前陣子才在週會上宣布要加強輔導成績不好的學生，我一向並不出色，我想我一定是列名需要輔導的學生。」而不同的內在對話不只是訊息的差異，甚至會出現對立的訊息，而最後會選擇哪一個自我對話的訊息就取決於自尊的高低。

自尊不只影響溝通行為，也影響著對他人的知覺。研究顯示，越是接納自己的人越容易接納別人，我們的自尊愈高，愈能覺察別人的可愛；越低自尊的人越會挑剔別人。如果我們對自己越有安全感，越容易肯定別人。因為我們每個人都生活在所知覺到的真實裡，自我概念跟自我印象都會影響溝通的進行，如果自尊過低就很容易引起溝通的誤解。因此，修正我們的自我概念其實不失為改善溝通的根本之道。

 第四節　如何增進自我知覺

自我知覺的能力是可以增進的。我們應該真實評估個人的優缺點，並據此幫助自己成長改變，或是透過自我對話（self-talk）來修正我們對自己的認知與評價。根據Albert Ellis（1913-2007）在「理性情緒行為療法」（REBT）所提出的理論假設，妨礙人們生活的並不是事件本身，而是我們的信念或者說對事件的看法。因此如果我們可以改變哪些不合理、不合邏輯的信念與看法，就可以修正我們對自己的認知，進而解決我們的心理或情緒困擾，改進我們的溝通與生活品質。

Ellis認為個人常見的十種不合理觀點包括：

1.每個人都需要身邊的重要他人給予喜愛和稱讚。

2.一個人必須證實自己的能力與成就，人生才有價值。

3.那些壞的、卑劣的人，都必須受到嚴厲的責罰。

4.如果所發生的事情並非自己所喜歡或所期待的，那麼就會出現很糟糕可怕的情況。

5.人的不快樂是因為外在因素引起，無法靠個人能力來控制憂傷與煩惱。

6.每個人都該在意可怕或危險的情況發生，並且隨時顧慮提防。

7.逃避困難、挑戰和責任，絕對會比面對它們還要容易。

8.每個人都需要依靠別人，而且是依靠一個比自己還要強的人。

9.每個人都會受到過去經驗的影響。

10.每個人碰到各種問題時，都應該設法正確且妥善地解決，如果找不到妥善解決的方法就糟了。

　　在這十種非理性的想法中，幾乎都呈現出外在歸因、外控、自我設限的特性。其實，如果我們能逐漸改變對自己的不同想法，進一步更認識自己的不同優缺點，甚至透過他人的回饋與社會比較，重新建立較正確的自我知覺，將自我概念及自我形象做正確的修正，適度提升自己的自尊，將外在歸因模式調整為內控模式，應有助於我們與他人建立良好的互動關係。

 ## 第五節　對他人的知覺

　　當我們遇見一個新朋友，我們不只會設法表達自己，亦會在互動過程中形成對他人的印象或理解。我們或許會問：你是哪一系

的？你認識某某老師或某某同學嗎？你是哪一所中學畢業的？……透過一連串的問題，我們盡可能掌握對方的資訊，以降低焦慮不安。Charles Berger和James Bradac（1982）曾提出「縮減不確定性」理論，簡單來說，我們會試圖減少對他人意圖或行為的不確定感，以幫助我們在互動中能進一步預測他人的行為。因此我們會設法尋找關於他人的資訊，強化對於他人的瞭解與預測。而知覺在我們減少不確定感的過程中扮演很重要的角色。

我們對別人的知覺是基於感官所接收訊息的印象，其中亦涉及訊息的選擇、組織和解釋。我們對他人的最初印象會引導日後雙方的互動行為，並且在互動過程中增強或改變我們對他人的知覺。就像我們的自我知覺一樣，我們的社會知覺也不一定正確。影響社會知覺的因素包括：身體特徵和社會行為、知覺偏誤、刻板印象、不當歸因和情緒狀態。

一、身體特徵和社會行為

社會知覺常以人的身體特徵和社會行為作為印象形成的基礎；特別是第一印象。當我們將不同性質的資料先後呈現，如果對方記得較多先前的資料，謂之初始效應（primary effect）。第一印象有時來自個人身體吸引力（如臉部特徵、身高、體重、服飾和聲音）所形成的初始效應，我們可能會把它區分為各種不同的正反特質。比方說，當同學進行專題發表時，做正式西裝打扮的同學可能比起穿著拖鞋短褲就上台的同學給人較佳的第一印象，即使兩者的報告內容實際上相差不遠，但基於所形成的初始效應，前者仍然極可能被認為表現較優，這樣的一種人際判斷就是根據第一印象而來的。

第一印象也可能來自於對個體社會行為的具體知覺。例如，在迎新活動上，小芳活潑大方又健談，不斷地對學長姐發問。於是當

老師問到學長姐「今年的新生狀況如何」時，學長姐很可能一下子就想起小芳，然後回答「有一個叫小芳的新生，好活潑」。一般而言，我們對於第一印象的評價通常較爲簡單，傾向於以兩極二分法來區辨他人；亦即非善即惡，非正即反（Osgood, 1957）。

不過，提出「個人建構理論」（personal construct theory）的George Kelley曾發展「角色建構測驗」（the role construct repertory test），試圖發掘人們用以分析他人角色的建構概念，並發現我們對於他人角色的認知十分複雜。有些人甚至能夠對於認知系統中的他人，知覺到相當程度的複雜性，接受兩極特質同時存在的事實。

二、知覺偏誤

有些時候，我們在人際互動中，會依據原本既有的評價來做知覺判斷，進而聯想並發展出對方具有其他特質的推論，這種對他人知覺的推論隱含我們對人格的假設，這就是「隱含人格理論」（implicit personality theory），這種現象是一種邏輯誤差，我們認爲某些個性上的特點是屬於同類的，所以當觀察到一個人的某一特點後，就可能未經證實便對他的其他特質加以評斷。有時我們甚至聯想到一整套的相關特質，甚至因此出現對他人知覺的偏差效果，稱之爲「月暈效應」（halo effect）。舉個例子來說，如果我們知道小麗是個很沉靜的女孩子，我們很可能會進一步推測小麗「害羞」、「敏感」、「內向」、「膽小」，而這些想當然耳的推論，很可能並不符實情，因爲這樣的推論未必符合邏輯。

還有另一種在人際關係上常見的知覺偏誤，就是投射作用，我們常會假設別人跟我們具有相似的特質，本性純良的人，多半以爲世界上沒什麼大奸大惡之徒；而工於心計的人，常常也認爲別人會時時算計利害；這種將自己的個人特質「推己及人」的現象，稱之

為投射作用。

三、刻板印象

當訊息有限時，我們善於依賴基模或是過去經驗來主動填補訊息，這個社會心理現象會導致一致性偏誤，而產生社會知覺的偏差，這就是「刻板印象」（stereotyping）。刻板印象是對人過度簡化的觀點或評語。當我們只依據人們的階級和類別來評斷人的特質，對於特定團體賦予概括性的特徵或解釋，並據以產生相對應的行為傾向時，我們就已經出現所謂的「刻板印象」了。比如說，我們常說「山東老粗」、「蘇州美女」等等，就是常見的刻板印象，事實上，多數山東人其實文質彬彬，或者蘇州女子也不一定就貌美窈窕。

刻板印象，普遍存在我們之中，而且不只是對於曾接觸過的人，對於不曾接觸的人，我們也會產生刻板印象，而其中，性別更是一個存在刻板印象的重要特質。根據研究指出，大學生對於男性特質的刻板印象，多與成就及能力有關，形容詞包括：「剛強」、「冒險」、「有主見」、「幹練」、「主動」，而男性亦較多以能力來描述別人，例如，「他的文章寫得很好」。另一方面，附加於女性的特質則多與人際、情感有關，用來描述女性的形容詞包括：「溫暖」、「敏感」、「膽小」、「被動」、「天真」，而女性則較常透過人們的自我概念來描述別人，例如，「她認為自己是一位優秀的作家」。

刻板印象會產生三種不同的知覺錯誤。第一個是印象推估的錯誤：易於低估或高估對某個團體的印象（例如，甲班學生某次考試的平均成績比起資優班來得高，學校同學認為甲班學生的表現非常優異／事實：確屬成績優異，非常優異卻不盡然）。第二個是價值

的估計錯誤：易於低估或高估某個團體的正向價值（因為甲班某次考試優於資優班，因此甲班同學的程度可能比資優班好／事實：單一表現不能作為程度斷定的依據）。第三個是差異性的評估錯誤：易於低估或高估一個團體的變異性（甲班學生都是表現突出的好學生／事實：甲班每個學生的考試分數有很大的不同）。

我們每個人都可能曾經因為性別、年齡、種族、身體特徵、社會階級甚至居住地，或是其他的特質而被刻板印象所標記，例如，「男兒有淚不輕彈」、「男大當婚、女大當嫁」、「心寬體胖」、「貧賤夫妻百事哀」等，因此，我們也當瞭解以刻板印象來判斷他人是多麼地草率而不公平。當我們依據刻板印象而對於特定團體所展現的態度就是「偏見」（prejudice），而負面的偏見以致帶來負面的行為，就稱為「歧視」（discrimination）。

既然刻板印象常引起錯誤的知覺，為什麼仍然存在呢？刻板印象存在的理由跟我們意圖儘快降低不確定感有關。我們藉刻板印象幫助自己對於他人建立一套有效的假設。在面對一個不同背景的人時，我們可能會將刻板印象套用在那人身上，而且假設那個刻板印象足以作正確的參考，直到我們獲得真正足夠的資訊來判斷為止。另一方面，也因為刻板印象提供我們關於他人的一些早期假設，讓我們可以藉此預期應如何與其互動，讓我們在互動中的壓力較輕，感覺比較不緊張。

從人際溝通觀點來看，不論溝通行為是否因為偏見，我們都應該設法察覺，並且加以排除。尤其種族和性別的刻板印象常常在文化中根深柢固，很少人能察覺並且完全避免偏見的產生。但是，瞭解我們可能出現的偏見態度甚至歧視的行為，可以提醒我們多包容，以免阻礙溝通。我們也需要警惕自己避免在言語及行動上攻擊別人，不要讓刻板印象一直持續下去。多嘗試與人長時期的客觀接觸，保留態度上較多的彈性。

四、不當歸因

歸因（attribution）指的是對個體行為覺察或推論其性質與原因的歷程。每個人都擁有尋求意義、企圖瞭解的心理需求，對任何狀況通常我們都會試圖予以解釋。因此，我們相信個人的所作所為必有原因，如果我們將他人行為的原因歸於環境，稱為情境歸因（situational attribution）或是外在歸因（external attribution）；若是歸於他人自身，則稱為個人歸因（personal attribution）或是內在歸因（internal attribution）。根據歸因理論，無論正確或錯誤，我們所認為的別人行為的原因會影響我們對他人的知覺。

歸因是我們從行為來回溯瞭解其動機及原因。因此，很容易發生不理性的情形。尤其，我們很容易傾向於將自我的行為歸因於情境及其他外在因素，而將他人的行為歸因於個人內在因素所致，因此造成所謂「觀察者—行為者的分歧歸因」（observer-actor divergent attribution）。比如說，學生的成績不理想，不會認為自己不夠用功，而多半認為是老師給的功課太重或是因為老師的講課不夠精采，才使他「不得不」蹺課、讓他「沒有讀書的動力」；但是成績好的學生面對其他同學的成績不理想的時候，所給予的評語多半是「他常缺課、他程度不好、他不用功」。這種分歧歸因的現象，在涉及道德行為判斷的時候尤其明顯，因為當我們自身違反道德行為規範時，會造成我們自身對自我印象的破壞，也因此會出現所謂「自我防衛」（self-defense）的行為，因而將行為歸因於外在環境，但是當他人違反道德規範時，不但不涉及自己自我印象的破壞，甚至還能藉此突顯自己的良好形象，因此則會利用內在個人歸因來解釋他人的行為。

這些不當的歸因，當出現在我們與他人互動的情境時，很容易

因此造成彼此雙方的誤解。舉個例子來說，每次鄭老師開課幾乎總是人數大爆滿，鄭老師因此而沾沾自喜，但事實上學生之所以熱衷修鄭老師的課並不是因為對她的教學有高度評價，而是因為鄭老師不只從來不當學生甚至給分頗高，對於深感專業課程過於艱澀的學生們來說，修習鄭老師的課除了能夠緩解學習壓力還希望藉此拉高平均分數。倘若鄭老師未能細察，單從學生選課的人數甚多而做出不當歸因，認為自己的修課人數爆滿是因為「我很會教書、我很受學生敬仰」，恐怕就會對學生的學習動機產生錯誤期待。和偏見一樣，我們的歸因很強烈，會拒絕接受與我們的歸因相反的證據。而研究顯示，當我們對他人行為做了有利的歸因，通常會鼓勵他人表現正向的行為；反過來說，如果我們對他人行為做了不利的歸因，則會促使他人表現負向的行為。

　　人是訊息的主動處理者（active processor of information），因此，如果我們能夠對生活中各種情境做更多的深思，或者簡單來說，能夠更加用心，避免對於他人的直覺判斷，應該可以改善歸因偏差的現象，避免許多的人際誤解。

五、情緒狀態

　　情緒狀態也是一個影響我們去正確知覺他人的重要變項。在你情緒低落的時候，你對於他人或周遭情境的知覺可能比較負向，比方說，當你的考試成績不理想並因此深感沮喪，你大概看什麼都不順眼。但若是你的心情愉悅，你對一切人和事的知覺可能都會比較正面。不只我們對環境的認識及解釋會受到情緒的影響，情緒也影響知覺的選擇，為什麼我們說「情人眼裡出西施」就是這個道理。因為喜歡、因為跟情人相處的時候都是美妙的愉悅感受，於是我們只看見情人的優點，而忽略一些大家認為很明顯的缺點。情緒

也可能影響我們對他人的歸因。比如說，如果你這天心情愉快，即使跟朋友相約而對方遲到了二十分鐘，你或許不會太過責怪對方，而相信對方是因為「塞車」、「臨時有急事」以致於遲到許久；但是如果你的心情不佳，朋友只是遲了五分鐘都可能讓你大發雷霆，不但不能接受「塞車」的理由，反而會責怪對方「為什麼不早點出門」。不管我們對別人的知覺如何，重要的是，在溝通前最好先問問自己，我們的情緒如何，它是否影響我們此刻的知覺。

第六節　改善社會知覺

　　錯誤的知覺常常出現在我們的生活中，並且影響我們與他人的溝通，因此加強正確知覺是改善溝通的第一步。下面這些方法有助於我們對別人建立較真實的印象並且有效地評估知覺。

一、尋找更多的資訊來檢視知覺

　　在下結論之前，先想想，我們的知覺是依據哪些資訊而來？這些資訊足夠嗎？確實嗎？是不是需要在形成印象前蒐集更多的資訊來檢視我們的知覺，以便提高知覺的正確性？我們應該提醒自己目前的知覺其實是到現在為止的暫時理解，知覺原來就會改變，我們必須學習允許知覺改變，並且抱持開放的心態用心地蒐集資料以形成進一步的知覺。

　　而且，如果我們企圖獲取有關他人的資訊，最好的途徑就是跟對方直接互動。透過溝通交談，我們才能對人有比較清楚的認識；如果只是讓印象繼續停留在粗淺的表面階段，或是藉著道聽塗說、他人轉述來形成印象，都容易造成不正確的知覺。總之，試著更開

放自己的心胸（open mind），去接受其他的資訊跟其他可能，在溝通歷程中是非常重要的。

二、主動質疑我們自身知覺的真實性

我們多半習慣「眼見為憑」；換句話說，我們常認為自己所知覺到的肯定就是事實。但是，我們所知覺的很可能只是事實的一部分，而非全貌，如果我們無法主動質疑自己的知覺，我們很可能會做錯誤的判斷。接受錯誤的可能性，接受我們所知覺的未必是真相，你才有動機去尋找進一步的證明。由於知覺的正確性在人際間十分重要，對於所知覺的資訊有所保留並花時間再行確認，絕對有其必要。

三、允許我們的知覺隨著時間而改變

我們很容易固著在過去的知覺印象上，並因此形成對於現在的認識，但其實知覺是可以改變的，我們應當接受自己的知覺可以改變的事實，設法解除我們對他人的偏見，努力去觀察他的行為，如果這人的行為事實上不如我們原來所預設的，我們就必須捨棄偏見，願意去修正自己的知覺。人們常習慣墨守陳舊的、不完整的訊息知覺，因為，維持原狀確實比改變要來得容易。承認錯誤需要勇氣，但是，修正知覺絕對值得，千萬不要依據過時的、不正確的知覺來和人溝通。

四、利用口語來查驗我們的知覺

有時，憑藉片斷的非語言線索來下結論未必正確。其實，不

妨在下斷言之前，先做個知覺查驗。知覺查驗又稱之為印象查核
（impression check），必須用口語敘述出對於他人非語言線索上的
瞭解。知覺查驗需要先注意觀察別人的行為；然後問自己：「那個
行為對我有什麼意義？」；再將你對行為的解釋用口語的方式說出
來，以確定知覺正確與否。

　　舉例來說，當美莉的老公下班回家，問美莉「晚上吃什麼？」，
美莉以低沉又沙啞的語調，緩慢卻頭也不抬地回應老公「我─很─
忙」，這時美莉的先生可以說：「聽起來妳似乎很累，是嗎？」

　　我們的線索經常來自於非語言訊息，如果我們能將這些經由非
語言線索所接收的訊息轉換成語言，並加以驗證或修正知覺內容，
我們才能做出正確的回應。要注意的是，知覺查驗並非表示對所接
收訊息內容同意與否，而只是對知覺的描述性陳述。如果我們不對
知覺加以檢視，就直接予以反應，可能會出現令人難過的後果。假
設美莉的先生沒有對於美莉做描述性知覺查驗，而說：「妳忙，難
道我不忙？我上班一天回到家，問一聲晚餐也錯了嗎？居然還要受
妳的氣……」，那麼美莉的老公就不是在描述他的知覺，而是依據
自己的知覺逕下判斷。他回答的好像是他能正確解讀別人的心理一
樣。

　　但是事實上，很少人能對他人的心理做正確解讀，尤其有這麼
多影響知覺的主觀因素存在。假如你沒有檢視你的知覺，你就容易
只是「猜測」別人的感覺或行為原因，如果你的反應具判斷性，以
論斷的方式來做彼此互動的依據，對方可能會因為你的態度而有所
防衛，於是造成誤解，甚至放棄溝通。我們總以為我們對別人行為
線索的瞭解是完全正確的，其實大部分情況是錯誤的。雖然，知覺
查驗未必都能消除防衛行為，有時候當個人的情緒壓力太大時，確
實難有冷靜、合理的溝通。但是利用知覺查驗，可以減少對別人非
語言線索的誤解並減低防衛。

摘　要

　　知覺是集結感官資訊並賦予意義的過程。知覺是我們選擇、組織和解釋感官資訊的結果。不正確的知覺會使我們看到不眞實的世界，看到一個我們所期待的樣子。

　　自我知覺是個人對自己的統整概念，經由我們所扮演的角色而表現。自我印象是對自我概念的知覺，自我印象經由自我實現預言和過濾訊息而影響溝通。自尊則是我們對自己價值感的判斷，它影響我們的溝通行為以及對他人的知覺。

　　影響社會知覺的因素包括：身體特徵和社會行為、知覺偏誤、刻板印象、不當歸因、情緒狀態。如果我們能夠避免依賴印象來決定對別人的感覺或評價，將有助於溝通。

　　如果你能主動質疑知覺的眞實性，尋求更多的資訊來檢視知覺，和所要形成知覺的人直接互動，接納對人的知覺時時在改變，在反應之前先利用口語查驗知覺印象，你的知覺將有所改進，並將改善你的溝通行為。

練習一

　　花一分鐘的時間看看周遭的每一件事物。現在闔眼並描述你所看到的。張開眼睛再看一遍,看看是否遺漏了什麼?你如何解釋為何選擇這些項目?什麼使你只注意這些項目而不是其他的項目?請體會一下我們知覺的有限以及選擇性,並且想一想,是什麼影響你對所知覺的現象做解釋的呢?

練習二

　　利用周哈里窗(如下圖),試著完成自己知道的部分,依據自己所認為的人格特質分別填入「己知、人知」跟「己知、人不知」兩個方格裡,再找一位朋友針對他對你的瞭解給你回饋,陪你一起完成你對方格內四個自我區域的修正,藉此重新澄清你的自我概念。

	自己知道 (known to self)	自己未知 (not known to self)
他人知道 (known to others)	開放自我 open self	盲目自我 (bline self)
他人不知 (not known to others)	隱藏自我 (hidden self)	未知自我 (unkonwn self)

練習三

在你的生活中，找五個例子來練習知覺印象的查驗，用口語來澄清你對別人非語言線索的瞭解，以澄清非語言行為的涵義，並且分成情境事實跟知覺印象查驗兩個部分把它寫下來。步驟如下：

1. 注意別人的行為。在內心描述該行為。
2. 問自己：那行為對我的意義是什麼？
3. 把對非語言行為的解釋用口語表達出來以澄清你的知覺。

例如：情境事實：當老師皺著眉讀我的報告時……

我可以做的知覺查驗：「老師，從你皺著眉的表情來看，我認為你似乎不太喜歡我寫的報告。」

第三章

人際關係與溝通

- 人際關係的本質
- 溝通與人際關係的生命週期
- 面對人際溝通的焦慮與害怕

　　回憶一下自己過去認識新朋友的經驗。在初識不久時，你們都談些什麼？「最近天氣很怪，忽冷忽熱……」、「你這件外套很漂亮，在哪買的？」、「聽說你是宜蘭人，宜蘭的牛舌餅非常有名」等等。直到跟朋友熟了，話題開始改變，「這種天氣會誘發我的氣喘，真的很受不了」、「我好想買一件跟你這種款式一樣的外套，陪我去買」、「我好想吃宜蘭的牛舌餅，你什麼時候回家，可不可以幫我買？」。仔細比對一下，發現不同的地方了嗎？隨著彼此的關係發展，溝通從表淺的客套形式，到內在情緒感受的表達和分享。

　　為什麼在關係的不同階段，會有不同的溝通模式呢？究竟是什麼因素決定我們是否要和別人建立人際關係？為什麼有的關係總是無法進展到更深的層次，或甚至關係一直惡化？人際溝通技巧的目的就是為了開啟、建立和維持與他人的人際關係。而人際關係可以定義為兩個個體在一連串的互動後，彼此互相熟識、影響，並且相互依賴的關係。所謂「良好的人際關係」是參與互動的雙方都感到滿意的。不過，良好的人際關係不會自然地發生，也不會自動地成長和維持下去。我們與他人所建立的關係，依深淺不同區分為認識、朋友以及親密關係，關係程度不同會影響我們對彼此互動的期待與型態。

第一節　人際關係的本質

　　人際關係的強度會隨著彼此資訊分享的多寡，及互動型態而改變。通常我們會把有關係的人依熟悉程度不同分成幾類：認識的人

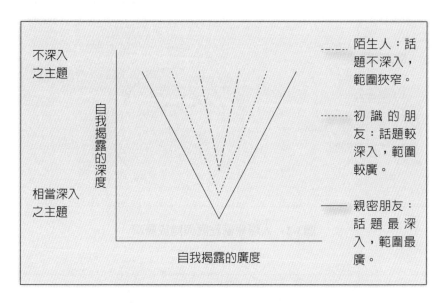

圖3-1　人際關係親密程度與自我揭露深度與廣度之關係

（acquaintances）、朋友（friends）以及親密朋友（close friend or intimates）。根據Altman與Taylor（1973）的社會滲透模式（model of social penetration），兩個人在不同程度的人際關係中，彼此會逐漸由淺窄進而到深廣的自我表露（圖3-1）。

　　也就是說，在人際關係發展的過程中，會對不同親疏程度的互動對象揭露不同程度的自我。從圖3-2，我們也可以瞭解人際互動中自我開放的層次與親密程度密切相關。再以圖3-3的人際關係社會滲透楔形模式來做一個清楚的說明。自我對於陌生人，我們大部分只看到一些表面特質，可能連資訊分享都沒有。對於認識的朋友，可能會有一些交談，但談話內容限於外在可知覺到的事物等等低度親密的話題，互動的質和量都只在一定程度內，例如，系級、工作單位等等，許多屬於認識的關係，彼此的互動都限於某些特定情境，也許是住在同棟公寓的鄰居、修同一門課的人、同一間教會聚會的

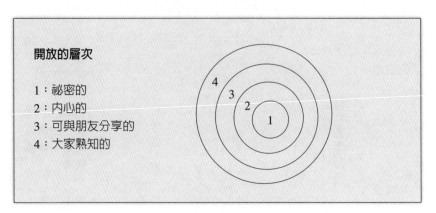

圖3-2　人際親密程度與開放層次

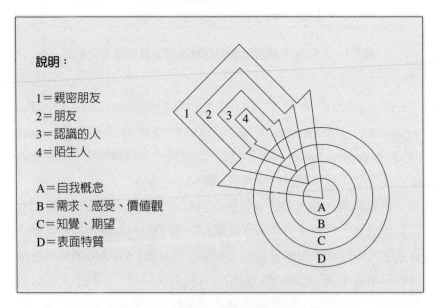

圖3-3　人際關係社會滲透楔形模式

會友或參加同一個旅行團。

　　有些時候，我們會因為相處久了，而和許多認識的人發展成較親近的關係。所謂「朋友」，就是哪些我們願意主動和他們建立更多個人關係的人。良好的友誼關係存在著相當的情感以及溫暖（warmth）的感覺。有些友誼可能在特定情境中發展並且保留，所以我們時常提到「社團裡的朋友」、「一起打球的朋友」、「公司裡的朋友」，這就表示與這些人的友誼在社團、球場、公司裡發展，但是互動也只停留在這些情境中。有時因為彼此互動能得到更多滿足，所以溝通互動將跨越到其他情境中，成為較熟悉的朋友關係。

　　Argyle和Henderson（1984）研究英國、義大利、香港和日本四個國家學生對友誼的看法。認為好朋友之間的溝通行為應有的原則是：「與朋友分享剛獲得的成功」、「情緒支持」、「在朋友有需要時自願協助」、「大家在一起的時候會想辦法讓他高興」、「彼此信任和有信心」、「不會在背後出賣他」、「為他站出來講話」、「會償還借貸和協助」、「對他的朋友會容忍」、「不會抱怨朋友」。

　　Verderber和Verderber（1995）則指出判斷兩人之間的友誼深淺程度有四個指標：

1.溫暖和感情：朋友在相處的時候會彼此表達溫暖和感情，相處的歡樂會促使他們渴望在一起，而喜歡彼此交談並且交換經驗。

2.信任感：信任是對彼此有信心。信任多少會帶點冒險，如果彼此信任對方，會相信對方不至於出現傷害自己的行為，而不需要設防。Rubin（1973）指出信任因素是判斷友誼的指標，而判斷愛情則是以關懷和包容因素為主。朋友之間常因符合對方的期待而贏得信任。如果一個人能為朋友保密、實

現承諾，並在需要時提供情感支持，彼此友誼將比較深濃。

3. 自我表露：藉著自我表露和彼此的情感分享，人們更能瞭解彼此。不過即使是親密關係，自我表露仍會因關係性質的差異而有不同內容之表露。

4. 承諾：關係深的朋友會在必要時花費時間與精力提供協助。好朋友會想辦法彼此協助。當溝通對象是較熟的朋友，談的內容就可能涉及意見、需求、情緒、感受或是價值觀的部分，例如，個人興趣、對事物的觀感、對他人的看法等等。

親密朋友是那些能夠與我們分享內心深層感情的人。人可能會有無數個認識的人，還有許多朋友，但是我們可能只有少數幾個眞正親密的朋友。親密朋友在親密度方面是看自我表露與分享生活的層面程度而定。當自我表露越多，親密朋友對關係的投入就越多，而彼此之間會有「我們是一體的感覺」（we feeling）。越親密的朋友，越能知道（knowing）並瞭解（understanding）彼此內心越深處的感受。若對方是關係非常親密的朋友，所談的將更爲深入，更多情緒甚至牽涉自我概念的部分，包括：自我批評、違反道德、內在心理焦慮等等。親密關係包括異性之間的關係，也包括：家人、同性朋友間的關係，在不同的關係裡，親密的量和質都有其差異。高度親密會使個人願意放棄某些與其他人的關係，以便能投入更多的時間和精力在這特定的親密關係上。

一、異性關係

男女之間可以是親密卻沒有性關係的友誼，也可能是以婚姻爲結果的愛情關係。不管是友情或是愛情，男女兩性在「親密」的表達上有所不同，而這些差異經常造成彼此關係中的挫折，如果男女

雙方都能瞭解並且重視彼此的差異時，雙方的關係可能會經營得比較順利。John Gray（1994）曾有個十分有趣的說法：「男人來自火星；女人來自金星」，火星意謂著戰神；換句話說，男人的特質主要在於狩獵，而獵人多數時候是等待的——除了獵物出現的剎那，會疾衝向前捕獵之外（這或許可以解釋爲什麼多數男人在工作以外的時間，總是無所事事，而且一問三不知了），而且狩獵這回事，很少聽說還要團隊合作的，於是男人多半也以獨自解決問題爲榮，他的自我評價來自於能力及成就的被肯定。

　　而女人則來自金星，金星是維納斯的化身，愛美也多愁善感，抒解情緒或是減輕壓力的最佳良方，就是說出來，跟人分享、傾訴，然後獲得瞭解與支持，重點反而不在於問題的解決方案。對女性而言，親密意爲分享訊息、感情、祕密和想法。因此自我表露式的敘述，例如，「還好有你在，不然我眞的好害怕，都不知道該怎麼辦」是女性表示親密的方式。因此，對女性來說，兩性間的情感保證必須經由口頭說出來，如果自己的伴侶從來不說「我愛你」，是不容易具體感受到對方愛意的。對男人來說，親密的定義則是實質幫忙，互相協助和作伴。因此當一個男人在伴侶上班的時候，願意花時間幫忙洗車和清潔廚房，就是他表示親密的方式。男人習慣以行動來表示對對方的關心，並且期待自己的行動被接納及感謝。所以，女性的親密是表達性的（expressive），男性則是實際工具性的（instrumental）。

　　在過去，我們的社會對於女性這種以口語表達親密的方式，有較高的評價；但是近來對於男性這種以實際行動來表示親密的型態，也頗爲重視。事實上，在親密的表達上，男女兩性的方式其實同等重要。而我們每個人，也必須要有這樣的心理準備，把跟異性溝通當作「星際交流」，設法多瞭解對方一點，避免以自己習慣的方式要求對方。

在區別親密的友誼關係和浪漫的愛情關係方面，不管男性或女性都有困難。很多人以為男女之間的親密關係一定會自然地變成浪漫關係，事實上，雖然愛和性是友誼的延伸，但是友誼卻常因愛和性的出現而消失。因此，愛情和性關係很容易妨礙良好的男女友誼關係。性是一種親密的行為，但是如果發生在缺乏親密感的關係中，或是以性關係來代替親密關係；彼此的關係常常會變質，因為這時的親密關係是為了追逐個人一時的歡樂，而不是為了兩人共同的利益設想。因此我們可以說，真正相知相惜的親密關係是愛情維繫的重要基礎。

男性和女性都期待愛情。雖然我們都能憑直覺感受到愛情，但是什麼是愛？愛的概念其實很不容易定義。社會學家Lee將愛分為六種典型。

1. 「性愛型」（eros）：是激情的愛，重點在彼此身體的吸引和感官的滿足。
2. 「分享型」（storge）：是友誼的愛，特徵在於互相關心並且有共同的興趣與理想，這是以彼此信任作為基礎的長期關係。
3. 「狂愛型」（mania）：是占有和強迫的愛，這種愛裡缺乏安全感和依賴性，喜歡占有對方，並且容易嫉妒。
4. 「無私型」（agape）：是無我的愛，願為伴侶犧牲自己的利益，付出不求回報，傾其所有與伴侶分享，努力使伴侶快樂。
5. 「實際型」（pragma）：是一種重視回報、講求實際的愛。
6. 「遊戲型」（ludus）：將愛情看成是一種遊戲、樂趣，以遊戲人間的態度來看待愛情，遊戲型的愛常會玩弄感情，伴侶無法確定對方是否真心，其關係不穩且缺乏真實的承諾。

　　Sternberg（1986）則指出愛有激情（passion）、親密（intimacy）和承諾（commitment）三個要素（**圖3-4**）。依照Sternberg的定義，愛情關係可能包含上述任何一至兩個，甚至全部三個要素。Berscheid和Walster（1978）的分析則認為愛情應該包括：激情愛（passionate love）和友誼愛（companionate love）兩個部分。所謂「激情愛」是浪漫和強烈的，兩個人經常出現極度的歡樂或悲傷。激情愛很傷神，也可能會有頻繁的性接觸，而且其中一個人會成為另一人的生活重心，也就是把所有的心神都放在那個人身上。關係持續時，激情愛確實是令人興奮的。但是，Berscheid和Walster也指出，激情愛是很少持續的。伴侶也許會持續彼此相愛，但是卻會以不同的方式來表現愛——一種比較像是友誼的愛。

　　Berscheid和Walster指出，友誼愛比較不那麼強烈，比較和緩平靜，而且可以接納其他的人或關係存在。雖然友誼愛的性接觸不是太頻繁或是太熱切，但是彼此可以滿足於他們的性關係。信任通常是友誼愛的基礎，在友誼愛中伴侶對彼此的承諾也比較忠誠。激情愛雖然比較能促使關係的熱切建立，但是友誼愛比較穩定，也比

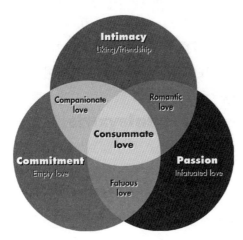

圖3-4　愛的三元素理論（Triangular Theory of Love）

較能維持長遠的關係。因此，大部分的理論分析都會對年輕愛侶提出一個忠告，不要讓性阻礙了愛情關係的持久發展。有些人（特別是在激情關係的早期）會將性行為誤以為是愛情的表現，以致於混淆了性和真實的愛。雖然好的性關係是持續關係的重要部分，但是在關係建立的過程中，以性為主體，忽略了彼此真正的瞭解與真誠（genuineness）的互動，反而會很容易在激情消失之後急遽冷卻親密關係，造成對長期關係發展不良的影響。

美好的婚姻應該是最理想的親密關係。在幸福的婚姻關係中，伴侶對彼此的相處通常十分滿意。心理學家Bloch（1980）曾以兩千位以上的美國人作為調查樣本，調查結果指出，有40%的已婚者認為配偶是他們最好的朋友。而另一個樣本的調查，則有88%的已婚男人和78%的已婚女人認為配偶是他們最親近的人。

幸福婚姻的要訣在於能持續蜜月的甜美與快樂，並且還能在現實生活中有所調適。蜜月期的快樂通常可以創造一種幸福的氣氛，彷彿一切都很完美，但是這種氣氛會很快地隨著現實生活的逼近，逐漸消逝。許多婚姻關係在第一年就會熱情消褪，變得較不熱情而且不那麼美好。在現實生活日益清晰的時候，許多理想一一幻滅。開始發現伴侶並不完美；一些生活小事，例如，打鼾、挖鼻孔、亂丟襪子、隨便扔髒衣服……都那麼令人生厭甚至生氣。先生開始發現太太並不是在每個時刻都美麗，妻子最溫柔美麗的時候永遠是在面對外人的時候，在家是上著髮捲、臉上敷著黃瓜、大聲打著呵欠；太太也終於認識了自己的先生，原來不如想像的紳士，懶得可以永遠找不到自己的換洗衣服、回到家就成了深陷沙發手持電視遙控器的植物。不只在生活小事上，浪漫情人夢破滅了，比較重要的大事上，兩個人一樣必須重新面對現實。比如說，先生可能才發覺自己的妻子並不是婚前那個柔順善良的小女子，而是不輕言妥協放棄的大女人；太太也才瞭解自己的丈夫並不如婚前那麼勇敢可信

賴，甚至有些時候太過於沒有主見、人云亦云等等，這些夢幻的破碎都會使得雙方懷疑如何能和這個人生活一輩子。

　　維持美滿婚姻的重要關鍵其實就在於互相調適。我們都必須學習尊重彼此的差異，甚至學習包容對方的錯誤。到了能彼此包容跟尊重的時候，夫妻愛才真的取代或是伴隨了純粹浪漫的愛情。而即使在調適良好的婚姻關係中，夫妻雙方仍然不可能達到完全的平等，彼此所獲得的仍然不平衡。兩性的親密需求不同，雖然對已婚婦女來說，多數認為配偶是他們最親密的朋友，但是女性仍舊需要親密的同性朋友提供某些心理需求的滿足。但是對男性來說，則多數覺得在他們的生活中，妻子所提供的滿足與情感支持，遠勝於其他人所給予的，不管是父母、手足或是任何同性、異性朋友。

二、家人關係

　　家人關係可視之為「一群對家和家人有親密認同感的人，擁有強烈的忠誠度和情感的聯結，而且共享彼此的過去與未來」。一個人最初的親密關係起始於和家人的關係，小孩最初依賴的人是自己的父母，然後擴及於兄弟姊妹，甚至擴大到家族和結拜的親人。家人間的關係大多可以一直維持相當親密的關係，有許多人視自己的兄弟姊妹為一生中最親密的朋友。家人的親密關係主要表現於溝通歷程中彼此的凝聚力（cohesion）和適應力（adaptability）上。

　　凝聚力指的是家人彼此的親密程度與認同程度。家人彼此「心意連結在一起」是家庭的重要功能指標之一。不論家庭成員的差異多大，因為彼此凝聚，所以可以連結成為一個家庭，並且將家庭內的成員與外人區隔開來。即使你跟家人可能出現不同的衝突，但是一旦遭遇外侮，家人便能團結起來一同抵禦。家庭的凝聚力不是僅靠社會規範就必然存在，家庭成員需要花時間和精力來發展並維持

家庭凝聚力，換言之，凝聚力是由溝通而來的。

　　但是每個家庭都會隨著時間而改變，這些改變可能包括：角色關係、決策方式以及家庭中的權力結構，這種因應不同改變而必須調適因應的能力，就是家庭的適應力。多數家庭在大部分時候都能維持穩定的狀態，但是也許因為父親換工作、母親再就業、孩子出外求學、家人罹病等等不同狀況的發生，而使得家庭穩定性飽受壓力，也因此自然地重整家庭溝通或權力結構來因應這些變化。

　　凝聚力與適應力之間彼此也會出現交互作用，新的家庭型態可能促使家人更凝聚，因為混亂迫使家人必須更團結；但是也可能讓家人更疏離，如果家人無法適應改變，家庭凝聚力就可能受到很大的傷害。

三、男性之間的關係

　　以美國的研究資料來看，男性友誼在本質上有其特定的角色功能，他們主要視其他的男性友人為一種「填補的角色」（filling roles），其關係只存在於特定的層面，有許多男性的友誼就是以喝酒、打球、下棋、玩牌等等活動為主。國人男性間的友誼則常以為必須「挺到底」才是好朋友，講義氣、不分彼此、為朋友兩肋插刀，是顯示友誼深度之指標。從這些資料得到的結論是男性之間的關係以逸樂和忠誠度為主，但是彼此內心的親密程度則頗受質疑。一般說來，男性之間的交誼與關心的行為確實是比較缺乏「高度自我表露」。

　　Wood和Inman（1993）就指出男性是「以實質幫忙，互相協助和作伴來表示關心」。回想我們自己身邊的例子，男同學間如果有人失戀了，多半男孩們處理的方式是什麼呢？「唉！怎麼說呢？……反正天涯何處無芳草嘛！走啦！陪你喝一杯」，似乎少

有男性同伴以提供情緒支持爲先。有人認爲女性比男性多話（長舌），但是實證研究發現男性對有興趣的話題所說的話可不比女性少；不過，男性間談話的內容傾向於以主題性爲主，例如，政治、事件、工作等等，而鮮少提及關係性或是個人性的話題。爲什麼男性之間情感表達的程度較低？可能的原因甚多，尤其與社會化歷程相關。因此，在不同文化之間，男性友誼的親密情緒表達亦有其差異。美國社會中，男性的交談多數侷限於主題性的內容，或是利用一同進行某些活動或嗜好來顯示友誼。

　　根據Reis和Wheeler（1991）研究比較美國、香港和約旦的男性友誼，發現美國男性很少自我情感表露，而香港與約旦社會中的男性更少向異性表達親密，反而同性間的情感表達較異性間爲多。

四、女性之間的關係

　　女性之間的關係迥異於男性間的友誼。Hodgson和Fischer（1979）就指出女性經驗高度親密關係的能力比起男性要來得強。女性的友誼發展得比男性迅速而且深刻。女性的交談內容以談論彼此友誼的「關係性」（友誼本身）和涉及個人思想情感的「個人性」（個人的思想和感情）話題爲多，而主題性內容則較少。

　　從人際溝通的標準來看，女性的關係應該是豐富的。因爲女性比較在乎別人，容易視這些親近的人所遭遇的困難是自己的困難。而這樣重感情的結果通常要付出代價；除了影響健康之外，也容易導致過度依賴的關係。因此，女性對於她們的同性關係有時反而不見得滿意。

第二節　溝通與人際關係的生命週期

人際關係的發展有其階段性，也就是關係「生命週期」（life cycle）的階段性；換句話說，人際關係並非一成不變，它是一個動態（dynamical）、發展的（developmental）過程。Levinger及Snoek（1972）提出人際關係發展的互賴模型（**圖3-5**），說明人際關係雖始於雙方零接觸的情境，但可能形成強烈互賴的共同關係模式。

DeVito（1994）也提出類似說法，在關係形成分析模式中，將關係分為六個不同的發展階段，依序是接觸階段（contact）、參與階段（involvement）、親密階段（intimacy）、衰退階段（deterioration）、修復階段（repair）、解離階段（dissolution）。其模型如**圖3-6**。

另外，Mark Knapp、Steve Duck、Dalmas A. Taylor、Irwin Altman和Leslie Baxter等也都是研究人際關係生命週期的學者。我們從這些學者的研究結論中發現，人際關係的發展階段大致可以概分為開始、穩定以及解離階段。

一、關係的開始階段

在關係開始初期，最重要的是資訊提供與交換，我們提供自己的資訊幫助別人認識我們，也尋求關於他人的訊息，來決定是否要和對方建立關係。所有人際關係的初期都是從不確定開始，在這樣的不確定中，我們因為無法預測他人的行為，在溝通的因應上比較茫然不知所措；等到我們獲得更多他人資訊，就能幫助我們判斷他人的行為模式，也因此知道自己的因應策略。Berger和Bradac

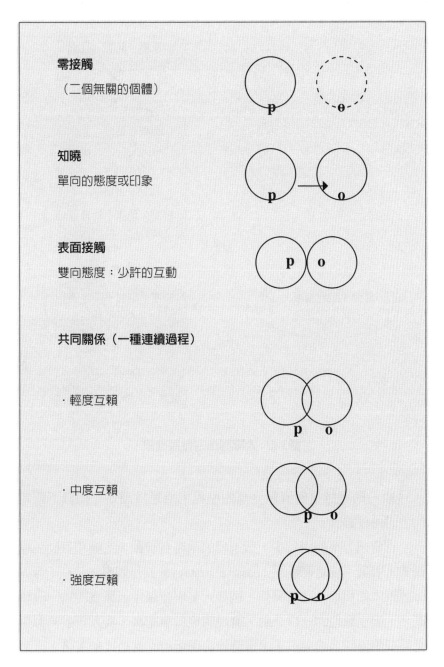

圖3-5 相互依賴模式

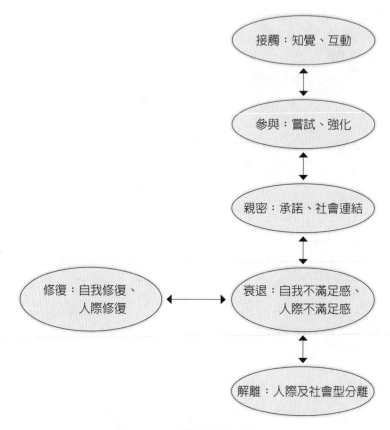

圖3-6　人際關係的發展階段

（1982）則認為這個資訊分享的歷程主要是為滿足「縮減不確定性」的內在需求。

在資訊分享的過程中，所運用的策略有被動、主動和互動三種模式。所謂「被動策略」（passive strategy）就是觀察法，在一旁先瞭解對方如何與人建立關係。例如，美珊在課堂上觀察明遠一段時間了，她注意他的一舉一動，發現明遠做事認眞、爲人正直，似乎是個頗值得認識的男孩子。這時候美珊所用的就是被動策略。直到有一天，美珊跟明遠的宿舍室友在課程小組實驗實習的時候剛巧排

在同一組，美珊試圖打探明遠的資訊，甚至關心起明遠倒底有沒有女朋友，這種關係建立的方式主要是向他人打聽你所感興趣的對象的相關資訊，我們稱之為「主動策略」（active strategy）。終於有次美珊在準備主題報告時有機會向明遠請教，在討論中兩人開始彼此交談，也互有好感，除了分享課程討論主題的想法與心得，甚至分享各自的生活與學習經驗，這種和他人交談並分享有關自己資訊的方式，則稱之為「互動策略」（interactive strategy）。

　　減低彼此的不確定性對於人際關係初期非常重要，而被動、主動、互動策略的運用程度，則可能因為文化背景的不同而出現差異。

　　綜合Knapp（1984）以及Taylor和Altman（1973）的說法，我們可以從人際吸引、開始交談、持續交談和邁向親密這幾個歷程，分別檢視建立關係的溝通技巧。

(一)人際吸引

　　創造人際接觸的情境可以說是人際吸引的首要條件。完全封閉自己的人，基本上很難跟別人有任何彼此認識的機會。人際之間彼此吸引的先決條件在於時空的接近性效果（accessibility effect），俗話說「近水樓台先得月」就是這個道理。因為接觸的頻繁促使兩人有更多機會互相認識，誘發兩人間獲得更多彼此資訊的可能。但是，有趣的是，不管你是在只有十五個同學的課堂上，還是在五十個夥伴的社團裡，甚至在幾百個人的運動會中，真正吸引你注意的可能只有少數幾個人，能夠喚醒我們知覺的只有少數特定的訊息。

　　人際吸引的第一個關鍵通常是身體特徵，也就是外表的吸引力。但是身體的吸引等外在條件只是進入關係的第一扇門，並不是保障彼此關係的法寶，內在的心理屬性常常才是更重要的。從兩

個人雙向的彼此吸引來看，相似性跟互補性都是人際吸引的可能發展途徑。人們通常會被具有相似特質的人所吸引，也就是「物以類聚」，包括：彼此的興趣嗜好、成長背景、個性、態度和價值觀，而且相似處愈多、愈容易彼此吸引。

從海德（Heider）的認知平衡論來說，人們為了避免不舒服的感受，傾向於讓自己內在認知體系的各種認知態度保持協調一致性。所以我們也容易對那些價值理念與我們相近的人產生好感。不過，一般人在彼此認識初期，歸納雙方的相似處或共同點經常僅基於初步知覺，所以其人際吸引極可能在關係發展歷程中生變。關係建立的另一個可能是「異性相吸」，也就是互補性。從理論上來說，關係的維繫有賴於彼此需求的滿足，因此，當兩個人的差異被視為互補（complementary）的時候，他們也會互相吸引。比方說，一個外向的人和一個內向的人，雖然個性相反，卻可能互相吸引，這種人際吸引的理由，主要就在於彼此的心理需求及角色期待互補。

(二)開始交談

不管人際吸引的程度如何，彼此如果一直沒有互動，事實上關係難有任何實質進展。對許多人來說，即使非常心儀對方，但要真正踏出第一步與這位原來陌生的對象開始互動，確實並非易事。然而，建立關係的第一步，就是必須勇敢與對方互動、開始交談。最初的簡單交談通常時間簡短，但是因為涉及所締造的第一印象，對關係的後續發展卻帶來相當大的影響。每個人都沒有第二次機會重塑第一印象。如何善用初始的交談來塑造正面形象呢？不同的文化會影響我們的行為模式，以中國人而言，通常是先套關係，藉此拉近雙方的距離，讓彼此都感受到同屬於某個社會或心理團體的一體感（we group feeling），爾後才能逐漸產生更深入的溝通。彼此談

論的內容可能包括：畢業自哪個學校、共同認識哪個人、目前或曾經在哪裡高就等等。

一般而言，開始交談可以運用下列四個策略，每個策略都是以問題的形式出現，藉此利於邀請他人對於這樣的攀談有所反應。如果對方愉快的回應，彼此的交談應當可以繼續，如果對方沒有回應或是態度冷淡，彼此的交談多半就會終止。

◆自我介紹

自我介紹是最簡單的交談起始步驟。例如，「你好！我是美珊。我讀社會學系二年級，你呢？」這種方式聽起來有點老套，不過卻蠻有效。如果你不習慣自我介紹，也可以請朋友幫忙居中介紹。

◆談天說地

另一個開始交談的方式就是談天說地、東拉西扯，包含各式的情境話題，都可以作為閒聊的內容。比如，談天氣，「今年冬天特別冷，聽說寒流還要持續好多天，你知道學校附近哪裡可以買到厚外套嗎？」，或是其他提及情境的話題，「我聽說學校要蓋新的游泳池，你知道游泳池的預定地點嗎？」、「你這車保養得真不錯，是哪個年份出廠的？」、「我跟新娘子是高中同班同學，你是新郎的朋友還是新娘的朋友？」。

◆談論想法或感覺

還有一個接觸的方式就是談論自己的想法或感覺，例如，「今天聽了關於環保節能的演講讓我很有收穫，對於核能發電的議題也有了新的想法，我想我會支持多元化發展的能源政策，你有什麼想法呢？」、「我也住這棟大樓，它的採光及社區規劃都不錯，不過這些樓梯建在樓層間讓我覺得有些不方便，家中若有長輩，出入恐

怕會更困難，你覺得呢？」。

◆談論他人

「潘太太是位很慈祥的房東太太，每年多至都會請我們大伙吃湯圓，你剛在這兒租房子嗎？」、「我很喜歡上溝通技巧的課，但是老師上課時習慣隨興地點學生到台前做演練示範，讓我覺得有些緊張，你喜歡老師的上課方式嗎？」。

(三)持續交談

一旦你的談話讓對方有了回應，兩人就可能會彼此持續交談，一開始通常先談些不具威脅性的話題，也就是「閒聊」（small talk）。閒聊是在初始關係中常見的談話型態，既能滿足社會需求，又較不需要冒險，自我感情表露較低，但是足以作為關係進展的基礎。

有時閒聊只是一種單純為了交換意見的溝通（idea exchange communication），過程中彼此分享事實、意見與信念，偶爾會透露出個人的價值觀念。意見交換在所有溝通形式中十分常見。在教室裡，美珊跟明遠就著系際球賽的事聊了起來；或在辦公室裡，老方問起老顏昨天剛換的新車；而佩珊在一旁和阿龍討論股市行情。有些時候，也許話題會嚴肅一點，我們可能談到南北韓關係、討論美國與全球經濟，或者是談論選舉與國家未來，不管話題深淺，基本上都是意見交換。這種溝通在關係建立的初期頗為重要，因為藉此我們能更瞭解別人的想法，重新評估彼此的人際吸引力，並且再決定雙方關係是否要繼續發展成長。

有時候閒聊的主題在道人長短（gossip），俗稱「八卦」。我們可能談論一些雙方都認識的人，但是談論的內容卻未必正確。例如，「你認識喬玉嗎？聽說她轉行賣保險，而且前陣子升主任了

呢！」、「你一定不相信，聽說美珊跟明遠交往一個月就分手了哦！」和「我們系上的宜秀好認眞在減肥耶！聽說三天就瘦了二公斤！」等，都是這類閒聊的例子。這種閒聊冒險性也很低，因爲可以談很久，卻不涉及自己與對方的內在。如果只是爲了跟一個認識、卻不打算深交的朋友輕輕鬆鬆消磨時間，或僅僅爲了試探彼此持續發展關係的可能，閒聊其實是個蠻不錯的方式。不過，閒聊極可能出現一些負作用，比方說，彼此交換的訊息有誤，這個閒聊不只可能妨礙關係的進展，甚至傷及他人。

(四)邁向親密

假若互動雙方對於發展親密關係都有所期待，彼此通常就會再談到更爲深入的想法和感覺。經由這種感覺分享和自我表露的過程，進而對另一個人有所瞭解，並且在和別人相處的過程中滿足內在需求，友誼也隨之成長。關係逐漸親密時，彼此所談論的內容就越私密，也越能分享感情，甚至會主動向對方尋求支持與協助。

隨著關係的發展，溝通型態也會有所不同，從非個人的（impersonal）、表面的（superficial）層次到個人深層的（personal deep）階段。親密關係的經營必須付出時間與心力，更需要彼此信任，不是輕易能夠達成的。每個人在人生的多數階段，常常也只有一到兩位眞正親密的朋友。

二、關係的穩定階段

當雙方爲彼此關係發展感到滿意的時候，就會開始期待關係能夠穩定維持，並在這個特定的關係中能互取所需且彼此得到心理上的滿足。例如，你因爲工作的關係，認識一位蠻能幹的朋友，當你

在工作上需要一些建議時，你會尋求他的幫忙並且信任他的意見。你們偶爾因為工作討論的緣故一起用餐或者扮演彼此事業上的搭檔，對你們來說可能彼此並沒有其他的關係形式，但是你們十分樂於維持這樣的夥伴關係。

不過，人跟人相處久了，常常就會疏忽了過去用以建立關係的溝通行為。我們就常聽到妻子抱怨：「我已經十多年沒收到老公送的花了，想當初我們談戀愛的時候，他可是每天一束花在追求我的呢！」，或是先生說：「好懷念以前老婆跟我撒嬌的樣子，現在除了柴米油鹽之外，她只會粗聲粗氣的罵我錢賺太少了！」。雖然說，迫切期待關係發展的人有時候確實會少了點現實感，但是這些熱切的行為如果在關係穩定後就完全消失，而且沒有其他替代性的愛的表示與承諾時，彼此關係就很容易降溫，甚至會受到傷害。這時候我們就很容易聽到這樣的話：「我覺得他（或她）好像不再愛我了。」

我們每個人都同時具有兩種不同的需求，一種是期望跟別人接近、跟別人親密的「參與感」，另外一種則是要擁有自我空間的「獨立感」，這兩種矛盾的需求通常在我們跟他人的關係進入穩定期之後會出現特別強烈的衝突。這種兩極的矛盾，可以從哲學家叔本華說過的一個故事中深刻體會：一群豪豬準備一起度過寒冷的冬天，所以牠們擠在一起好相互取暖，可是當牠們靠得太近，就因為自己身上的刺扎得牠們十分痛苦，於是只好散了開來，等一分開卻又覺得冷，這群豪豬就在相依相偎跟保持距離中來來去去，也不斷在快樂跟痛苦中掙扎。尤其伴侶之間特別容易出現這樣的矛盾，原本是多數人生命歷程中最親近的關係，卻常因為談話風格及表達型態的改變而造成彼此相聚溝通時的沉重負擔，把彼此的溝通變成一個惡夢。

關係持續的重要途徑就是營造正向的溝通氣氛，特別是在重要

或敏感問題的溝通過程中。所謂「正向的溝通氣氛」，意思就是在這樣的氣氛中彼此能夠順利地進行討論。Canary和Stafford（1992）的研究就指出關係維持的策略（maintenance strategies）和平等的溝通行為有相當密切的關係。Gibb（1961）研究人際溝通歸納出六種支持性的溝通行為，以及下列四個溝通原則，包括：描述性的、平等的、坦誠的和保留餘地的溝通，都有助於形成正向的溝通氣氛。

(一)描述性的溝通

描述性的溝通氣氛有利於人際關係的成長，評價性的溝通則會阻礙彼此的關係發展。什麼是描述性的溝通（speaking descriptively）呢？多數人都以為描述性的溝通並不困難，但是它其實並不容易做到，因為我們必須以不評價的方式來說出自己的想法或感受。比如說，吳組長跟江小姐一起參加個案研討會，吳組長說：「小江，你怎麼在這個個案上做這種判斷呢？我覺得很離譜唉！」這時吳組長所用的是一種評價性的溝通，因為她用「離譜」這個字眼來形容，主觀標示自己對他人的價值判定，也無法提供對方具體的依循法則。那什麼是描述性的溝通呢？如果吳組長說：「小江，其實你對個案的判斷我們也曾經這樣推測過，但是因為多數人都認為這個假設在經濟問題的前提下有很大的漏洞，所以，剛剛羅主任很快就提出質疑，大部分人也有異議。」客觀且具體說明小江的行為及被否定的原因。

評價性的溝通會影響人際關係。因為，評價只是批評卻不提供訊息。人們基本上都是從一些參考訊息來理解別人的評論，因此如果我們在溝通中將這些參考資料予以省略，只是給予評價，就很容易產生誤解。例如，在球賽緊張時刻，教練把阿龍叫下場並且告訴他：「你再這麼笨下去，就不用再打球了。」，對阿龍來說，他也

許在模糊中感覺出自己似乎犯了些毛病，但是「笨」卻無法讓他瞭解自己到底是哪裡不對勁，以至於讓教練這麼生氣。如果教練說：「阿龍，我們本來不是討論過攻守計畫嗎？你最後這兩次拿到球，都有機會傳給別人，但是兩次你都在沒有把握的狀況下自己倉促出手射籃。這種打法並不聰明，而且讓我很生氣，如果你再這樣，我可能暫時不能讓你出場。」如此一來阿龍將比較瞭解教練的意思。

評價性的溝通也比較容易引起他人的防衛。防衛（defensiveness）是一種當個人感受到威脅時所容易產生的負向感覺與行為。例如，當志成和麗香剛看完一場電影，志成說：「這部電影好有趣，真是好玩。」結果，麗香不以為然的答道：「有趣？你真的很沒品味，我覺得這部電影真是夠低級的了。」志成明明喜歡這部電影，可是麗香的評價，卻明顯帶著對志成的否定與攻擊，於是就很可能引起志成的防衛，於是可能生起悶氣一言不發，甚或轉而嫌棄麗香的穿著，以回應關於「品味」的攻防。不論如何，至此，溝通的氣氛都已經被破壞了！

描述性的溝通主要包括兩種：

1. 描述行為：例如「你知不知道每次你心情好的時候，就會開始唱歌？」或「你只要一說謊，就會馬上臉紅。」
2. 描述感情：例如「你稱讚我的時候，我就覺得心裡好溫暖」或「你每次一下課就隨便坐到我的床鋪上，我真的很不喜歡。」。

不管描述行為還是感情，如果能用描述性的溝通方式，即使溝通成效不如預期，至少不會就此阻斷溝通的管道。

(二)平等的溝通

　　如果我們能跟他人彼此平等相待，而不是處處擺出一付趾高氣揚的姿態，雙方關係才比較容易持續並且成長。很多時候，我們為了滿足自己內在的控制需求，會在無意中以上對下的方式來與人溝通。有時我們可能因為自己的角色或地位的關係，自以為比他人優越，或是擁有較高的權力，而在言語中出現上對下的高姿態。其實不論地位權力高低或是優越與否，高姿態的溝通時常導致負向氣氛，以平等的態度溝通，可免於製造言語或其他方面的對立，亦能表示對他人的尊重。

　　避免高姿態的溝通非常重要，我們必須清楚明白一件事，即使擁有權力或地位，並不代表我們比較好或比較優越，因此不應該將他人視為比自己卑微，而因此表現不尊重的態度。所以，當主管要求下屬完成一個緊急方案時，不宜這樣說：「美惠，妳現在馬上給我寫好這個計畫，三十分鐘之內。」而可以說：「美惠，這個計畫今天下午三點就截止申請了，我原來打算自己寫，所以沒有請妳幫忙，可是現在我手邊有一些突發的緊急狀況必須處理，我忙不過來，所以，我想請妳幫我設法先在兩點前完成初稿，我已經準備了資料並草擬大綱，可以麻煩妳嗎？」在後面的這個敘述方式中，說明理由與實際情況，主管自己承擔來不及寫的責任，甚至除了表達期待，也表示了能夠接受對方無法提供協助的意外結果，聽起來是不是讓人比較舒服呢？

　　平等的溝通，除了要注意語言之外，也要留心聲音、臉部表情、衣著及態度所帶來的影響。透過口語和非口語都讓人覺得我們跟他人平等相待，沒有優劣好壞之分，才能營造正向的溝通氣氛。

(三)坦誠的溝通

坦誠的溝通（speaking openly）就是分享真正的思想和感情，而不含心機或隱藏的訴求。當溝通的主題或目的，也就是訴求（agenda）明確的時候，人際關係比較容易有正向的發展。假設婷婷在跟晴文的談話中，關心起晴文與銘漢的交往狀況，這段談話的明顯理由，也就是訴求，就在於婷婷對晴文的關切。然而，在我們的人際溝通中，有時候隱藏談話的真正訴求，表面上的談話理由只是障眼法，談話者所潛藏的真正動機，稱之為「隱藏的訴求」（hidden agenda）。以前述的例子來說，假設婷婷對銘漢的同學嘉德頗有好感，試圖透過晴文與銘漢打聽有關嘉德的事情，那麼婷婷對晴文的關心不過是談話的外顯理由，真正的理由是嘉德，即為隱藏的訴求。

如果溝通雙方能夠互相瞭解彼此的談話內容，雙方才能建立良好關係。因此，當談話的訴求不夠坦誠時，就容易出現溝通障礙。有時，將訴求加以包裝，可能只是策略運用，或是因為禮貌，或為緩和緊張的情緒氣氛。比方說，婷婷可能覺得直接打探嘉德的事有點不好意思，所以假借關心晴文的名義，希望能從晴文口中知道嘉德對自己的看法。這個隱藏的訴求對婷婷顯然頗為重要，而當真正的訴求洩露時，最好不要再繼續兜圈子的曖昧溝通，否則可能會傷害彼此關係。如果晴文已經識破婷婷的隱藏訴求，婷婷卻仍然掩飾、不願坦誠面對，就可能令晴文覺得婷婷並不真誠，也不夠信任，反而破壞彼此關係。其實，直接面對難題是最好的策略。假如婷婷關心晴文，也真的想知道嘉德的事，她可以直接表達自己的兩個訴求。例如，先關心晴文跟銘漢的近況，然後婷婷可以說：「晴文，我聽說銘漢跟嘉德很要好，妳跟嘉德熟嗎？我對他蠻好奇

的。」直接面對問題的確不容易，但是至少可以讓困難止於問題本身，而不會衍生其他的困擾。

有時，隱藏的訴求可能會變成心理遊戲（psychological games），這就相當具有破壞性了。心理遊戲指的是一種企圖操縱他人的行為，以藉此達到預期的結果。我們來看看下面的例子：

俊智心裡明白只要他在房間裡抽菸，媽媽就會很生氣，所以他常「一不小心」就會忘了不能在房間抽菸，然後當媽媽發現而且氣得不得了的時候，俊智便又裝出一付很無辜的可憐樣。

翰威明明知道在立成面前提及他的前任女友筱靜，就會讓立成很不自在。每當立成在場時，翰威「不小心」就「糊里糊塗」問到：「好像好久都沒見到筱靜了！」。

在這些例子中，個人隱藏的訴求就是要讓另一個人覺得痛苦。一旦引起預期中的反應，自己就「贏」了。這種在溝通中玩弄輸贏的成分，就是心理遊戲的本質。這一類的隱藏訴求對於關係具有極大破壞性，談話者應盡可能自我覺察並避免使用。

(四)保留餘地的溝通

雖然坦誠溝通有助於關係成長，但不表示就可以獨斷陳述，而應該盡可能在溝通中保留餘地。「保留餘地的溝通」（speaking provisionally）指的是表達的意見有討論的餘地，可能正確，也可能有誤，獨斷的陳述則沒有討論餘地。有所保留的言詞利於良好溝通氣氛的維持，獨斷的說法則會中斷討論並且容易製造衝突。

我們來比較下面這兩個句子：「如果我沒聽錯的話，長青學苑的財務狀況好像出了問題。」、「我告訴你，長青學苑快倒了。」前面的說法是保留餘地的溝通方式；後面則是獨斷的陳述。保留餘地的語詞比較不會招致敵意，而且這種說法讓聽話的人知道說話者

的訊息並不肯定。「我告訴你」，沒有預留可能錯誤的空間；「如果我沒聽錯的話」，不只預留錯誤空間，也表示只是說話者的印象，不見得絕對正確。

雖然談話過度保留，會讓我們的說法顯得很不肯定和不果斷；但是陳述事實並不需要誇大，清楚表達並不需要推論渲染，保留地說話允許不同意見，也允許意見有不正確的可能。

三、關係的解離階段

有時候不論一方多麼盼望關係持續穩定甚至強化，但是仍然天不從人願，關係還是可能逐漸終止。大部分關係結束的時候，我們會覺得難過；但是有時候反而會覺得解脫。不管感覺如何，我們都應該學會如何運用好的人際溝通技巧來結束關係，讓關係破裂的傷害減到最低。

關係的解離（relationship disintegration）大致上可以分成三個階段：相看兩厭、濃情轉淡和情緣已盡。

(一)相看兩厭

關係轉弱的第一個徵兆就是心理開始出現不滿意的感覺，對於另一方的意見和感受並不怎麼關心，並且少說「我們」而說「我」。過去能自由坦誠討論的話題，現在變成彼此衝突爭執的導火線，沒有解決的衝突逐漸開始累積。為什麼會變成這樣呢？有時候是因為雙方還沒準備好要彼此負擔更多，就急於發展更進一步的關係，後來導致彼此過度的壓力，當無法調適時，反而加速關係惡化。年輕人就常常因為太快嘗試長期的親密關係，而出現這樣的狀況，例如，建榕和秀秀相遇，天雷勾動地火之下，發現彼此都喜歡音樂和電影。他們開始進一步認識，覺得「我們是天造地設的一

對」，於是很快地，兩個人就熱烈交往，並且相信他們會終生相伴、天長地久。然而不久之後，他們開始察覺一些以前似乎沒有注意到的地方。例如，秀秀喜歡熱鬧，總是安排群體活動，希望兩個人和別的同學一起玩；建榕則喜歡單獨和秀秀在一起。突然之間，他們發現不喜歡彼此的生活方式，幾次的差異與衝突發生後，才知道他們其實不像先前以為的那麼步調一致，於是開始不滿意對方。

　　但有些時候，差異與衝突的形成純粹只是因為我們疏忽了「人會改變」的事實。例如，建榕說：「秀秀，妳以前不是很喜歡和我去球場看職棒嗎？」秀秀：「對啊，以前我還蠻喜歡的，可是現在覺得沒意思了，我現在覺得在家看美國大聯盟比較有趣。」或者秀秀說：「建榕，你以前不是挺喜歡逛賣場嗎？現在為什麼不陪我逛了？」建榕：「我以前有時間慢慢逛，可是現在工作好多，就寧可在家睡覺了。」我們必須記住，人是會改變的動物，隨著時空演變，每個人的狀態都在不斷改變，關係也是一個動態的適應過程，不可能一成不變地只以自己的想法期待對方。

(二)濃情轉淡

　　只要關係開始惡化，感情就會轉淡（drifting apart），彼此的溝通從深層分享轉變成無意義的「安全」話題。在這個階段，人們不認為彼此有繼續努力經營或維持關係的必要，甚至可能避免在一起，或找別人一起分享興趣和活動。雙方雖然沒有敵意，但是關心的程度卻明顯降低。

　　有些夫妻就長久處在這種關係，或許是為了孩子，有的則是為了得到經濟上的好處，也有的只是因為宗教上的信仰。換句話說，這種關係能夠繼續提供個人一些需求上的滿足，但是並不能滿足親密的人際需求。

(三)情緣已盡

關係惡化的最後結果就是關係結束（ending）。根據Cupach和Metts（1986）的說法，人們結束關係的理由很多：溝通不良、缺乏成就感、興趣不合、生活型態不同、外人介入、付出沒有回報，甚至看膩了等等。當人們決定結束關係時，總是習慣找理由來責備對方，卻不想辦法好聚好散。

Baxter（1982）提到在關係結束的時候，我們可以有以下四種方式來處理關係：(1)操縱策略（manipulative strategies）；(2)退縮逃避策略（withdrawal avoidance strategies）；(3)正向表達策略（positive tone strategies）；(4)坦誠面對策略（open confrontation strategies）。前兩種方式容易使雙方受到傷害，而後兩種策略則較能妥善結束關係。

◆操縱策略

故意露出馬腳，讓對方抓到自己的把柄，迫使對方不得不對關係的結束採取行動。這種策略是操縱性的，因為害怕對自己的行動負責，不敢做決定，就讓自己成為關係終止下「受害」的一方。假定老吳想跟太太離婚，但是不願意自己提出分手。於是在最近幾個月中，他有意無意的讓太太聽到他可能不忠的消息，並且故意在襯衫上留下一些口紅印。就等著，他太太一怒之下決定將他「掃地出門」，這種策略雖然可以終止關係，但是極端不誠實。

◆退縮逃避策略

裝作不知道就沒事，是一種間接達到目標的方法。假設家住台北的小慧和父母關係惡劣，尤其是媽媽，就算小慧已經二十五歲而且大學畢業，媽媽仍然經常左右小慧的生活，干涉小慧的工作與交

友。雖然在事實上，小慧不可能眞的完全和父母脫離關係，但是爲了逃開這種煩人的互動，小慧找了一份在高雄的工作，在那兒她可以避免和她的父母一起生活，偶爾一兩個月才回家見一次面。雖然退縮及逃避好像可以解決人際困擾，但是並沒有眞正處理引起人際困擾的核心。

◆正向表達策略

以坦誠與尊重的態度，直接進行關係的結束，坦白表示雖然彼此確實曾經在關係中受益，但是已經過去了。比如說，「秀秀，我們交往一段時間了。我很喜歡我們這一段感情。我很珍惜跟妳的友誼，但是我覺得對妳不再有浪漫的感覺。我很難過，也很抱歉，我努力過，卻實在難以挽回，我不願傷害妳，但是也必須面對自己的感覺，我仍然希望友誼能繼續存在。」

◆坦誠面對策略

和正向表達策略一樣，是直接而肯定地處理關係的方法。誠實評估，坦誠面對問題，讓別人知道自己的立場，但是不輕易放棄彼此的關係。秀秀對建榕說：「我希望你知道我很喜歡跟你在一起，但是幾個月下來，我覺得自己雖然喜歡你，可是卻沒有信心可以跟你擁有成功的婚姻。也許我們可以再重新檢視我們的關係，看看該怎麼走下去？或是我們並不適合在一起？」

 ## 第三節　面對人際溝通的焦慮與害怕

有時候我們會抱怨自己交不到朋友，雖然我們都明白關係的建立與發展需要時間，但是，卻苦於連人際關係建立的第一步都跨不出去。一遇到自己喜歡的人，就只能偷偷欣賞，根本不敢嘗試做任

何接觸。有時候必須上台報告，卻是只要一開口就結結巴巴，一上講台，除了兩腳發抖之外，根本聽不清楚自己在說些什麼，就已經迫不及待地飛奔下台了。注意一下你自己身邊的人，是不是有的人說起話來，臉不紅、氣不喘？是不是有的人很敢講話，似乎吹牛都不用打草稿？是不是有的人非常善於自我介紹，總是有人對他投以傾慕的眼神？

那種在人際溝通情境中，可以泰然自若，甚至口若懸河的人，不論他的溝通能力如何，至少我們可以說他是個勇於溝通的人，也就是這人對於溝通的恐懼程度很低，甚至完全沒有溝通恐懼。而那種會渾身不自在、一碰到人際溝通就開始焦慮緊張的人，就是具有溝通恐懼困擾的人，這種人即使本身具有吸引人的特質，也會因為一直無法順利進入彼此互動的情境，而錯失許多與人建立良好關係的機會。我們應該都能夠同意，通常溝通恐懼的程度強弱跟溝通能力正好成反比，換句話說，溝通恐懼越深的人，溝通能力會越差，而溝通的效果自然也就大打折扣。Jame s McCroskey（1970）首先提出「溝通恐懼」（communication apprehension）的字眼，並且定義為「個人在與他人或群體溝通時，所產生的害怕與焦慮」。

一、溝通恐懼形成原因

多數人都有溝通恐懼的經驗，但是為什麼我們會出現溝通恐懼呢？有的人以為溝通恐懼來自於天賦的人格特質；也有人認為溝通恐懼的發生主要取決於情境因素，當情境消失或改變，恐懼自然就不見了。其實，溝通恐懼可以說是一種「擬近特質」的心理因素所產生，換句話說，它有屬於特質面的持續性，不容易因外力而變化，但是卻可以在適當修正後，予以適度的改變。以James McCroskey的說法，溝通恐懼形成的原因主要包括以下三類：

(一)遺傳因素

社會生物學家認為，個人與他人互動的意願、興趣和能力，會受到遺傳因素影響。如果父母是容易產生溝通恐懼的個性，通常孩子也比較會出現溝通恐懼的現象。

(二)環境因素

如果在孩子成長的過程中，溝通行為經常受到鼓勵，或是有良好的模範（model），足以作為模仿的對象，提供社會學習的經驗，通常在成年後，較能勇於溝通，而溝通能力也較佳。反之，如果孩子在成長階段，經常在溝通行為中遭到處罰，長大以後，比較容易因為溝通行為受到抑制而出現溝通恐懼。

(三)認知因素

當我們對於溝通行為有正向的想法及感受的時候，通常溝通能力比較能夠發揮。如果我們對溝通行為抱持著負面的想法或感受，溝通效果通常就會降低。這種預期的負面結果如果一再累積，會讓我們對於自己的溝通行為失去信心，溝通恐懼於焉產生。另外，如果我們在陌生的溝通情況下，在溝通行為上出現慌亂無措的情況，無法改善自己的窘態，幾次下來，也很容易讓我們產生習得無助感，而在下次出現類似狀況時，出現溝通恐懼的情緒。

二、性別與文化對溝通恐懼之影響

哪些人比較容易出現溝通恐懼呢？溝通恐懼的成因除了我們前面所簡單提到的以外，其實也會受到性別跟文化的影響。在美

國的研究結果中顯示，溝通恐懼與性別無關。但是王政彥（1994）
指出，據其在我國的調查中發現，在不同的年齡層中，不同性別的
溝通恐懼程度確實會出現差異。以國中生來說，男生的溝通恐懼要
高於女生；但是以大學生來說，則是女生的溝通恐懼大於男生；在
一般的社會人士裡，女生的溝通恐懼普遍高於男生。另外，在不同
文化中，也可發現溝通恐懼的程度不同。一般來說，亞洲人的溝通
恐懼比起西方人要來得高，在西方的文化中，強調主動積極，多數
人比較習慣表達自己。而在東方文化中，多數認為「含蓄」、「內
斂」是一種美德，於是大部分人比較害羞，不敢主動表達自己的
意見。以中國人來講，從小我們就經常被教育「囝仔郎、有耳無
嘴」，在長久的壓抑下，溝通恐懼就容易滋長。

三、改善溝通恐懼的方法

溝通恐懼是可以克服的，降低恐懼焦慮，幫助自己能夠有更好
的人際互動，就能進一步建立親密的人際關係。

改善溝通恐懼的第一個方法就是學習放鬆，有系統地逐步減
輕自己的焦慮。我們可以先練習肌肉的鬆弛，然後按照會引發恐懼
或焦慮的溝通情境，由淺入深地利用想像法來訓練自己能夠逐步面
對。

第二個辦法則是試著改變自己的認知與想法。前面我們曾經
提過，對自己的負向期待以及習得無助感，都會強化我們的溝通恐
懼。自覺無法應付溝通情境、否定自己的溝通能力，這類的認知因
素，其實跟我們的溝通恐懼息息相關。因此藉著自我的對話，找出
引起溝通恐懼的負向自我陳述，加以理性批判，並改變對自己的看
法與評價，以合理的自我陳述來看待自己的溝通行為，也能適當減
低自己的溝通恐懼。

最後還有一個解決溝通恐懼的方式，就是透過溝通能力的加強練習。溝通其實是一種在社會情境中使用的技能，如果我們從技術面來加強溝通能力，應該就可以改善溝通的效果，因而得以克服溝通恐懼。我們可以透過專業的直接教導，然後利用角色扮演的方式多練習適當的溝通行為，並且應用在實際的溝通情境中，隨時予以檢核及評估，就應當可以減輕溝通恐懼，有效排除溝通障礙。

摘　要

　　人際關係的本質可以依強度分為：認識的人、朋友及親密朋友，在不同程度的關係中，逐漸由淺入深地自我表露。親密的關係包括：異性關係、家人關係、男性之間的關係與女性之間的關係。異性關係中可以分為友誼關係及浪漫的愛情關係兩個部分，愛情關係包括有激情、親密和承諾三個要素。家人關係的溝通表現主要在凝聚力及適應力上。男性間的關係強調實質的幫忙，女性彼此談論的重點則以關係性及個人性為主。

　　人際溝通目的在於建立並維持關係。良好的人際關係是互動雙方都滿意的關係。關係的生命週期，從零接觸到彼此互賴，可以概分為關係的開始、穩定與解離。在開始階段，人們彼此吸引，開始交談，持續交談，然後邁向親密。經由描述性的、平等的、坦誠的和保留餘地的溝通技巧，我們可以營造正向的溝通氣氛，持續彼此的關係。關係的結束與終止可以分為三個步驟：相看兩厭、濃情轉淡、情緣已盡。正向表達及坦誠面對可以幫助我們即使關係結束，

至少能夠好聚好散。

　　許多人無法建立關係主要是因為溝通恐懼，這是一種面對人際溝通時出現的焦慮與害怕。它影響我們的溝通能力，當然也有礙於溝通的效能。溝通恐懼的成因包括：遺傳、環境以及認知三個因素，也可以藉由逐步放鬆、改變認知、加強練習來予以克服。

練習一

> 　　列出這一、兩天來和你談過話的人的名單。把名單分類，哪些是陌生人？認識的人？朋友？親密朋友？哪些是以角色為基礎的關係，哪些是由你主動引起的關係？跟同學討論你如何界定一個人是認識的人、朋友或親密朋友。什麼因素使得一位認識者成為朋友以及使得朋友變為親密朋友？

練習二

> 　　以你的五個朋友做例子。你們在哪種情境初識？是什麼吸引你去認識他們？當關係發展時，哪方面的特質最具吸引力？請朋友給你回饋，你自己最吸引人的特質是什麼？

練習三

> 　　想想最近的兩次互動經驗。選擇其中一次有正向的溝通氣氛，一次為負向的溝通氣氛。儘量回想每一次的對話，逐字寫下來並予以分析，然後跟同學一起討論：
>
> 　1.有哪些描述性的溝通和評價性的溝通的句子。
>
> 　2.審視一下是否有隱藏的訴求。
>
> 　3.談話是有所保留的還是獨斷。
>
> 　4.交談中感覺彼此平等相待嗎？

練習四

> 　　想想最近惡化的人際關係。你何時注意到關係開始轉壞？在這個階段，你們出現哪些溝通行為？你覺得能夠挽救嗎？如果可以，該如何進行？

練習五

> 　　想想你曾結束的人際關係。本章所討論的四種策略，哪一種是你用來結束關係的方法？是否能以互相尊重的方式進行？寫下來這種終止關係方式給你的感覺。如果你認為你的方式是正向的，討論是什麼使你有那種感覺。如果你認為你的方式是負向的，討論你可以有什麼不同的方式。寫出比較有效的人際溝通對話。

練習六

> 　　你有溝通恐懼嗎？記憶深刻的那次是什麼時候？發生了什麼事？結果如何？找個信任的同學，就當時的情境予以仔細回顧並分享。擬出一個改善的練習計畫。

第四章

語言溝通

在我們的生活中，或許你也曾經出現這樣的對話，寶妹跟小魚說：「你回來啦！超人呢？」小魚回答：「被巫婆留下來了！」，兩人接著出現以下的談話：

「留超人做什麼？」

「你說呢？」

「你就自己回來囉？」

「不然咧？」

「東西有拿到嗎？」

「沒！」

「還不行啊？」

「唉！我有什麼辦法！」

「你不問清楚？」

「你知道的！」

「我想我們慘了！」

你能理解這兩個人在說什麼嗎？超人、寶妹、小魚跟巫婆是什麼樣的關係？其實超人、寶妹跟小魚是同班同學，巫婆則是他們的畢業論文指導老師，至於寶妹所關心的「東西」正是他們的畢業論文初稿。常常，在好友或家人間，像寶妹跟小魚，可以不用太注意遣詞用字也能彼此瞭解。但是，大部分時候，我們卻未必能使用這樣的直覺溝通法。在多數場合，我們必須有效地使用語言，比如，和長官見面、參加辯論、面對衝突、應徵工作或討論問題等，不能清楚利用口語溝通可能會是個大問題。

第一節　語言的發展

　　語言（language）是一種口語系統，藉由具有共用意義的聲音和符號，有系統地傳達思想和感情（Verderber & Verderber, 1995）。有些學者相信人和動物的最大區別，在於人類有思考能力和溝通能力。在人類溝通上，語言有種種不同的用途，甚至因為語言，才使我們得以保留意義與經驗，進而傳承文化。根據沙匹爾（Edward Sapir）的語言相對性假設（the linguistic relativity hypothesis），認為人們的世界觀，基本上是由語言所形成，並且必須藉著語言才能描繪我們所認識的世界。我們所認知的真實世界（the real world），其實是無意識地建構於語言習慣上。所以，講不同語言的人，所建構的經驗世界自然也會出現差異。比如說，在英語的語言習慣中，用「I」代表「我」，用「we」代表「我們」，用「you」代表「你」或「你們」；而在中文的用法中，以「貴」代表對他人的敬稱，以「敝」代表對自己的謙稱，並用「咱」代表我們。這樣的語言差異足以窺見中西文化對主客的不同概念，在英語系國家中，強調個人（I），對他人則用概稱（you），重視平等（不須使用對他人的敬稱）；但在中國，則重視尊卑倫理（貴、敝），強調群體利益（咱）。

　　如果溝通是一條河，語言就是過河的舟船，因為它們的來來往往，幫助我們達成溝通的目的。一般來說，語言的發展必須由簡入繁，經過下面幾個不同的階段：

一、前語言及前概念時期（the prelinguistic-preconceptual stage）

約在孩童十個月之前，從其反身性發聲開始。不管是因為餓、身體不舒服，或者是因為害怕，孩童即使是不同的感受，都可能選擇用「哭」來做人際表達。基本上，這個階段的孩童，無法有意識地使用任何語意或符號。

二、語言時期（the linguistic stage）

約從十個月以後的孩童直到學齡前。十個月到兩歲左右的孩童，開始學會用單字表達，並且能夠將單字連結到物體上。比如說，他可以知道「球」指的是什麼，在看到小皮球時，會很自然地發出「球球」的語音。但是這時候的孩童，多半容易出現發音不正確的情形，「兔兔」成了「肚肚」、「阿母」變成「啊嗚」，不過這樣的現象多半隨著年齡發展，構音器官日趨成熟而有所改善。滿一歲以後的孩童，會企圖用單字來表達一個句子，比如說，當他說「貓貓」時，他所想表達的可能不只是指稱「貓」這個動物而已，而是想要跟別人溝通一個完整的概念「我看到一隻小貓」。兩歲大的孩子在語言的發展上，則會出現所謂的電報語言（telegraphic speech），這時所講的話語並不完整，像打電報一樣，但是會組合不同單字來表達語意。比方說，孩童想表達「媽媽，我看到一隻貓，我好害怕」時，會說「媽媽，貓貓，怕怕」；或是要表達自己想坐車出去兜風時，則說「咘咘，玩玩」。至於學齡前的孩童，語言能力的發展則進步到可以用完整的句子表達，並且學會文法的使用。

三、概念時期（the conceptual stage）

　　學齡階段的兒童，幾乎已具備一般日常生活所需的語言能力，但是部分可能對於否定語句及被動語句的理解與運用仍然稍有困難。比如說，兒童比較容易接受及理解「聯絡簿要記得請媽媽簽名」（肯定語句）；較難理解「聯絡簿上家長簽名那一欄不可以空白」（否定語句）。再比如說，兒童對於自己被同學欺負的形容可能較難說清楚「我被他打」。稍長之後，孩子能利用語言表達具體或抽象概念，不只能區辨物件的大小、顏色，並且還可以利用語言加以歸類整理。甚至到了十一、二歲的時候，還能理解或描述一些抽象概念，例如，「快樂」、「難過」、「自由」、「死亡」等等。

四、修辭時期（the rhetorical stage）

　　這是語言發展的最後一個時期，這時我們能使用相當複雜的語句，並且配合思考活動的進行，試圖操作語言，用精準的方式去描繪我們的經驗世界，並且可以利用不同的方式來表達心意。甚至能夠考慮對方的年齡、性別、文化等不同的立場來談話，進而使我們能得到所期待的結果。

第二節　語言的功能

　　在人際溝通中，我們相當依賴語言。除了傳達思想之外，亦可以將個人對事情的看法和經驗表達出來，使我們能夠進行溝通。語言助於溝通的功能，概略說明如下。

　　語言符號（也就是文字）可以指示、標明和定義思想、感情、物體、人們和經驗，以便和他人分享。但同時，我們在使用語言符號時，其實也受到語言符號的限制。例如，稱呼同學「年輕人」，你對這位同學的定義必然不同於稱呼他為「老大」或「喂」。因此，我們可以說透過語言，我們得以標明對方的某項特點；然而在我們指示或定義時，卻也同時設限了將一個人的行為標明為「年輕人」、「老大」和「喂」的不同，並藉此暗示別人應如何定義與看待對方。

　　如果遇到無法標明的時候，換句話說，就是沒有文字可利用的時候，你會發現很難去討論人事物。舉個例子來說，當我們到異地旅行購物，卻苦於不懂如何用當地語言表達，恐怕沒辦法採買到自己真正想要的東西。當缺乏語言文字時，可能會迫使我們選擇暫時不去討論那個現象，甚至等到我們能用文字來說明之後再來進行討論。例如，長久以來女性經常受到許多不適當的對待，但是由於這些行為在過去並沒有名詞定義於是遲遲無法進行討論，更無法進一步爭取應有的尊重。直到最近的數十年間，我們才將這些不當的行為稱之為「性騷擾」，也因此才能進而討論女性免受不當侵擾的自由。如同一位性別研究的學者Wood（1994）所指出：「因為缺乏名詞定義，性騷擾等於看不見或不明顯，使它很難去確認、思考或禁止。」而當我們開始使用這個名詞之後，我們才能討論它的特質，並且確認哪些行為是屬於這個名詞的範疇，進而規範這些行為的發生。

　　語言亦具有評估的功能。我們對所談論事物的正面或負面觀點，是由我們在談論時所使用的文字而定。記得在漫畫《娃娃看天下》裡有這麼一幕：不愛吃雞肉的吉也，在一次打開冰箱看見一堆雞肉時，發出驚呼「天啊！雞的屍體」。「雞肉」跟「雞的屍體」的不同語言陳述，所意味的評價兩者迥異。有時，一個看似客觀而

簡單的敘述「椅子是淡綠色的」，也可能因為聽者對「淡綠色」的不同聯想而對這把椅子產生許多不同的評價。喜歡淡綠色、覺得這個顏色清爽高雅的人，可能會認為這是一把很有獨特風格的椅子；相對來看，不喜歡淡綠色、覺得這個顏色並不雅觀的人，在聽到「椅子是淡綠色的」，說不定反而覺得這大概是一把粗俗而廉價的椅子。有時候我們藉文字傳達價值觀，則會加以修飾而出現隱含曖昧的情況。比如說，我們覺得別人的報告不怎麼樣，我們也許會直說「不夠好」，但是也可能說成「還不錯、蠻有進步的空間」，明顯地，所傳達的涵義隨著選用的文字會有很大的差異。由於語言的評價性，我們必須小心選用文字，否則很容易引起我們所不樂見的反應。

　　語言可用來討論個人生命經驗中的一切事物，甚至幫助我們進行假設性的對話。我們運用語言不只在談論現在，也談論過去、未來，甚至還能談論不在場的人與物。我們藉著語言，回憶童年的有趣經驗，分析一個月後的總統大選情勢，學習世界歷史。語言讓我們學習別人的經驗，資源共享，共同建立願景。

　　因為我們的學習依賴語言，以致於我們有時候只注意到文字卻忽略事實。比方說雨薇告訴你某位老師「笑裡藏刀」，於是你對這位老師所形成的知覺很可能並非來自於自己的直接經驗，反而受到雨薇說詞的影響，認為這位老師很難相處，而且還喜歡「當人」。也就是說，口語評估對我們的影響其實不下於直接經驗。另外我們也利用語言來推敲語言。由於語言有反身性（self-reflexive）的特質，我們用語言來討論如何組成問句，並澄清是否有更好的文字組合來形成更明確的說法。例如，有同學聽到雨薇的形容後，他說：「雨薇，妳怎麼會說他是『笑裡藏刀』啊？我就沒見他笑過！我覺得正確的說法應該是『冷面殺手』。」在這樣關於如何形容老師的討論中，所利用的工具仍然是語言本身。

 ## 第三節　語言和意義的關聯

通常我們以為只要選擇正確的文字，就能正確的解釋意義。但事實上，語言與意義的關係並沒有這麼簡單。第一個原因是因為，語言的使用具有創造性，而且語言必須經由學習而來。

一、語言的使用具有創造性

我們說話的時候，是利用語言來創造所能代表我們涵義的句子，比如「低頭族」、「月光族」。即使我們有時會使用別人所創造的語句來代表我們的思想或感情，但是每個人的用詞仍然可能有所差異，甚至會因為個人習慣不同而出現不同的用語。語言的創造性在孩童身上就十分顯而易見。當孩童不曉得該如何表達想法時，他們會依情境自行創造語彙。比方說，孩童用「香香堡堡的店」來形容麵包店，或者以「怕怕的汪汪」來說明一隻很凶的大狗。我們在語言的運用上，都會因為每個人的基模或參考架構的不同而異。即使幾個人同時目睹同一個事件，每個人對所見所聞的描述也可能大不相同，因為，個人的敘述會反映其對於每個細節所獨有的、具創造性的表達方式。

二、語言的使用需要學習

即便在同樣的文化裡，每一個世代仍然必須重新學習文化中的新語言。有時候，創新世代會出現過去所沒有的新創造的語彙，比如，中國早期的金屬只有「金」，但隨著冶金技術的發展以及

對於金屬的知識越豐富，逐漸發展出「金」、「銀」、「銅」、「鐵」等字。在第三版的《美國傳統字典》（*American Heritage Dictionary*）中就出現了一萬個新的單字及其用法，例如，「hip hop」（街頭次級文化語言，包括饒舌歌）。再比如，「beer」傳入中國後，爲了能用漢字表達，於是音譯爲皮酒，在覺不妥之後，於1910年左右創造「啤」字，於是改譯爲「啤酒」。有時候新世代的人雖然學習上一代的語言，但是卻對於所學得的文字賦予新的或不同的意義。例如，「閃」的新意爲很炫、誇張或與眾不同，比如說，同學覺得你的新衣搭配十分新潮，於是可能誇你「有夠閃」，也可以用來形容情侶間毫不掩飾表達愛意，讓人覺得側目或不好意思直視，於是說你們「太閃了」；而「辣」也不再只是指稱味覺上的感受，而用來形容女孩子在衣著言行上十分敢於表現。因爲語言能創造的改變非常大，我們會對代表文字的聲音賦予新意，並且改變文字的用法，所以要透過學習才能眞正瞭解語言的意義。

 ## 第四節　語言文字的複雜性

我們在人際溝通中所利用的文字意指爲何？就是字典上的定義嗎？事實上，文字至少有兩種意涵：一種是「名義上的」功能，也就是「外延意義」（denotation）；另一方面用來傳達情感上的絃外之音，在溝通中扮演重要角色，稱之爲「內涵意義」（connotation）。

一、外延意義

外延意義就是文字的直接定義，也可以說，是指字典上的定

義。不過外延意義比我們想像中來得更複雜。許多文字出現在不同字典裡，定義就不同，有的是具多重意義，有的則是可以改變意義。我們所常用的大部分的字，幾乎都有一個以上的定義。而且，文字的定義還會隨著上下文而不同，也會因時間而改變。以「gay」這個字來說，在1950年代，gay原意爲歡欣的、愉悅的；在今日，gay一般用來指稱的是同性戀者。再舉一個例子，過去所稱的「阿魯巴」（Aruba）指的是一個位於加勒比海地區的島嶼，但是在現在，青少年所謂的「阿魯巴」（Aluba）則是指一種在東亞地區男性學生之間流行的惡作劇，有些甚至演變爲校園霸凌的案例。文字的上下文對外延意義也有重要的影響，文字在語句中的位置以及前後文，都可能改變其意義。看看下面兩個句子：「他走一天了，還到不了呢！」跟「你來晚了，他走一天了」，前一句中的「走一天了」指的是在路上步行了一天，後一句所謂的「走一天了」，則指離開了一天。因此，如果沒有適當瞭解語句上下文，所用的字詞就可能會導致誤解。

二、內涵意義

外延意義是指文字在字典中的標準定義，而內涵意義則是伴隨字彙而來的個體感覺或評價。外延意義影響對意思的瞭解，內涵意義對溝通的影響可能更爲重要。從Ogden和Richards（1923）的觀點，認爲我們會因爲自身經驗，影響我們對於各人在文字的主觀反應上的覺察，並因而產生誤解。例如，如果從外延意義來看，「胖」的意思是形容人身形豐潤肥胖；但就內涵意義而言，卻可能因人而異。對某些人來說，「胖」意謂著「富態豐盈」；而對另外一些人而言，「胖」說不定用來描述「好吃懶做」、「懶散」的人。

第五節　語言與溝通的關係

　　人際溝通可以分為語言溝通（verbal communication）及非語言溝通（non-verbal communication），這兩種溝通型式都必須經過訊息的編碼、傳送、接收、譯碼，以及回饋的過程。雖然，語言溝通常常是影響人際關係的重要媒介，不過卻不能與溝通能力畫上等號。因為在語言互動中，除了語言的結構及型式會影響互動的品質之外，更重要在於語言互動時的社會心理屬性。比如說，我們是依循怎樣的規則在進行會話，語言本身跟彼此的權力又有怎樣的關係。

一、語言能力不等同於溝通能力

　　為什麼我們說，語言能力不等同於溝通能力？語言能力，指的是語言的勝任能力（linguistic competence），它是個人在語言的運用上所能發揮的最高程度，比方說在訊息編碼的工作上能夠明確表達自己的意圖。而溝通能力，指的是社會溝通的勝任能力（social communicative competence），重要的是溝通者能否設身處地考慮對方的情境及特性，而做適當的表達，讓傳遞的訊息容易為對方所瞭解跟接納。溝通能力雖然與語言能力息息相關，卻不是僅具有語言能力就能充分展現的。比方說，我們在大學裡可能就曾經遇見一些學識豐富，上起課來滔滔不絕，但卻令學生覺得如墮五里霧中的教授，這些教授的語言能力都相當好，用字精準、充分掌握專業，但是他們的溝通能力卻不見得好，因為他未能透過語言的使用讓學生得以理解專業課程的內容。相反地，有些時候，則是出現語言能

力未盡完善卻能充分溝通的例子。舉個例子來說，當一個小孩子跟我們說：「看！咘咘」，我們很容易就知道小孩眼中所見的是一輛車，對我們來說，孩子的語言能力還不夠好，但是卻能用簡單的字彙完成溝通的基本目的。因此，真正擅長溝通的人，應該是在語言能力及社會溝通能力上都可以充分且適當發揮的人。如果我們能更瞭解人際互動時的社會心理意義，對於我們學習善用語言能力來改善溝通，應能有所助益。

二、語言表達的權力關係

語言溝通的雙方用什麼樣的方式講話，其實常常受到兩者間社會關係的影響。舉個例子來說，我們通常對地位較高的人或是較不熟悉的人，不會直呼其名，而是在姓氏之後加上稱謂，例如，簡校長、蘇主任、郭博士、陳小姐、王先生等等。對於熟悉的朋友，及地位對等或較低的人，通常會逕呼其名。從Brown與Gilman（1960）的概念來說明，我們在講話的過程中，如何選擇稱謂通常會受到兩個概念的影響，一個是所謂的權力語意（power semantic），意指談話者的權力及地位層次；另一個則是團結語意（solidarity semantic），是指兩人共有社會經驗的程度，也可以說是兩人彼此的熟悉度。從權力語意來看，權力較大或地位較高的人會被冠以正式稱謂，如果從團結語意來看，熟悉度高、共有較多社會經驗的人，比較能夠直呼其名，並且自由交談。

第六節　文化、性別和語言

　　在文化層面上，Hall（1976）將口語溝通的差異分成低情境和高情境的溝通（low and high-context communication）來解釋。根據Hall的說法，低情境溝通所傳達的訊息「多數資訊均予以明顯編碼」，而高情境溝通所傳達的訊息則是「多數資訊存在物理情境或內化於個體，只有少數存在於編碼的、明顯、可傳送的訊息中」。如果我們把不同文化背景的溝通模式放在這個「低情境—高情境」的連續尺度上來看，美國及西歐文化屬於低情境的一端，而大部分的亞洲文化則較傾向於高情境的溝通。低情境溝通文化的人傾向於以直接的方式表達，而高情境文化的人則以間接的方式溝通。因此，我們常見多數的西方人，喜歡用明確的語言，清楚且直接的傳達，其特徵為「講清楚、說明白」和「說話不拐彎抹角」。而東方人則容易使用模稜兩可的語言，比如，中國人就喜歡「只可意會，不可言傳」，不見得會把意見用口語表示清楚，而期待對方能從情境線索中體會。有個笑話可以用來說明高情境溝通所可能帶來的誤解。戒酒中心為了幫助學員瞭解酒精對人體所可能帶來的危害，於是在桌上放了一杯酒跟一杯水，並在兩個杯子中分別放進一隻蚯蚓，一段時間過去，水杯中的蚯蚓仍然活潑生氣，酒杯中的蚯蚓卻死氣沉沉，這時講者問學員們：「你們學到什麼？」在靜寂中有學員舉手並悄聲發言：「喝酒可以殺菌，肚子裡就不會長蟲」！

　　除了高或低情境溝通文化的影響之外，不同文化的溝通也經常大異其趣。在某種文化中具有明確或特定意義的字，在其他文化裡可能具有完全不同的解釋或涵義。例如，雪佛蘭（Chevrolet）汽車公司曾有一款Nova車型在拉丁美洲上市，但是銷售情況極差，因為

No va在西班牙語中為「不會」、「不走」的意思。再比如，「金木水火土」在西方世界裡指的是各樣自然物質，但在中國所指的卻可能是「五行」的概念。

講不同語言的人在溝通上當然會有困難，因此不只比手畫腳，也會特別小心以免無法溝通。有個網路笑話就非常能夠說明語言不通的困擾，有個鄉音極重的長官訪視民情，並且大擺宴席，款待這些勞苦功高的基層幹部。在用餐前長官致詞，但是基層幹部全聽得一頭霧水。因為長官說：「兔子們，蝦米們，姐姐的家。鹹菜先吃，等一下就太貴。今天的飯菜狗吃了，大家都是大王八！」（同志們，鄉民們，謝謝大家。現在先吃，等一下就開會。今天的飯菜夠吃了，大家都盛大碗吧！）但是，除了語言不通會造成溝通困難之外，有時候即使語言相同，溝通也未必就沒有障礙。因為文化背景不同，相同字詞可能有不同意義，彼此溝通的困難度仍然很高。例如，兩岸的華人都使用相同的語言文字，但台灣人所說的「土豆」意指「花生」，在中國大陸，「土豆」則是「馬鈴薯」。因此如果有不同文化的人用了一個你不能確定是否瞭解的字詞時，最好請對方以具體的例子輔以說明，雙方才能有明確的溝通。

語言的使用上也存有一些性別差異，這些差異其實與文化極為相關。Edwin和Shirley Ardener（1992）就以為，在美國文化中，語言存在著男性偏見，例如，「history」、「chairman」等等，都隱喻男性為主，是意見代言人，而女性則應該沉默。在中國文化中也是如此，比如說生了男孩就稱之為「弄璋之喜」，如果生了女孩就成「弄瓦」。在長期的不平等關係中，使得女性在語言表達上較缺乏自信。因此，通常女性會比男性較少在公開場合表達意見，而且比男性更喜歡強調語氣，以期待自己的言詞獲得更多認同，另外也更擅長在說詞中保留餘地。強調語氣指的是強化所描述的字意或情感，比方說，女性比較常用「非常」、「每次」、「絕對」等形容

詞。而保留餘地的說法則是減弱所傳達語意的正確度，顯得模稜兩可，比方說女性較喜歡用「大概」、「好像」或「還好」等說法。一般而言，女性也比男性較常使用附加問句，在溝通中顯得較不果斷，例如，「我覺得他唱得好棒，對不對？」或「我記得明明放在這個櫃子裡啊，不是嗎？」。

　　Wood（1994）認為這些兩性溝通語言的差異，其實正反映彼此在溝通角色上的不同看法。女性在乎「關係」，因此，溝通是與人建立並且維持關係的重要方法；而男性強調「任務」，溝通主要是利用來控制、維持自主，甚而強化地位。不過，大體而言，兩性在語言使用上雖然確有差異，而隨著社會的開放變遷與社會性別角色漸趨公平，其差異亦日漸縮短。

 ## 第七節　怎樣把話說得清楚

　　有效溝通的基本條件，就是能夠清楚傳遞訊息，也就是讓傾聽者所接收的訊息能夠接近，甚至吻合我們所傳達的訊息。話如果說得不清楚，讓傾聽者有過多意義選擇的可能，彼此就較難達成共識，甚至會讓傾聽者覺得挫折和產生情緒反應。清楚說話的指標主要在於語言表達上要能夠明確和具體。

一、明確與具體

　　所謂明確說話，指的是用字正確或精準，能確實無誤的表達涵義。我們常常在人際溝通上不夠明確，就肇因於用字草率。當我們形容身形稍微胖一些的女性，使用「豐滿」或「肥胖」，所形成的感覺完全不同。舉例來說，當你跟同學討論小組作業時，你對於

同學的建議雖然心裡有所保留，但礙於同學情面，於是你只說「還不錯」、「可能可以」，卻未提出你的困惑之處，這個團體作業的歷程很可能加添彼此的困擾。若是你願意明確說明你認為對方的建議有什麼可取之處、又有什麼可議之處，應該反而利於團體作業的完成與滿意度。在法律條文中用詞為「應」和「得」，也是一字之差，就差之千里。所以，用字不明確，常會引發許多不同程度的解讀，因此而影響溝通的效益。

　　什麼又是具體說話呢？意思是讓所要表達的涵義精準對焦。通常我們在講話的時候，腦中所想到的通常比較抽象籠統，因此對傾聽者來說，雖然範圍正確，卻涵蓋過廣，無法出現具體圖像。比方，如果我們說小馬的職業是工人，這個範圍包括有：工廠、工地等等各種不同的狀況，如果進一步描述小馬是建築工人，那麼對我們來說，對這人的瞭解就比先前來得具體，較能理解這人的工作情形。假設我們進一步說明小馬是板模工人或是油漆工人，我們在腦海裡所繪出的小馬形象就更精準了。

　　具體的語彙幫助我們把抽象的想法或價值觀變成引起感官注意的訊息，讓它不只傳達資訊，甚且可以形成明確的心理圖像。我們可以用適切的文字讓形象具體化，比方說，形容「小馬是個隨著工地四處工作的板模工人」，自然比起「小馬的職業是板模工人」或甚至只說「小馬是工人」要來得具體，更能讓聽者對於小馬的形象有明確想像。有時我們必須藉著舉例才能讓描述更為具體，例如，我們說「當工頭承包南部的建案時，小馬就得南下工作，等一期的板模工程施作完成，如果工頭接了北部的建案，小馬就得依照工頭的人力調撥隨時北上」。用具體的例子來形容「隨著工地四處工作」的概念，聽的人就更能瞭解清楚。

　　為了澄清語言溝通，我們常常需要運用較明確、具體的字彙。通常在我們的談話中，會用很多模糊的字眼，例如，「有些」、

「大多數」、「差不多」、「也許」、「有可能」、「說不定」，這些字眼其實會讓對方在理解上產生很大的差距。如果我們能用確切的事實和數據來佐證，所表達的意思會清楚得多。也許你會覺得，當我和朋友從事非正式的、玩樂式的互動，也需要「高度清楚」嗎？當然，不是每個時刻都必須高度清楚的說話，但是，在必須傳達明確訊息的時候，清楚的說話絕對有助於溝通效果。

二、增進表達的明確與具體

幫助我們清楚說話的方法主要包括下面幾項：儲備有效的字彙和練習腦力激盪，並且注意時間跟指標的推論。

(一)儲備有效的字彙

字彙的運用是清楚說話的關鍵。能運用的字彙愈少，溝通的潛在困難會愈大。從說話者的立場看，字彙不足會減少選擇用字的機會；而作為一位傾聽者，字彙不足會限制瞭解他人言談的能力。如果字彙愈多，對說跟聽的人而言，都可能提高溝通的正確性。而增加字彙的方法之一就是利用字彙工具書，例如，字詞典，逐漸學習並增加字彙。第二個增加字彙的方法則是從每天的生活中積極學習，包括每天所讀到或聽到的。比如小潔告訴你：「聖誕老公公駕著麋鹿雪橇」，假定你不懂「麋」這個字，你可以問小潔，或是去查字典。然後，記下它的意義，在下次聽到這個字時，就懂了。閱讀也是一樣，在閱讀時，把意義不確定的字標示起來。閱讀完後，查字典並把生字記住。雖然字彙少的人也能夠傳遞大部分的訊息，但是不可諱言的，擁有較佳字彙能力的人，更能利用精準的字彙來表達複雜的意思。

(二)練習腦力激盪

第二個訓練自己清楚講話的辦法就是練習結構化的腦力激盪（structured brainstorming）。腦力激盪是一種不具批判與評價的思考激發過程，就像單字聯想一樣。例如，想表達有關音樂屬性的概念，我們可以腦力激盪出「古典」、「搖滾」、「鄉村」、「交響樂團」、「室內樂團」、「獨奏」等等，再從中選擇較為明確和具體的字眼來使用。

在與人談話時，先評估所用的字詞是否明確和具體；然後暫停一下，腦力激盪其他可用的字詞；再試圖找出最能清楚表達的字彙。舉例來說，假設你在和朋友談論球賽，你原來也許說：「昨天那場球賽真差勁」。停下來，想想看，有什麼字比「昨天那場球賽」更明確？又是哪一部分讓你覺得差勁？是「打擊」、「防守」還是「裁判」？然後重新講一遍：「昨天那場職棒球賽，兩隊的打擊都沒有發揮，防守也失誤頻頻，看起來很不過癮！」在日常會話中增進語言技巧並不容易，但是持之以恆，會讓你在遣詞用字上更為得心應手。

(三)注意時間

所謂「時間」，指的是特別指明某件事實時所存在的參照時間指標。我們綜合各種資訊而整理出結論，因此如果資訊不正確，從之而來的結論就也可能是錯誤的。比方說，我們就常常引用早期的資訊來為現在的事情下定論。例如，翁老師跟鄰居說：「我要調到台南縣某所國中」，鄰居回答：「那所國中很鄉下，學生人數很少，老師很清閒啦」。等到翁老師到任國中一看，每個年級都有二十個班，是個很大的學校，根本不是她所預期的樣子。為什麼會

出現這樣的落差呢？因爲翁老師的鄰居對於那所國中的描述可能來自七、八年前的印象，這段時間以來，國中所在地已有了相當大的變遷。如果翁老師的鄰居是這樣說的：「在七、八年前，那所國中因爲地處鄉間，民風純樸、人口少，所以學生人數不多，教師的負擔並不沉重，但是隨著縣市合併升格，狀況可能會有所改變，現在如何我就不清楚了。」，對翁老師來說，她對將要調任學校所產生的觀感跟期待將大不相同。

　　幾乎每件事情都會隨著時間而改變。有些改變微小，有些改變很大。總而言之，舊的資訊很可能並不正確，爲了符合時間推論，我們應該考慮所知道的人、事、地、物的資訊在什麼樣時間架構下爲眞實。如果自己的敘述並非依據當前的資訊時，必須記得提出這個資訊的有效參照時間。想一想，如果我說「小美看起來心情不太好」跟「小美剛剛看起來心情不太好」、「小美昨天心情不太好」是不是不太一樣？我們無法阻止事實隨時間而改變，如果在語句陳述中標明時間，我們可以提高訊息的正確性與有效性。

(四)注意指標

　　標明指標和標明時間一樣重要。因爲標明指標讓我們在口語上標明事實的個別差異，避免不當推論。我們曾在前面的章節中提過知覺偏誤與刻板印象。我們對人際的知覺，會依據所呈現的特質或原本既有的正或負面評價，進而推論對方可能具有其他特質，而這種推論事實上並不合邏輯，是一種邏輯誤差。至於所謂的刻板印象則影響我們對於人際的知覺，讓我們忽略個別差異。標明指標就是在言語或是內心中對於某類屬的成員予以特定標示，以便加以區分，避免泛稱帶來錯誤推論，進而造成溝通誤差。標明的方法也許是以其特定稱謂來標示，或是以數字、序號來標示。所以在Nissan

車種的類屬裡，我們標明Cefiro、March等等；在同學的類屬裡，我們標示有同學甲、同學乙、同學丙等等；在考試的類屬裡，我們標明了平時考、期中考等等。標明指標的程序是這樣的：第一，思考你想說的特定類屬的概稱，也許是物、人、地方或其他。第二，除了說明概稱，另外適當描述以免錯誤推論。舉個例子來說，當朋友問我們「車的加油口在哪」，我們如果回答「在車子後方」，就很可能給了錯誤的訊息。換一個方式回答「多數汽車加油口的位置跟駕駛座呈對角線，因此可能在車子後方兩側，不同車款的位置會有所不同，以TOYOTA的車子來說，加油口在車子後方左側」，這樣講，是不是更清楚一些？每個人都多少會有推論性的敘述，但是如果能注意指標，就能避免產生過於草率甚至錯誤的推論。

 ## 第八節　怎樣把話說得適當

適當說話的意思指的是適當運用言詞，以符合聽者的需要、興趣、知識或態度，得以順利進行溝通並促進彼此的互信關係，避免造成人際疏離。人際間如果關係是善意的，且彼此喜歡、信任時，彼此的言詞會有較多的接納與信賴；反之，如果敵意越深，則會越提防彼此言詞。因此，在與人溝通之前，能開放自己、瞭解自己、保持善意，並且嘗試提供一個與對方建立良好互動關係的機會，是強化溝通效益的不二法門。

一、運用正式與非正式語言

在我們所使用的語言中，因為情境與對象的不同，會有正式及非正式語言之分。以一般情境而言，適當的語言通常介於正式與

非正式之間。不過,對於特定的人或團體仍應有特定的適當用語。比方說,我們和好朋友交談時會使用比較非正式的語言,「喂!你過來啦!」;可是和主管談話時,可能就必須使用較正式的語言,「經理,麻煩您過來一趟」。有時因為情境的不同,語言也必須做適當調整。例如,跟同學私下討論作業,「哈哈!豬頭,你第4頁算錯了」;而在參加研討會的時候,即使報告者是你非常熟稔的好同學,可能還是不宜用先前的方式來表達,而要說「第4頁的數據似乎計算有誤,能否請再做說明」。在不同情況下,要切記運用不同的語言。

二、避免使用術語和非必要的專有名詞

我們每個人都很容易因為對於自己的工作或嗜好太過熟悉或熱衷,結果在與人互動時疏忽了對方未必能理解我們所習以為常的語言的事實。真正適當的語言溝通中不需要存在太多的術語和專有名詞。比如,一位醫師與他的非醫療專業的鄰居,談到自己在醫學訓練中的甘苦,他用了一些自覺很平常的專業術語「IV」(靜脈注射)、「CT」(電腦斷層掃描),但是對於他的鄰居來說,這些在生活中不常出現的語彙,實在很難引起溝通的興趣。再比如,一位電腦專家和電腦文盲討論3C產業的新趨勢,這位專家談的是網際網路,討論「光纖」、「ADSL」、「GPRS」及其他專門術語,除非這位專家懂得運用他的朋友所能瞭解的語言來充分說明,否則溝通將很難持續進行。總之,運用對方能理解的語言,如有必要使用專門術語時,要設法詳加說明,才能幫助我們達成溝通目的。

三、保持敏銳的察覺力

我們在語言溝通上的許多失誤常常是因為使用了一些會冒犯他人的不當語言，例如，性別歧視、種族歧視或其他偏見的用語，而被視為輕視他人或其他團體。適當的說話，其實包括一件很重要的事，就是要能敏銳的察覺這些不當用語，並加以避免。最常見的不當用語有類屬語言（generic language）和不平等語言。

(一)類屬語言

類屬語言之所以會造成困擾，主要是因為它以性別、種族、年齡或其他特徵為基礎，在文法或涵義上隱含有排除他人或團體之意。例如，「他」（he），在傳統用法上，我們用男性代名詞「他」來代表全人類，不分性別。例如，「當一個人要買東西時，通常他（he）會知道自己該去那裡買」。雖然這樣的敘述在文法上並沒有錯，但是現在則可能會被認為帶有性別歧視的味道。或是，在英文中提到「人類」，用語之一是mankind，這些用法幾乎都排除了女性。因此，如果無意特別指明性別，在用語上就不要只用男性代名詞，而以下列方法來處理：

1. 使用複數：例如，用「教授們所學淵博，在特定專業上，他們的（their）觀點頗值得參考」的說法，來代替「因為教授的學識淵博，所以在特定的專業上，他的（his）觀點值得參考」。
2. 男女代名詞一起使用：例如，「因為教授學識淵博，在特定專業上，他（她）的（his or her）觀點都頗值得參考」。
3. 避免使用帶有性別主義的字彙：要說主席時，用「chairperson」代替「chairman」；形容產品是純手工製造

時，不說「man-made」，而說「hand-made」，這些改變看起來微不足道，但是卻有助於我們的溝通。

(二)不平等語言

不平等語言是說，對不同的人在言語中出現不同對待，有輕視對方的意思。有時候我們不自覺地為他人加上不必要的標記（marking），也就是在一般敘述之外加入性別、種族、年齡，或其他與主題無關的不必要指標。比如，我們要讚美一位律師，「張律師是一位對於人道救援貢獻良多的原住民律師（或女律師、外籍律師）」。從人道救援的貢獻來說，張律師是否為原住民、女性，或是外籍人士，其實並非重點。單純「律師」這個字便足以代表其身分，因此，描述「張律師對於人道救援貢獻良多」，在語意上已經足夠。而這個「原住民（或女性、外籍人士）」的標記，根本是個不需要強調的無關特徵，而且可能會使得本來要陳述的重點被淡化，聽的人並因此產生其他的解讀「以原住民律師來說，張律師算是其中對於人道救援頗有貢獻的了」，這種因為無謂的標記而造成的訊息扭曲，對彼此溝通的正確性來說，會形成一些不必要的困擾。

另外一種不平等語言的型式是，將談論的對象與其他無關的人事做不必要的聯結。比如，我們常聽到別人說：「小娟真的很能幹，她爸爸就是某某公司的總經理」。看到這個句子，你認為把小娟的爸爸特別提出來有助於強化對小娟的讚美嗎？或者，從另一個角度來看，這個聯結會不會讓人以為在暗示小娟的重要其實不完全因為她自己的能力，而是攀附父親的成就而來呢？其實，我們可以避免聯結與談論對象及主題無關的人事，直接說明這個人的狀況就好，不須做沒有必要的聯結。

　　言語有時比起利劍更能傷人，文字的傷害性有時是永久的。歷史上有許多民族是因為被冠以「蠻夷」、「番仔」、「番邦」等等，而受到很大的傷害。有時青少年打架就是因為某人在遊戲中感覺被訕笑而受到傷害以致心生報復。我們應該要常常注意語言的影響。當我們對聽者的參照架構不瞭解或是不夠敏銳，我們可能會說出一些與所要傳遞的本意相違背的話。只要有一個語句不適當，就足以破壞整個互動行為。

 第九節　特殊的語言溝通障礙

　　除了一般性的溝通困難之外，有些時候，語言溝通的障礙並不單純是在於溝通雙方的表達或是理解的問題，而是涉及於病理診斷的部分。像這一類的特殊困難，雖然我們無法以一般原則加以歸納，但是，在我們的生活中其實並不真的那麼罕見，因此必須進一步以正向的態度來探討與面對。如果遭遇這類特殊的溝通困難，應儘早向相關醫療專業請求協助，切莫諱疾忌醫，才是解決之道。以下我們就簡單予以介紹。

一、自閉症的溝通障礙

　　自閉症患者在語言溝通的障礙上程度不一，大致上概分為重度、中度及輕度。對於重度自閉症者來說，多數時候他們可能不太講話，也少有回應；而中度自閉症者則比較能夠利用字彙，但是可能會常常以手勢來代替語言；輕度自閉症者則較能使用句子。因為自閉症者通常在溝通的能力與意圖上，都顯得較為低落，因此比較不善於利用語言來與人互動，而人際的困擾就因此容易發生，關係

的建立較多數人來得困難。自閉症者的溝通訓練最好能夠藉助語言
治療師的專業協助，家長及學校教師亦盡可能予以配合，階段性地
規律訓練，逐步改善其溝通效果。

二、腦性麻痺者的溝通障礙

　　腦性麻痺（cerebral palsy）是一種腦神經特殊障礙的疾病，會
因此導致言語及運動的失調。因為影響到說話器官或其他相關肌肉
（包括臉部），使得溝通產生困難。在幫助腦性麻痺者學習溝通之
前，最好事先針對其認知發展狀況及原有溝通能力予以審慎評估，
藉相關神經專科醫師，以及語言治療師的協助，提供適當的訓練。

三、語言學習障礙者

　　所謂的語言學習障礙（language learning disability）包含甚廣，
有綜合性障礙（指稱、重複、理解等等能力都較弱）、指稱障礙
（叫出特定事物的名稱上有困難）、指稱及次序排列障礙（叫不
出名稱且組句困難）、語音排列錯誤障礙（重複能力弱且排列錯
誤）、口語障礙（重複句子及口語組合有困難）、理解障礙（對聽
到的內容無法理解）等等數種。語言學習障礙的成因複雜，多半涉
及神經性與生理性的因素，甚至基因遺傳等等，必須經過醫療專業
的詳細測驗與診斷，才能提供適當協助。

四、失語症的溝通障礙

　　失語症（aphasia）常伴隨著中風及腦部傷害而出現，它主要是
因為腦部受到損害而使得個人對語言的理解及運用產生困難。失語

症者在語言溝通的困難程度上概分為三類：

1.全面性失語：語言中樞遭受重大破壞，不能表達也無法理解別人的話語。
2.感受性失語：可以言語表達，卻在語言的理解上有困難。
3.表達性失語：聽得懂卻說不出口。

失語症的治療必須依其腦部受損狀況及語言功能的保留程度而定，並須配合醫療及復健專業人員的訓練。

摘　要

語言是溝通的符號系統。語言的發展主要分為幾個階段：包括前語言及前概念時期、語言時期、概念時期及修辭時期。語言的特質與功能，包含指示、標明、定義以及評估，我們還利用語言來談論經驗以外的事物，甚至談論語言本身。

語言文字包括有外延意義及內涵意義。外延意義可以說是字典上的涵義，這部分雖然一般來說爭議較少，但是因為大部分的文字在字典上都有一個以上的定義，而且隨著世代變遷，一樣的文字仍可能出現不同的涵義。文字的內涵意義涉及聽者對於文字的感情和評價。我們會根據這個字詞對我們主觀的獨特經驗或情感，而形成我們自己的定義。

語言能力跟溝通能力並不存在對等關係。溝通具有其社會心理屬性，講話的過程中會隱含有特定的規則，語言本身也不獨是語言

而已，更具有其權力指標的意義。真正善於溝通的人，應該是在語言能力及社會溝通能力上都能充分發揮。

　　如果在語言溝通中，你可以更加強明確性與具體性，並且注意時間及指標所可能帶來的不當推論，接納性別及文化上所可能產生的溝通差異，應該可以增進語言溝通的清晰性。適當說話的意思是運用符合聽者的需要、興趣、知識和態度的語言，避免雙方產生誤解，以促進彼此的關係。另外，避免使用類屬語言和不平等語言，也可以使不適當的語言溝通盡可能減少。

　　特殊的語言溝通障礙，簡單介紹有自閉症者的溝通障礙、腦性麻痺症和語言學習障礙，以及失語症，這些特殊的溝通障礙不能單靠一般性的溝通技巧訓練，而必須藉由醫療專業人員及語言治療師的協助，重要的是對於這些特殊溝通困難者有一些基本瞭解，並且切勿諱疾忌醫。

練習一

> 　　至少找出二十個目前青少年常用的俚語。再想想，這些字的意思和你父母所認定的意思有何差異。

練習二

> 　　找個同學跟你一起討論下列任何主題，並且最好選擇錄音做記錄，十五分鐘之後，彼此互相回饋，想一想，在剛才的對話中，有哪些引起誤解的地方？能不能重新表達得更清楚？
>
> | | | | | |
> |---|---|---|---|---|
> | 選舉 | 政治家 | 金融危機 | 結婚儀式 | 工作面談 |
> | 汽車 | 升學 | 生涯計畫 | 異性朋友 | 捷運 |
> | 餐廳 | 學費 | 立法委員 | 宿舍門禁 | 童年經驗 |

練習三

> 　　在班級中，找幾位同學分享，在自己的經驗中，是否曾經因為偏見的語言而產生不舒服的情緒。回顧一下，在那樣的經驗中，最讓你有負向情緒的字眼是什麼？那個語言要如何修正才比較適合？

第五章

非語言溝通

- 非語言溝通的特性
- 非語言溝通的要素
- 加強對非語言溝通的瞭解

前FBI反情報專業探員喬・納瓦羅（Joe Navarro）在著作中提到，「腳」最能透露一個人的真實意圖，「臉」卻是身體中最常掩飾真實感受的地方。當我們想加入朋友間的談話，卻不肯定自己是否受歡迎時，應觀察對方的腳。如果對方的腳與身驅都轉過來接納，代表對方真誠地歡迎你的加入，如果對方只是轉動上半身來打招呼或甚至只是轉過臉來，那就表示他們根本不想被打擾。

記不記得在我們的生活中，有過太多這樣的例子，當朋友要遠行，我們陪同送到車站，車子漸行漸遠，我們跟朋友再也聽不清楚彼此的聲音，唯一交換訊息的是我們的眼神，跟不停地揮手道別。我們都清楚對方的意思，雖然沒有所謂的「語言溝通」，但在這時候，我們仍然在傳送並且接收訊息，這就稱之為「非語言溝通」。所謂的非語言溝通就是一個人透過臉部的表情、眼神的注視、手勢及其他身體動作、說話的口氣、穿著等等，來表達訊息感受或企圖影響他人的溝通行為。這些非語言溝通有時是目標導向，屬於有意圖性的溝通行為，有時候是自發性的情感表達。但是，不管非語言的訊號是否出於意識，訊息接收者都可能知覺到我們所傳送的信號，並加以詮釋及判斷。

在人際溝通中，約有65%的社會意義經由非語言訊息來傳達，顯示非語言的溝通訊息比起語言來得更受到注意。大致說來，非語言溝通的功能有下面五種：(1)表達情緒：傳遞內在的情緒感受；(2)傳達態度：用以維持彼此的友誼或其他關係；(3)搭配並潤飾言談：與口語表達的步調相配合；(4)呈現自我形象：主要藉助於儀容修飾或說話的音調口氣；(5)儀式行為：比如問候等等。

第一節　非語言溝通的特性

　　在你的溝通經驗中，或許也曾經察覺非語言溝通所帶來的感受性常常要比語言溝通來得更爲眞切，這麼說的意思並不表示語言溝通不重要；但是，一般而言，在陳述事實的時候，語言溝通具有獨特的價值與功能；當涉及情感層面時，就反而是非語言溝通較占優勢。我們如果看見一個人緊閉雙脣、眉頭深鎖，即使不清楚到底對方發生了什麼事，至少也能推測他（她）此刻很可能有負面的情緒感受；要是看見某人昂首大步走進辦公室、臉上堆滿笑意，想也知道這個人的心情很不錯。在語言的部分，我們有「字典」可以查，在非語言的部分卻完全沒有具公信權威的「行爲（字）典」可以查閱。不過，雖然非語言溝通的研究比起語言溝通的研究起步較晚，發展卻相當迅速。在近二十年間，也已經出現所謂「神經語言程式學」（neurolinguistic programming）的相關專門研究。

　　非語言溝通和語言溝通有相當大的不同。非語言溝通是持續的、多重管道的，溝通訊息通常較模糊，呈現較深的情緒內容，並且反映不同的文化。

一、非語言溝通的持續性

　　說話的開端起自於聲音從口中傳出的那一刻，並在聲音停止時結束。而非語言溝通則是只要人們在一起，溝通行爲就持續存在。即使「沒反應」，在非語言溝通中仍然頗具意義。舉個例子來說，在金庸名著《神鵰俠侶》中，郭靖在護送姪兒楊過上終南山全眞派習藝途中，楊過向郭靖問起自己父親的死因，郭靖「臉上變

色，身子微顫，黯然不語」，楊過年紀雖小，卻也覺得其中必有隱情……，事實上郭靖是一語未發，但是，兩人間的溝通卻一直都在進行。

再想想我們每天的生活經驗，從我們雙腳跨入教室上課的那一刻起就已經開始溝通。如果這天上課稍微遲到了些，進教室那時，台前的老師很可能抬頭望了你一眼，然後你警覺到自己上課遲到了，於是快步走到一個空位上，馬上坐了下來，迅速地拿出課本。輕聲問了一下隔壁座位同學目前的上課進度，打開課本，不敢再多話，趕快專心聽講。或者是，你慢條斯理地找了個座位，想起自己還沒吃早餐，先拿出書包裡的三明治，然後跟周圍的同學打招呼，桌上除了三明治的包裝跟飲料罐以外一無所有。兩種不同的學生態度就是在傳遞不同訊息，過程中學生跟老師並沒有言語互動，但是透過所有的非語言行為，都在影響他所傳達的涵義。

二、非語言溝通經由多重管道進行

不論書寫或印刷的文字與口語符號，基本上都是經由一個管道出現，或者看，或者聽。然而，非語言符號不只可以被看到、聽到，還能夠感覺到、聞到或者是嚐到，而且有可能同時進行。比如說，當我們表達生氣的情緒時，所利用的溝通管道就包括：挑起雙眉、瞪大眼睛、握緊拳頭、說話時聲音上揚、嗓門可能會越來越大等等。換句話說，如果你告訴朋友：「我一定幫你的忙」，朋友將依賴你的語言和聲調、面部表情與姿勢，再加上語言內容的部分，然後才判斷你是否真的出於善意。

三、非語言溝通呈現較深的情緒內容

文字不見得能傳達個人情緒的深度，而非語言訊息則能做到這個部分。有時候我們雖然企圖在語言上掩飾自己的真實情緒，但是卻會不經意地經由非語言的管道透露出來，Ekman與Friesen（1969）稱之為「非語言洩露」（nonverbal leakage）。每個人或許也都曾出現這樣的經驗，明明嘴上說的是「不緊張」，卻是不自主地握緊雙手，甚至手心滲出汗來，這就是從非語言所洩露出真實情感的例子。當你知道自己最用功讀書的科目卻成績不佳，你的表情可能會洩露失望的非語言訊息；當有些事讓你覺得有趣時，你可能會笑出聲來；跟情人黯然分手的時候，即使言語裡沒有傷心的訊息，但是下垂的嘴角，盈淚欲滴的眼睛，就已經清楚傳遞你內心裡的一切想法和感受。當語言和非語言的反應矛盾時，人們會感到迷惘，而用較多時間來思考判斷何者為真，但是，不可諱言的，我們通常都比較容易受到非語言符號的影響。

四、非語言溝通的模糊性

非語言符號在溝通上比較模糊，不容易得到正確的解釋。而模糊的原因，一部分是因為非語言符號的發訊可能有意、也可能無心，另一部分則是因為同樣的符號背後可能隱含各種不同的訊息意義。例如，「微笑」就有許多不同的意思，也許是意圖表達自己的友善，也可能為了掩飾緊張，或甚至可能只是因為無意中想到一件令人愉快的美事。非語言溝通也比較容易產生個別差異。因為人格特質的關係，一個害羞的人企圖表達善意時很可能就笑得很含蓄、也沒有直視對方。這時候，如果他人解釋為善意，則不致誤解或差

異太大，但是若誤以為是笑得很勉強，於是就造成誤解了。無論如何，我們必須理解，人們會依自己的參照架構去嘗試解釋不同的非語言訊息所隱含的意義。

五、非語言溝通反映文化

非語言符號具有其跨文化的共通性，但也可能因文化不同而出現差異。從語言溝通來說，當使用的語言不同，期待彼此瞭解語言表達意義的難度相對變高，但是卻可能透過非語言符號來瞭解對方的想法或感覺。事實上，在Ekman和Oster（1979）的研究中發現「在面部表情和解析上，不同文化間有明顯的相似處」，即使不同文化的人，仍然擁有相同的傳達感情的臉部表情，例如，快樂、生氣、害怕和驚訝。不過，有時候同樣的非語言符號在不同文化裡卻代表不同涵義，因此，必須依文化背景的不同，選擇適當的非語言符號來表達意圖。就以表達問候來說，在中國人或許得要「打躬作揖」；日本人則「深深鞠躬」；在歐陸國家可能是「脫帽、身子前傾」的姿態；到了拉丁美洲則是「熱情擁抱」，愛斯基摩人卻是「互拍肩膀」。

第二節　非語言溝通的要素

在社會互動的過程中，我們每個人都會透露出許多不同的行為訊息，這些訊息管道也就是非語言溝通的不同基本要素。Crable（1981）指出非語言行為有肢體動作（kinesics）、超語言（paralanguage）、空間接近性（proxemics）、時間行為（chronemics）、觸摸（haptic）、身體特徵（physical

characteristics）、自我表現（artifacts）等等。以下我們就將之區分成幾個面向來看。

一、肢體動作的功能與類型

在所有非語言符號中，通常我們最熟悉的就是肢體動作。瞭解肢體動作如何使用，對瞭解非語言溝通是很重要的。對不留心的人而言，所有的肢體動作可能都是無意識的動作；然而，事實上肢體動作具有相當重要的溝通功能。

(一)肢體動作的功能

◆象徵的功能

我們經常使用肢體動作來代替字句，Ekman和Friesen（1969）將這個部分稱為「象徵」（emblem）。就像我們學習文字的定義一樣，我們也會學習各種肢體動作的涵義，包括訊號和手勢。比如說，豎起大拇指表示「第一名、一切順利」，中指和食指伸展成V字形則有「勝利、和平」的意思；搖頭表示「不」，「是」則為點頭；「也許」、「無所謂」或「不知道」時則以聳肩表示。

在有些情境裡，象徵被視為完整的語言來使用。符號語言（sign language）指的是手勢系統，例如，失聰者的符號語言（手語）等等。

◆說解的功能

我們用手勢來強調或補充所要表達的意義，這時非語言溝通稱之為「說解」（illustrator）。通常我們用手勢來說明五種狀況：

1.強調語意。老師用力拍打黑板說：「不要講話！」。

2. 表示思考的路徑或方向。老師移動著手指，在空中描繪出連續線條說：「這次的成績分佈呈現常態分配的曲線。」。

3. 表明位置。餐廳服務生指著桌子告訴你：「坐那一桌，好嗎？」。

4. 用來描述。我們可能用手來表示尺寸：「我想找一位大概150公分高的女生。」。

5. 用來模仿。我們可能一邊學著旁人搖頭的樣子說：「她就這樣輕輕地搖搖頭。」。

◆情緒表達的功能

非語言符號也經常傳遞出「感情的流露」（affect display）。比方說，寒流來襲的日子，你因為有課，必須一大早強忍睡意離開溫暖的被窩，看著舒服蜷縮在床上的室友，心裡著實有些不情願。在整理書包的時候，不小心把心愛的鋼筆摔壞了，這時候電話鈴響，室友的男朋友打來的⋯⋯，這時候的你會有什麼樣的心情？接聽電話的口氣如何？會以什麼樣的方式叫你的室友起床來聽電話？這時所表現的非語言符號常常不是有意的，它很自然地發生，而這種反應稱之為「感情的流露」。

肢體動作的情緒表達方式有些時候會經過修飾，而修飾情感的表現規則有以下四種：

1. 強化（intensifying）：有時候肢體表達出的情緒較真正的感覺更強烈，例如，阿凱碰巧被哥哥在客廳撞了一下，整個人就暴跳如雷。

2. 弱化（disintensifying）：肢體表達出的情緒較真正的感覺更微弱，唐先生在商業談判中大獲全勝，卻只是點頭微笑。

3. 中性化（neutralizing）：不管感覺如何，出現若無其事的行為反應，小麗雖然剛才聽說自己的先生疑似劈腿，仍繼續忙

著做生意。

4.僞裝（masking）：反應態度完全不同於預期，而流露出相反的情緒，我們說「貓哭耗子假慈悲」就是情緒僞裝的極致表現。

◆調節的功能

非語言符號亦可以用來管制交談或溝通中的互動。例如，眼神的移動、頭部的轉動、身體姿勢的改變、點頭等等，都在示意著溝通應持續或終止，是否重述或是需要講快一點。像這樣控制交談的流動，我們稱之爲「調節」（regulator）。通常善於演說的人能夠根據聽衆的非語言符號，來調整自己的演說內容及表達方式，例如，什麼時候該說笑話、運用哪一類的語彙、舉什麼樣的例子等等。

◆調合的功能

當我們注意人們講話時，可能會發現他們出現抓頭、頓腳、絞頭髮，或扭動雙手、轉筆等等舉動。這些無意識的行爲，能抒解緊張情緒，減低說話者的壓力，我們稱之爲「調合」（adaptor）行爲。

(二)肢體動作的主要類型

◆眼神接觸

眼神接觸指的是直視或凝視著溝通對象。眼神接觸除了滿足溝通雙方的心理需求之外，還可以藉此檢視溝通效果。比如，從眼神接觸中分辨對方是否用心傾聽、是否專注於彼此的對話，以及在談話中是否有所隱瞞等等。從生物的演化來看，「注視」本身是個重要的訊息，其一是被視爲一種「威脅符號」（threat signal），帶

有挑釁的意味，這也許可以解釋為什麼有些青少年因為「被多看了幾眼」就要拔刀相向了；另一方面，注視亦用來代表「親密符號」（affiliative signal），就像我們一般所說的「眉目傳情」。

眼神接觸的多寡有它不同的意義。Knapp與Hall（2002）指出人們在彼此交談時約有50%～60%的時間注視對方，其中，說話者眼神接觸對方約40%，而傾聽者則有70%以上的時間會以眼神注視對方。除了少部分擅長利用眼神接觸來欺騙偽裝的人之外，大部分來說，眼神接觸的程度可以作為溝通評價的參考。我們通常在討論舒適話題，或對於特定議題感興趣，或甚至企圖影響別人時，保持較多的眼神接觸。相反地，如果所談論的內容令我們覺得侷促不安、對於話題或談話對象缺乏興趣，或是對談話內容有所隱瞞時，我們自然會避免眼神接觸。

另外，眼神接觸程度也會因為文化背景的差異而有所不同。有些文化重視面對面溝通，例如大部分美國和其他西方文化的人，視眼神接觸為基本禮儀，因此在溝通歷程中希望他們的溝通對象能「看著他們的眼睛」；但在Samovar和Porter（1991）的研究結論中則發現，並不是全世界的人都習慣直接的眼神接觸，在某些傾向含蓄交流的文化中，眼神的接觸卻可能令人感到不適。以日本來說，人們在溝通中直視他人眼睛是不禮貌的，只能看喉結附近。中國人和印度人也認為將視線放在較低處，是表示對於對方的敬意。

不同性別間也有差異存在，通常女性比男性在交談時有較頻繁的眼神接觸。對女性而言，不管互動的對象是男人或女人，都會比男性維持更多的眼神接觸（Wood, 1994）。

◆臉部表情

臉部表情是運用臉上的肌肉來表達對訊息的反應或是自己的情緒狀態，也就是我們的思想和情感。形成臉部表情的肌肉主要分

為三組：額頭和眉毛；眼睛和鼻樑；臉頰、嘴、鼻子的下半部和下巴。Ekman和Friesen（1969）發現不同文化的人幾乎都具有傳達六種基本情感的表情：快樂、悲傷、驚訝、害怕、生氣和厭惡。在我們與他人的互動中，臉部的表情經常相當活潑，其中又以「微笑」為主要的增強力量；亦即是人際間互動的主要報酬。在我們的生活中，有許多人相當能夠控制面部表情，甚至誤導他人的判斷，因此，必須相當謹慎察言觀色，避免受制於他人的表相，無法真正理解他人的意圖。

◆手勢

我們也藉著手、手臂和手指的移動，來描述或加強語氣。當我們形容一個人「大約這麼胖」、「差不多這麼小」時，常會出現搭配語言的描述性手勢。同樣地，在說：「放這裡」或「別吵」時，也會利用手指、拍掌或其他手勢來強調語氣。每個人在說話時使用的手勢都不盡相同，有些人「比手畫腳」、「用手說話」的情形比別人來得多些。

手勢所代表的象徵意義，常常會跟文化（或次文化）的差異有關。比方說，在不同文化背景中，單是從一比到十就會出現各樣不同比法，在台灣「一」的比法通常是伸出食指，在歐美國家則是伸出拇指；至於「二」的比法，在台灣是同時伸出食指與中指，歐美則是拇指與食指。再舉一個例子來說，在播音過程中常出現的「手切喉嚨」的手勢，所代表的意思是「停止，打斷談話」，但是對於不瞭解播音工作的人來說，這樣的手勢就不是那麼容易正確理解了。

◆姿勢

姿勢指的是肢體的位置和移動，可以視為手勢的延伸，包含較大及較緩慢的身體動作。姿勢的改變也是一種溝通，「點頭」表示

正向的意見，點頭的幅度較大、並且跟隨著發訊者的訊息時，則意謂著對前述訊息的同意；若是幅度較小且單向的點頭，則通常視為「注意符號」（attention signals），表示「聽到了」、「看到了」，也就是注意到發訊者所發出的訊息。如果身體突然坐直而前傾則表示高度注意，站起來可能表示「我做完了」，而背對著人則表示不想注意。

我們在不同場合選擇不同身體姿勢的參照原則，主要受到文化習俗的支配。比如說，第一次上天主堂望彌撒的人，會按照神職人員的教導，學習在什麼時候該採取什麼姿勢：什麼時候該跪、什麼時候該雙手合掌交握。除此之外，我們對他人的情感態度是另一個影響我們姿勢選擇的原因。通常我們會對比較不喜歡的人採取比較防衛的姿勢，像是兩手叉腰，或是手臂交疊在胸前等等。

◆姿態

姿態指的是互動中自信肯定的心理態度。大約有20%的人，當他們和陌生人接觸或是在團體中講話時，會出現高度的緊張。有的人雖然能夠自在的私下面對陌生人，但是在一些公眾場合，例如在團體中發表意見或甚至公開演講，則很容易緊張。大部分的人，當他們對於自己的應對能力較有信心時，緊張程度就會降低。

二、超語言

另一個重要的非語言溝通是超語言，或稱為聲音學（vocalics）。相對於肢體動作，超語言主要和我們所聽到的聲音有關，它所注重的是事物如何被說出來，而不是說話的內容。在超語言的範疇中，包含：音速（rate）、音量（volume）、音調（pitch）、音質（tonality）和聲音的靜止（pause）與鬆緊（stress）等等，總括來說，含括各項聲音特色和語音干擾。

(一)聲音特色

　　聲音的四個主要特色包括：音速（聲音的速度）、音量（聲音的大小）、音調（聲音的高低）和音質（聲音的音色）。這些不同特色的作用，能加強或抑制由文字本身所傳達的意思。當我們的情緒處於憤怒狀態，通常說話的音調高、大聲、急速，而在心情難過時，則會出現較低沉、輕聲而緩慢的說話方式。人們習慣隨著音量的改變而在音調上提高或降低，通常會在緊張的時候升高音調，而以降低音調來顯示自己強而有力。另外如果情緒上快樂、害怕或是緊張，可能話就講得比較快，而在猶疑不確定的時候，話就講得比較慢。

　　除了音速、音量和音調的改變之外，每個人也都會利用不同的音質來傳達特別的心境。比方說，我們撒嬌抱怨的時候，通常會帶些鼻音來講話，如「吳儂軟語」；而反覆停頓、聲音微弱且不流暢的說話方式，則讓人有遲疑不定的感覺，如「期期艾艾」；嘹亮昂揚的聲音聽起來就令人振奮，例如，「聲若洪鐘」；而刺耳、嚴厲的聲音則讓人聯想生氣憤怒的情緒，如「疾言厲色」。對每一種音質，我們都會賦予不同的想法、感覺或價值判斷。不過，對某些人來說，這些不同的音質就是原本的音色，不管是鼻音、氣音或是大嗓門，對他們而言並不帶有任何特殊意義。換句話說，或許有的人使用這些不同音質的理由，並非我們所能理解或猜測的，要特別注意音質的差異並不一定就具有特別的涵義，須避免過於主觀的判斷。

(二)語音干擾

　　語音干擾指的是在談話過程中介入或阻斷的語音。過度的語

音干擾是一種長時間養成的不良講話習慣。常見的干擾比如我們話語中的「啊」、「這個」、「那個」、「嗯」、「呃」、「然後嘛」、「好的」等等，在美語中則常見「well」、「you know」、「like」。

在談話中要根除語音干擾並不容易，但是如果多加自我提醒和練習，應該可以減少其發生。有時發生語音干擾是為了爭取更多構思的時間，尤其當我們碰到較複雜、不易表達的語句時，我們會利用這類語法的中斷來爭取時間，以計畫後續的言論，而且避免發言權旁落。另外，也有可能是因為我們的焦慮而引起，也就是害怕一時的沉默，因此試圖用聲音填補沉悶的時刻，即使這個聲音根本就無意義。

上述常見的語音干擾，例如，「啊、這個那個、嗯、呃、然後、像、你知道……」等等贅語，在我們的談話中有40.5%的機率會發生。除此之外，還有下面幾種常見的語誤類型：

1. 語句轉換：「我有一件衣服是……那件衣服星期天舞會要穿」。
2. 重複：「我明天……明天要加班」。
3. 結結巴巴：「我那……那……那……那件衣服好像……好像找不……不到了」。
4. 省略（說不完整）：「我有課……第二教學大樓」。

奇怪的是，不管我們話中的語音干擾對聽者可能造成多大的困難，說話的人卻似乎總是無法察覺。在同儕間的日常談話中，這些干擾或許還能被接受。但是，我們必須瞭解，如果在較正式的場合，比如求職面談或是在解決問題的團隊中，這些語音干擾就甚為不當。當語音干擾太多，會影響聽者的注意焦點，而妨礙溝通。你可以參考下面的步驟練習，來減少講話時的語音干擾。

1. 訓練聽自己的干擾語：通常我們很難得知自己說話時會出現哪些語音干擾，訓練的方式是：第一，將自己的談話做錄音，只要幾分鐘就行，也許是談論昨天的球賽、這學期的某一門課等等，任何事都可以。在重聽錄音之前，先預估一下你可能會出現「這個」、「嗯」、「然後」、「你知道」這些贅語的次數，然後重聽錄音，比較實際發生的次數。第二，找一位朋友聽你講話，每次當你使用一些贅語的時候，他就記下或是舉手。這個練習可能有點無趣，而且讓你覺得不太自在，或感到緊張，但是幾次練習過後，它確實可以幫助你更敏銳察覺自己言談中的語音干擾。

2. 練習避免語音干擾：從十五秒鐘開始練習起，然後再慢慢拉長時間到你能持續談話而沒有任何語音干擾。這個練習開始時可能會讓你覺得談話很不自然，而影響訊息的傳遞，但是這樣的練習確實可以幫助你去除這些溝通的干擾因素。

3. 談話時隨時注意語音干擾：當你在一般的正常交談中能夠意識到自己的語音干擾，進而去避免發生，並且不影響談話的流暢，你就進步了。當你能達到這個境界，你將發現自己的語音干擾已經大為減少。

三、自我表現

雖然王爾德（Wilde）說過：「只有膚淺的人才會以貌取人。」不過，事實是，每個人都不免從他人所選用的非語言行為表現方式來認識別人，其中包括：個人的長相、外觀等等。或許這便是在經濟不景氣的情況下，整型醫美診所的業務卻依舊蒸蒸日上的原因。在所有浪漫愛情電影中，十之八九擔綱演出的都是俊男美女，1998年世界最賣座電影《鐵達尼號》中的男女主角，含情脈脈、欲言又

止的神情表現，除了演技才華之外，其實也有大部分的印象來自男女主角的外貌。根據高夫曼教授的自我表現（self-presentation）理論，每個人都會藉自我的蓄意表現，以擬似戲劇表演的方式，企圖主動去操縱別人形成對我們的印象。然而，這樣的自我表現若經由言語的方式來進行，通常較不容易達成目的，反而會落得一個「老王賣瓜」、「自抬身價」的評語；但是，若透過非語言方式呈現，卻很容易被對方所接受和相信，爲什麼我們常說「人要衣裝，佛要金裝」就是基於這個道理。

在自我表現中包括幾個要素，如衣著的選擇、人際接觸和我們處理時間的方式。

(一)衣著的選擇

穿著方式會影響他人對我們的印象或看法。通常衣著具有社會訊息，人可以透過裝扮自己來展現或傳達些什麼。不過，與其他領域的非語言溝通不同的是，因爲衣著流行樣式不斷改變，例如，裙子的長短與寬窄等等，在不同時期中的不同外貌或衣著所具有的社會意義，會受到時間流行等因素的影響。

在許多研究中都曾經指出，穿著傳統或是整潔的人，常常被認爲比較老實，而較能引發他人的幫助或合作。多數辯護律師都知道，被控攻擊或傷害的被告，在出庭時最好不要穿著牛仔褲、夾克。同樣地，如果一位女士穿著運動服裝來參加一流電腦公司的面試，除非她眞的條件特別優異，否則大概很難錄取。

衣著所表達的社會意義向度有：

◆標示所屬社會團體的角色

包括制服，並且藉此傳遞不同的社會階級或次文化。我們不只藉衣著來傳遞我們所扮演的角色，也用以顯示我們的地位。以英

國刑事法庭的大律師為例，在出庭時必然是頭戴假髮、身著黑色法袍，這樣的打扮，除了清楚展現他的資格外，也宣告社會大眾他所扮演的角色及其所表達的行動，都具有特殊地位及權力，他被賦予特殊的權威。另外，比如，龐克族（punks）也用他們的外貌及衣著來定位自己的社會團體。

◆標示正式情境的角色

不同衣著適合於不同的社會情境，在某些特定情境中，我們會對特定角色給予「正式的衣著模型」，當醫師在執行醫療專業時，衣著的「正式模型」（formalized model）便是一式的白色外袍，而當醫師卸除他的專業角色，回到非正式情境的時候，則可能穿著輕便的運動服，而不再穿著醫師袍。再舉一個例子，不同運動種類的運動員也各有其不同的「正式的衣著模型」，例如，網球裝、籃球裝跟棒球裝等等。

◆展現個性或情緒

人格特性與衣著選擇間存在有許多的交互關係。比如說，成就動機高的人容易選擇「企業家式」的衣服，喜歡社交的人會選擇較搶眼的顏色，許多人藉著建立自己的獨特外型，以突顯自己的個性。衣著可以提供十分深刻的內在訊息。

◆展現吸引力與時尚性（fashionability）

這部分不只是用來表現人際吸引，其實也影響我們對自己的自我看法或自我概念。以女性來說，一般而言，衣服形象可以分為：戲劇的、自然的、浪漫的、古典的四種類型。通常自認屬於上層階級的人，反而較不追隨流行，堅持「古典型」衣著。

(二)人際接觸

　　觸覺是人際溝通中另一個原始形式。在心理學家哈洛（Harlow）的實驗中發現，相較於可供應牛奶的鐵線軀體假媽媽，幼猴反而更願意親近替代的「絨布媽媽」。以人類來說，觸摸對孩子的重要性也是一樣，觸摸是指用手去輕拍、拍擊、捏、重擊、握、擁抱和撫摸。這是人類最早的重要溝通管道，也是我們自我表現的基本部分。個人使用觸摸行為的理由相當多元；也許是無意的、不摻雜個人感情的，或是有意的、親密的。比方說，握手通常只是表示社交禮貌，輕拍一個人的背部則表示鼓勵，而擁抱則是愛的表現。

　　一般來說，身體接觸具有兩種主要的意義向度——溫暖與支配。通常我們認為主動接觸別人的人，是具有較高地位、堅定而溫暖的。而人們是否主動接觸或是被動接觸，以及是否喜歡這樣的人際接觸，都涉及個人喜好不同以及文化背景的差異。在「高度接觸」與「低度接觸」的文化中，身體接觸會產生極不同的意義與類型。比如說，在日本的文化中，少見公共場合裡出現彼此的身體接觸，甚至在初次見面的陌生人間，多數也用鞠躬來替代握手；但是在家庭中，家人共浴的情形則十分常見，並且不帶有任何「性」的意涵。

　　從一些研究報告中也發現，雖然美國人在親朋之間身體接觸的次數遠大於日本人，但是美國卻並不是真正的高度接觸文化。而Gudykunst和Kim（1992）也指出接觸行為和文化有高度的關係。一般來說，拉丁美洲和地中海國家是高度接觸行為文化，美國屬於中度接觸行為，而遠東地區則多數是低度接觸行為的民族。

　　除了文化的因素之外，接觸行為的種類和量也因人而異，對某

人好像是不摻雜感情的行為，對另一人而言，可能是非常親密或具威脅性的。對接觸適當性的知覺，也因關係親疏而有所不同。所以一個喜歡人際接觸的人，在公共場合或是與熟悉的朋友相處時，可能也會表現不同的接觸行為。因此我們必須特別提醒自己，透過接觸（或不接觸）所進行的溝通，不能只顧自己的意願，尤其不受歡迎的身體接觸更可能涉及性騷擾等複雜議題，因此必須高度警覺並顧慮我們所互動對象的期待。由於接觸具有高度複雜性，一位研究非語言行為的專家Judee Burgoon（1994）就曾指出，接觸是最不易瞭解的非語言行為。

(三)時間行為

時間行為指的是我們如何使用及組織時間。因為我們對動作和反應的知覺，會參考它們所發生的時間，因此，如何處理時間和我們對時間行為的反應，是自我表現的重要部分。

時間在自我表現中最重要的部分是非正式時間（informal time），非正式時間是一種經由觀察及模仿所習得的時間運用方式。非正式時間所包括的三個層面是：期間、活動和準時。

◆期間

我們認為處理特定事件所需要的適當時間量。例如，我們通常期待一堂課的時間為五十分鐘，一場電影大概兩小時。當特定事件的時間長度與我們的期待明顯不同時，時間就會變成溝通的障礙。所以，就可以解釋為什麼當老師逾時還不下課，我們會開始覺得不耐煩；而當一場電影放映時間只有一小時，我們反而會覺得太快了。

◆活動

我們認為在特定時段內應該完成的事，也就是說某個時間我

們認定適合進行某種特定活動。比方說，我們多數是白天工作、晚上睡覺，如果有人不依循這樣的時間行為，我們可能出現負面的反應，說他「作息不正常」。再比如，通常我們會有固定的用餐時間，這時間的活動主要是在用餐，如果一位朋友在你晚餐的時間來電話討論股市行情，即使平時我們樂於和朋友溝通，這時候可能也會覺得不耐煩。

◆準時

指的是我們的時間期待。這可能是三個層面中最重要的，因為我們經常依此來評論他人。如果你的同學跟你約了上午九點見面，而他在八點三十分就到、九點整到、九點三十分，甚至十點才到，你對他的觀感就會不一樣。或者是，你的上司要你上午十時去辦公室見他，而你分別在九點四十五分、十點、十點十分或十點半到達，也都會影響他對你的不同看法。

不過，因為文化的差異，時間知覺也會有不同。一般而言，在西歐、美國和加拿大等地比較重視時間單位的單一性（monochronic），也就是會清楚區隔不同時間和行程，一個時段就只有一個事件，強調依時間照章行事並且要求準時。在這樣的文化中，遲到就是遲到，即使只有幾分鐘，也必須承認遲到並且道歉。但是在其他文化中，例如，中東地區，則傾向於視時間單位為多重性（polychronic），不加以詳細區隔，在同一時間可以進行多種活動。這種時間觀念下，遲到很正常，反而將墨守時間的概念視為無意義。以中國人來說，普遍對時間的要求也較不嚴肅，過於準時還常常會讓人感覺有壓力。

四、環境經營與溝通

除了肢體動作、超語言和自我表現之外，我們也會藉由經營物理環境來進行非語言溝通。其中包括幾個要素：空間、氣溫、燈光和顏色。

(一)空間

我們的溝通行為必然存在於一個領域範圍中，在這個範圍裡，可能會出現不同的溝通變化，因此，包含：距離、方向、地域行為，甚至物品的擺設等都可以算是一種非語言的信號。而對空間的經營處理可以分為：永久的結構、空間內可移動的物品以及非正式空間。

◆永久結構的經營

我們所居住、工作的建築物，或是空間內無法移動的建築規劃，都屬於永久結構。雖然在這個部分，我們不一定可以主動建造或改變，但是我們至少有選擇的主控權。空間可以對個人提供「隱私性」（privacy），而成為屬於自身的「區域」。所以當我們要買房子的時候，通常會考慮其結構是否適合於我們的生活方式。喜歡住頂樓的人，對於生活的想法，可能會不同於選擇住一樓的人，而他們所習慣的溝通行為也會大不相同，因為所選擇的建築特質也影響我們在環境中的人際關係。例如，住在公寓的人，跟同一樓層的鄰居會比其他樓層的人熟識；如果花園洋房的圍牆很高，通常鄰居之間談天的情形也會比較少。這也是為什麼會有許多生意人、教師、醫師和律師用心設法尋找適合他們形象的環境，也是「孟母三遷」的根本道理。

◆空間內可移動物品的經營

我們也經常透過布置安排物品來經營空間，創造我們想要的氣氛。比方說，家裡的客廳，我們可能把家具布置成適合談話的樣子，或是擺設成方便看電視的樣子。客廳的座椅如果是沒有靠背的硬板凳，和另一個鋪著長毛地毯、擺著靠墊的柔軟沙發，所創造出來的談話氣氛將大不相同。情人浪漫的約會地點與令人緊張的警察問訊室，所造成的氣氛有一部分原因是來自於空間布置所形塑出來的暗示。一般而言，如果環境安排愈正式，交談就愈正式。

所有的社會行為都是在物理環境中發生，而這個物理環境是會跟社會環境產生交互作用的。換句話說，我們可以藉由改變物理環境來試圖建構或安排社會行為的出現。因此社會空間的設計，不只是「空間行為」的延伸，並且確實可以作為一種社會技能。不論是客廳、房間、會議室或是教室，你都能改變陳設擺飾，來達成所想要的效果。比方說，你的上司隔著桌子要你坐在對面，這種溝通氣氛的建立隱含的是：「談公事，我是老闆、你是員工」，所以如果讓桌子介於你和上司之間，這種空間有助於正式會談的進行。而如果你的上司示意你坐在他桌旁的椅子，那麼意思可能是：「別緊張，我們聊聊」，因為這個情形下，你和上司間沒有形式上的障礙，兩人間的空間相當小，傾向於較不正式的談話。雖然空間物品安排的影響並非絕對，但是空間的運用仍然是人們彼此對待以及溝通行為如何接續的指標。

空間安排對溝通的影響可由不同的教室座椅布置來說明。每一排椅子都面對著講台的教室、把所有椅子圍成一個大圓圈，或是椅子分別圍成四至五個小圓圈的教室，其溝通氣氛都不相同。在第一種情況，大部分的學生傾向於期待演講式的上課方式。而第二種情況，學生可能期待與教師之間有意見的討論。在第三種安排下，學

生通常比較期待班級裡進行小團體的討論。另外，從人們所挑選的互動位置跟方向（**圖5-1**），我們也可以瞭解互動雙方的社會情境，我們到診所看病的時候，通常和醫師採取「交談」的座位安排；雙方談判的時候，則會出現「競爭」的空間位置；和同學一起討論小組作業，比較容易選擇「合作」的安排。

交談　　　　　競爭　　　　　合作

圖5-1　互動的位置與方向

◆非正式空間的經營

　　我們在溝通過程中所占有的空間或領域被稱為非正式空間。這種專門探討人類與文化空間接近關係的研究，稱之為近體學（proxemics）。

　　我們的溝通行為與人際距離有密切相關。根據Hall（1969）的研究，在我們的文化裡，所公認的不同型態的交談距離可以分成下面四種：

1.親密距離（intimate distance）：約在18吋之內，差不多45公分，是我們和親近的人私密交談的適當距離，甚至能夠到直接碰觸，彼此耳語說話。
2.個人距離（personal distance）：約18吋到4呎之間，差不多45～120公分間，這是一般閒談的空間距離，能夠清楚看到對方，甚至能伸手碰觸到對方。
3.社會距離（social distance）：從4呎到12呎，差不多120～360

公分，是非個人性的談話空間，常見於一坐一站的互動方式，例如，工作面談時的距離。

4.公眾距離（public distance）：超過12呎，也就是大概360公分以外。

這四種距離是多數人公認的不同情況的適當距離。

近體距離（proximity）意義的解碼主要是從喜歡或不喜歡的觀點來出發的。我們通常最關心親密距離，這是個適宜和密友、雙親、小孩親密溝通的距離。如果有外人侵入這個親密距離時，我們會覺得不舒服，也就是說，在我們不喜歡（不期待）對方跟我們保持親密距離的時候，如果對方強行接近，反而會引起我們強烈的逃避力量（avoidance forces）。在沒有多少人的圖書館裡，我們通常會希望和其他人隔開幾個空位來坐。如果有陌生人在這種情形下卻坐在你旁邊緊鄰的座位上，你可能就會覺得不舒服，甚至會另換位子。

假若受限於不可改變的外在因素，必須接受親密空間被侵入時，我們會暫時接受無法改變的空間位置，但是會出現其他的適應行為，來設法取得心理上的平衡，例如，向後縮靠或是避免直接面對面的接觸。例如，在擁擠的電梯裡，多數的人都會雙手環抱自己、非常不自然僵直地站著，或是看著地板、瞪著開關上的樓號指示燈，假裝沒有任何身體接觸，當不小心眼神交會的時候，就彼此快速交換一個靦腆的微笑。

當一個人違反他人的行為期待時，人際溝通就會發生問題。例如，對小張來說，他可以接受和同事談話的距離在18吋以內，但是因為對他的同事而言，這樣的距離屬於親密關係，因此當小張靠近說話時，他的同事便可能將身體後退，以取得平衡；再者甚至對小張的行為有其他的歸因及解釋，而儘量避免跟小張有溝通的機會。

因此，我們在人際溝通中應特別注意親密空間所帶來的感受，避免對他人造成干擾。

有些時候，因為文化背景的不同，可能也會造成對互動距離的不同期待。我們說過通常美國白人認為親密空間的距離約是18吋，他們期待他人不侵犯那個空間。但是中東或南美洲地區的人在和他人談話時，距離卻近得多。如果有一位熱情的巴西人和一位傳統美國白人交談，他們對於互動距離的不同期待就可能會令其中一位覺得不舒服，或是美國白人覺得被侵犯，或是巴西人覺得被拒絕。

個人的領域空間隨著身體的移動而改變，我們都傾向於以目前的位置來定義這些空間。人們可能以某特定空間作為自己所有的領域，稱之為領域行為（territorial behavior）。我們在自助餐廳用餐，會將所選擇的桌子座位視為自己的領域，即使在中途，我們離開座位去盛湯，仍然會將原先的座椅、餐桌上的食物，以及食物周圍的空間當作「我的」，而不希望別人侵入這個範圍。如果盛湯回到座位上，卻發現這個「我的」空間裡放進了別人的餐具或食物，可能會讓我們覺得相當不舒服甚至生氣。

有時候，我們會用標記來占據領域。例如，羅同學剛進教室的時候，把書包放在空著的課桌椅上，對羅同學來說，已經標記了這個位子是他的領域。若是有人趁他暫時離開教室時移開他的書包，占據他原來標記的位子，對他來說，便是領域的侵犯。在非語言溝通的學習上，必須瞭解別人可能用不一樣的方式來對待周圍的空間或領域。因此，敏銳的觀察力非常重要，我們應盡可能敏銳察覺他人對我們行為的不同反應。

(二)氣溫、燈光和顏色

氣溫對於溝通也有相當重要的影響。回想一下，天氣燥熱的

時候，你自己說話的口氣是不是比較不耐煩？寒流來的時候，坐在冷風颼颼的教室裡聽老師講課，會不會覺得比較吃力、很難集中精神？

還有燈光，也會強化或是妨礙溝通。在圖書館裡，通常都是明亮的燈光，因為有助於提升閱讀的氣氛。相反地，高雅的餐廳裡，則大部分利用柔和的桌燈，以利於營造舒適氣氛以親密交談。所以為什麼為人父母或是師長的，總是對自己的子女或學生諄諄告誡，切不可以在燈光昏暗的地方約會。所擔心的也就是，因為燈光的昏暗與柔和，會使得熱戀中的男女雙方更加沉浸在浪漫的氣氛中，也更容易失去理智，而無法控制行為。

顏色的差異對溝通行為也有重要的影響，我們的身體與情緒都對顏色有不同反應。一般來說，紅色讓人覺得興奮、刺激；藍色則舒服、平靜；黃色為愉悅和快活。一般來說，明度愈高的顏色，給人的感覺較輕，明度愈低的顏色則較顯沉重。因此當我們想創造平靜溫和的客廳氣氛，或是期待創造溫暖活潑的感覺，所選擇的顏色自然應有所不同。除此之外，我們對顏色也有其他的聯想。黃色通常與膽小的性格聯結在一起，綠色代表妒忌，生氣則與紅色有關，而快樂週末之後，恢復工作第一天的憂鬱感受，就以藍色來呈現。

不同顏色的意涵也會因為不同的文化背景而產生差異。在中國文化裡，喜慶用的是紅色，在喪葬的時候則用白色來代表。即使在西化的現代社會中，仍然常見新娘身穿白色婚紗，腳下卻還是蹬著一雙不協調卻很喜氣的大紅高跟鞋。在日本，傳統的結婚喜慶場合，新娘子定是一式的白色和服。在埃及紫色代表信心、誓約跟美德，而在日本卻是尊貴的意思。

第三節　加強對非語言溝通的瞭解

　　從Feldman、Philippot和Custrini（1991）的理論認為，加強對於非語言溝通特質的瞭解，可以改善人際互動的效果。我們先來看看編碼和譯碼如何影響我們在非語言溝通上的瞭解。

一、編碼

　　從編碼的觀點看，因為非語言行為的溝通是自發的，並不容易改變。但是如果能夠更瞭解自己常用的非語言溝通方式，至少讓我們有機會進一步向他人澄清或解釋自己真正的意思。比方說，當你察覺自己在別人給了負面回饋之後容易出現較強烈的非語言反應，就可以像這樣來做澄清：「我的反應或許會讓你以為我不能接受批評，但事實是，我在面對批評時，常常不經意地就瞪大眼睛並皺起眉頭，但是，我其實很期待知道你的想法。」

二、譯碼

　　從譯碼的觀點來看，想要確定我們是否瞭解他人的非語言溝通行為，我們必須以語言溝通的方式陳述我們所瞭解的，也就是查驗知覺。例如，我們以為他人在面對批評時出現了負面的非語言反應，在判斷這個人無法接受批評之前，可以先針對他的行為作澄清：「從你的表情看來，會讓我以為你似乎不喜歡接受這些意見，可以告訴我你的感覺嗎？」

　　有時因為我們不確定他人非語言行為的意義，會讓溝通發生

困難，並且讓我們覺得不安。當他人的非語言行為違反我們的期待時，甚至會出現負向的反應。正確解釋非語言行為的能力對我們的影響非常深遠，Noller（1987）發現較能正確解析彼此非語言訊息的夫妻，通常婚姻滿意度較高。因此，加強對於非語言溝通的敏感度，甚至能將非語言訊息予以正確編碼和譯碼，確實非常重要！

摘　要

非語言溝通包括：運用肢體動作、超語言、自我表現和環境來進行溝通。非語言溝通的特性和語言溝通不同，非語言溝通具有持續性，經由多重管道進行，較能表現情緒內容，但是比較模糊，而且具有文化上的差異。

非語言溝通最明顯的部分包括肢體動作和超語言。肢體動作的功能主要有：象徵、說解、情緒表達、調節和調合。肢體動作的類型有眼神接觸、臉部表情、手勢、姿勢及姿態。

超語言則含括各項聲音的特色，例如，音速、音量、音調和音質以及語音干擾。如果語言和非語言的溝通能夠互補，溝通的效果是最好的。自我表現，表現在衣著選擇、人際接觸和時間行為等，這些也會影響溝通。環境是一個容易被忽略的非語言溝通，包括：對空間的安排與反應，以及氣溫、燈光和顏色等等，都影響溝通的特質。

不同的文化在眼神接觸或手勢、碰觸行為以及對時間和空間的知覺等方面都有差異。對非語言溝通的瞭解必須從編碼及譯碼兩個部分著手，有效的溝通者必須敏銳察覺人際間非語言溝通行為的差異。

練習一

對著鏡子陳述一件事情五分鐘，最好同時予以錄音，仔細看看自己的肢體動作，並寫下來用以表示象徵、解說、表達情緒、調節或應合的例子。重聽一次錄音帶，感受自己超語言的部分，練習以不同的情緒為條件，重新陳述事件並記錄自己的口語干擾。

練習二

請清點自己的衣服，將它們分成三類：(1)正式場合穿的；(2)平常出門活動穿的；(3)做粗活及居家的時候穿的。試著在一天上課的時候，穿著跟平常完全不同的衣服到學校，並且記錄下來：(1)回顧自己平常穿什麼樣子來上課？看看自己今天穿什麼樣子來上課？(2)你自己的行動跟以往有任何不同嗎？(3)跟別人的溝通方式有任何影響嗎？

練習三

找個同伴，試著用一分鐘的時間玩一下「比手畫腳」的遊戲，完全使用非語言行為來溝通一個主題。在結束後，分析你所做的努力。你發現哪種資訊最容易以非語言的溝通行為來表達？哪種資訊讓你在溝通時遭遇最大的挫折？

練習四

> 想想你住的地方，畫一張屬於你自己的領域地圖。再分析你自己跟不同對象的交談中，在空間的期待上有哪些差異？跟鄰居談話時，空間的期待為何？跟老師、同學、好朋友、家人、陌生人……，空間的期待又是如何？

練習五

> 選擇參觀幾家不同的餐廳，包括：速食店、自助餐廳和高級餐館。寫下空間內物品的經營處理、顏色及燈光。你的結論跟感受是什麼？

第六章

傾聽與同理

- 傾聽的意義與功能
- 傾聽的歷程
- 有效的傾聽
- 如何增進同理反應的能力
- 澄清訊息意義

很多人以為溝通的技巧最重要的是學會如何說話，其實，正好相反，在溝通中最要緊的一件事是：學會傾聽。這裡所說的聽是要聽到，也就是知覺到訊息、用心去體會的傾聽，而不是只用到聽覺器官，卻左耳進右耳出，根本心不在焉的聽。曾經有研究報告指出：不管男人或女人，在溝通所花的時間中，17.3%用來讀，16.3%用來說，13.9%用來寫，其餘52.5%的時間，都用在聽（listen）。有些時候，當我們跟朋友聊天，覺得聊得十分盡興，但是回過頭來仔細想想，可能朋友說了些什麼，其實對我們來說並不是重點；重要的是，朋友聽我們說了些什麼。換句話說，能夠聽我們說話的人，才會成為我們喜歡和歡迎的朋友，而如果我們也能聽別人說話，那麼就會比較容易讓自己也成為一個受歡迎的人了！

傾聽的最後歷程是要能夠做適當的反應（response）或稱接續反應（continuance response）。反應與傾聽其他階段的最大不同就是，當我們反應訊息時，我們的角色從訊息接收者轉換成訊息傳送者，而且反應是傾聽過程中最後統整的階段，互動雙方必須從反應來瞭解溝通的效果。反應的方式不同，溝通的效果就會有很大的影響。例如，當小孩在學校裡受了委屈，回到家裡跟媽媽哭訴「老師打我」，我們來比較下面這兩種溝通的情形。第一種，媽媽動怒了，劈頭就回說「活該！一定是你不乖！」；第二種，媽媽換了個方式說：「很痛吧！今天倒底發生了什麼事嗎？」不論是非對錯，前者的說法讓孩子心裡產生負向感受、覺得沒有被接納，所以孩子可能更會覺得不舒服。當傾聽者漠視說話者的觀點或情緒時，通常說話者會放棄繼續溝通。而在第二種的說法中，媽媽對溝通情境有較敏銳的反應，願意先站在孩子的角度，設身處地來理解他的狀態，孩

子就可能會願意再多說一些。換言之，一個有效的傾聽必然是具備同理的傾聽；而一個利於溝通的反應則是同理的反應。

第一節　傾聽的意義與功能

所謂「傾聽」是有目的而且專注地聽，是一種「積極傾聽」（active listening）的技巧。在傾聽的過程中，對方會因爲所傳遞的訊息被完整接收，而感覺自己受到尊重和接納，同時產生個人價值，並因此對彼此的關係更加投入和有信心。

一、傾聽是瞭解的開始

人是社會性的動物。在任何時候，我們都會希望自己被別人接納，這種接納的感覺並不等同於別人必須認同或者同意我們的情緒、想法或是行爲。但是，我們期待被瞭解。當我們的情緒感受被瞭解的時候，彼此才有可能建立進一步良好的互動基礎，甚至解決我們的問題。例如，如果有學生跟老師提到「我覺得自己眞的不適合唸書，我這麼笨，老是學不會、唸不懂，我想我還是休學算了」。對老師來說，當然不太可能很快就贊同學生對於自己應該休學的念頭，但是，如果我們不先仔細傾聽，不去瞭解學生的情緒，只是一味的告訴學生「你不應該有休學的念頭」，然後開始長篇大論地說教，對學生來說，當他不被瞭解，也就失去了繼續跟老師談下去的動力，學生的問題沒有解決，老師也可能因此開始覺得學生眞不聽話、不受教，而有一些不舒服的感受。反過來說，如果老師眞的聽進了學生所抱怨的重點，反過來先讓學生知道老師聽懂了他的挫敗感，「聽起來你對自己學習上的成果很不滿意，而且讓你覺

得非常挫折，也開始懷疑自己的價值，起了放棄讀書的念頭」，對
學生來說，才有可能因爲老師懂他、瞭解他，而開始跟老師討論起
自己學習上的事，然後進一步穩定自己的情緒，再來理性考慮自己
生涯上的決定。

二、不良傾聽對人際溝通與關係的影響

不良的傾聽會破壞人際關係。例如，蘇太太急著打電話給蘇
先生：「我必須在辦公室加班，下午三點半不能去接女兒，所以
你必須去接她。」而蘇先生只抓到加班的訊息，然後說「好」。當
蘇太太在四點十五分接到幼稚園老師的電話：「蘇媽媽，請問您什
麼時候來帶小孩？」，這時候肯定心裡一把無名火起，忍不住怪責
先生不負責任，而蘇先生則可能因爲自己聽漏了資訊而懊惱。像這
種誤會或許會使家庭關係變得緊張，也可能因此浪費時間、精力、
金錢。假若傾聽只占溝通的一小部分時，也許問題不大；然而事實
上，日常生活中的溝通，你花在聽的時間其實比你說話、閱讀和寫
字合起來的時間還多。而且，大多數聽的人在聽過訊息四十八小
時之後只能記得所聽到的25%。傾聽這麼重要，我們卻很少去注意
它，可見傾聽是所有溝通技巧中最容易被忽略的。

 ## 第二節　傾聽的歷程

什麼是傾聽？一般我們將傾聽的歷程分爲五個階段，包括：專
注（attending）、瞭解、記憶（remembering）、評估和反應。尤其
是前面四個階段，可以說是反應階段的重要基礎。

一、專注

　　傾聽的第一個重要歷程是專注。集中我們的專注力，不受到其他訊息的干擾，以便能聽清楚對方所說的話，它也可以說是我們接收訊息（receiving）的第一個階段。專注是一種從我們所有感官系統所感覺到的無數刺激中，特定選擇某種刺激的一個知覺歷程。現在請你放下書本，暫停閱讀，閉起你的眼睛，聽一聽在你的身邊周遭有哪些聲音。也許你會聽到手錶指針走動的滴答聲、學校圍牆外摩托車呼嘯而過的聲音、枝頭上鳥兒跳躍和唱歌的聲音、教室走廊上的腳步聲、隔壁教室傳來的咳嗽聲。這些聲音是當你在閱讀時，可能並未察覺到的。事實上，我們的環境很少是完全無聲的，這些聲音一直都存在於我們的生活中，只是有些聲音我們意識到了，而有些聲音我們則完全沒有知覺。為什麼我們只會聽到或注意到某些聲音，而對其他的卻是聽而不聞呢？

　　理論上，我們應該能夠聽到任何在聽覺範圍內的聲音，但是我們對聲音的注意卻會受到心理的控制，也就是知覺的選擇性注意。例如，在你和同學一起上課的路上，你們邊走邊聊，這時兩個人都能彼此接收到並且注意到對方的言語。但是在這個同時，你的感官事實上也「聽到」了學校的鐘聲、其他教室裡的喧譁聲、校園裡的鳥叫聲，可你卻能夠把這些聲音隔離開來，完全沒有知覺到這些聲音的存在。甚至於，你可能完全沒有意識到這些噪音的存在，而以為周遭是安靜的，彷彿天地間就只有你們兩個人似的。

　　所謂「不良的傾聽」，就是不能有效專注在應該聽的部分，而把訊息混亂或錯置。為了加強傾聽的能力，第一步必須先學會擷取該聽的聲音，而把其他不必要聽的聲音放在背景中，讓需要注意的訊息能特別浮現出來。集中專注力的技巧包括：

(一)減少環境阻力

有時候，我們無法專注傾聽是因為環境干擾太多。因此我們必須先檢視環境中的各項要素，把會影響傾聽的干擾條件去除。比方說，如果收音機的聲音太大，以致於你聽不清楚室友的話，就要把收音機關小聲些。如果桌上的漫畫書會讓你分心，沒法子仔細聽到同學討論的重點，那麼就乾脆把漫畫收起來。

(二)降低生理限制

再來，我們必須保持一個能夠專注傾聽的生理條件。所以，我們必須察覺自己在生理上的限制。如果你有聽力障礙，就需要戴助聽器，或用別的方法克服這個問題。如果你常常漏聽某些訊息，或常常聽不清楚，必須別人一再重複，你可能就已經有了聽力障礙而不自知。若你懷疑自己是否有聽力問題，應盡快到醫院進行聽力檢查。除了這種聽力上的障礙之外，有時我們會因為自己的生理狀況不佳，而無法專注傾聽。比如說，你因為感冒而頭昏眼花，精神狀況不好，也因此無法專心接收他人的訊息，可能就必須先將自己的狀況向對方說清楚，然後請對方在訊息傳遞時做適當調整。

(三)預作心理準備

不良的傾聽也可能是因為自己沒有準備好要聽才引起。每個人都會出現預備專注傾聽的行為方式。例如，課堂上，老師說：「接下來我要講的部分非常重要，考試時一定會考。」這時你會有什麼反應？大多數人可能會坐直身子，身體略往前傾，直視老師，並停止其他動作，這是我們在生理上已經準備去聽，設法避免漏失一些訊息。而在心理方面，我們更是會全神貫注於老師的話，不再有雜

念，整個人像裝了機關的雷達系統一樣。平常我們在與人談話時，很容易在腦子裡同時有各種雜訊出現：昨天約會的女孩、剛剛輸了的球賽、期中考成績、一場很想看的電影……，這些你所想的事甚至可能會比對方所談的內容還吸引你。像這樣把注意力放在其他的想法和感覺時，不良的傾聽效果是絕對可以預期的。

(四)聽與說的順利轉換

如果我們是持續在「聽的態度」中，要培養良好的傾聽習慣可能還比較容易。但是如果在交談中，因為必須一下聽、一下說，也就是要在聽和說之間轉換，就有可能轉換得不順。假設你已經花了時間在心裡打好草稿，準備好要說什麼，於是當在說話之際，會特別注意自己是否能順利將腹案盡數傾出，只顧著說話，而無法兼顧你的傾聽。我們常看到兩個人的談話沒有交集的情形，兩個人雞同鴨講，好像各自在廣播一樣，各說各的、卻沒有接收到對方的話。當你正說得起勁時，也許該停下來問問自己：你聽見對方說什麼了嗎？這樣一直不停地自說自話而不聽對方的訊息是你要的嗎？從說轉換到聽，需要經常且持續的練習，更需要隨時察覺自己的狀態。

(五)完整傾聽再反應

我們也很容易在對方話還沒說完之前就已經不想再聽，通常是因為我們自以為已經知道對方要說些什麼，我都懂了，所以你不用說了，我也不必多聽。但是事實上，我們不見得有足夠的資料來對對方的話做任何反應，因為別人的話根本還沒有說完。就算我們聽了前半段就已經知道對方完整的意思，不繼續積極傾聽或甚至打斷別人的話就直接反應，也會讓對方認為我們並沒有在聽，覺得不被尊重，而使得溝通受阻。所以，我們要培養先聽對方把意思表達

完，然後再給予反應的習慣。有時候，專注的傾聽就已經是最佳的反應，因爲保持沉默能讓說話者自由的去想、去感受以及去表達自己。

除了我們可能會自己過早停止傾聽之外，有時候也會因爲對方某些說話方式或字眼上的干擾，而無法繼續傾聽。例如，當對方說話喃喃自語、吞吞吐吐甚至口吃，或語調音頻十分單調時，很可能會讓我們覺得不耐煩，於是沒辦法或沒有意願再繼續認眞聽下去。其實在這種情形中，我們更應體諒對方在表達上的困難，努力的專注傾聽對方所說的話。有些時候，我們會因爲說話者的語彙或觀點讓我們感覺不舒服而放棄繼續傾聽。例如，當別人說到單親家庭、同性戀、犯罪青少年、原住民、女性主義、福利制度等等，我們可能會因爲某些字眼或某些論調而產生負向情緒，於是無法正確持平地擷取對方的訊息，自己直接就出現負向反應或者乾脆選擇掩耳不聽。當別人引起我們情緒反應時，也許該試著提醒自己，想想到底有哪些字眼或觀點引起我們的不悅？設法說服自己不要不聽，也不需要急著準備反擊，反而應冷靜下來更努力與更客觀的去傾聽，聽到完整而正確的訊息後再做反應。

(六)配合情境目的來傾聽

傾聽需要因爲情境目的，以及我們所欲吸收訊息內容的困難程度來調整我們的專注程度。通常我們對訊息的專注程度在下列不同情況中會有差異：娛樂、學習、瞭解、助人情境。

當溝通的目的是在娛樂，我們的專注程度要求比較低，就像媽媽們也常在「菜市場閒聊」一樣。很多時候，我們只是隨意「聽」一則網路笑話或是連續劇劇情，用意只是在愉快的消磨時間，不打算傳遞什麼重要訊息。但是，有些時候我們的溝通情境不是在消磨時間，比方說，我們聽的是「空中英語教室」這樣的英語教學

節目，而不是一則網路笑話，或者我們向人問路，希望能瞭解該怎麼走才能開車上高速公路，這時我們傾聽的目的在於學習或瞭解，我們就必須調整傾聽的專注程度。在助人情境中的傾聽就更具挑戰性。常常都會有人跟我們訴苦，或是談到他們的困擾，有時候他們只是想找個人傾聽，讓他吐吐苦水，有時則是為了向我們求助，不論我們是不是一個專業的助人者，這類的傾聽跟反應更需要專注與非評斷性。

二、瞭解

　　傾聽的第二個歷程是瞭解。「瞭解」就是對訊息賦予正確的意義，也就是訊息解碼的歷程。無法瞭解他人的語意，有時單純是因為他人運用了我們不清楚的語彙。比方說，如果我們聽不懂日語，而有人用日語向我們問路，我們當然不能瞭解對方的困難與需要。即使我們與對方講同樣的語言，但是也可能因為語彙上的陌生，同樣難以理解別人的意思。例如，假若我們不懂汽車的構造，當有人問我們所開的車有幾個汽缸、幾匹馬力的時候，我們也可能答非所問。

　　積極傾聽是幫助我們瞭解訊息的先決條件，意指運用特殊的技巧去聽，以確保能夠接收訊息、瞭解訊息。積極傾聽應用在幫助我們瞭解訊息上的技術，包括確認語意組織結構、掌握非語言訊息、檢核重要訊息以及重整訊息意義四個步驟。

(一)確認語意組織結構

　　有效的訊息通常是有組織結構的，包括：訊息目的、觀點、佐證的細節。用心確認這些語意的組織結構能幫助我們擷取說話者所主要傳達的概念。舉個例子來說，在教育改革座談會上，主講人談

論著青少年犯罪的問題，他的重點放在貧窮與家庭功能的影響因素上，對於每一個論點，他都提供研究資料證實。參加座談的聽眾如果能清楚知道主講者對青少年犯罪形成因素的看法（目的），特別強調的貧窮及家庭功能兩個影響因素（主要觀點），以及用以支持其看法的研究證據資料（佐證細節），不管聽眾是否同意主講者的看法，至少可以充分瞭解他所傳達的訊息。

有時說話的人並不善於將所要傳達的訊息予以組織，此時就需要靠聽者自己從複雜訊息中，找出其目的、主要觀點及細節，來進一步瞭解訊息。我們可以藉由一些自我對話來幫忙確認目的、觀點及細節：「對方這個訊息的用意是什麼？」（目的）；「訊息的重要內涵主要包括哪些？」（觀點）；「以什麼資訊作基礎來支持訊息重點？」（細節）。

(二)掌握非語言訊息

仔細觀察掌握哪些伴隨語言而來的非語言訊息，能幫助我們更正確的解讀。非語言訊息所傳達的意義不比語言來得少，隨時「停、看、聽」是溝通過程中的不二法門。當小芳對美麗說：「嗨！妳可終於搞懂了！」美麗必須依據小芳的聲調、表情等等非語言訊息來判斷小芳是善意鼓勵還是惡意嘲笑。不論你是在聽同學發表他對期中考的看法；或聽朋友說明畫海報的過程；或是你的男（女）朋友正在埋怨你不夠重視他（她），你除了必須專注對方的談話內容之外，還必須同時掌握對方是怎麼表達的。

(三)檢核重要訊息

透過訊息檢核，可以得到更多資料來瞭解對方。訊息檢核最簡單的方法就是「問」。不過可惜的是，很多人也許因為害羞或

是怕沒面子，即使不懂對方的意思，卻不願發問。但是事實上假裝聽懂了並不是聰明的抉擇。例如，打電話給外國客戶，對方告訴你「hold on」（請稍候），你在不明意思的情況下，回答「yes」，卻在一會兒後把電話掛了，一筆生意就此不翼而飛。或者是英文老師告訴你期末報告實在「nadir」，而你在搞不懂意思的情況下，回答：「謝謝」，其實「nadir」卻是分數糟透了的意思。聽不懂別人的話當然很尷尬，但是不去弄清楚，對我們並沒有幫助。也許試著有禮貌的問道：「我不懂『nadir』這個字，這是什麼意思？」去問清楚、去確定訊息並不見得就會讓人覺得你沒有知識，相反地，這表示你是個很認真的人。所以，別為了面子或是怕羞而讓自己在不清不楚的情況下溝通，結果恐怕會得不償失。有時候聽不懂是因為對方的敘述模糊、語意不全、含糊其詞、缺乏組織，這時候就必須請對方再做澄清。

(四)重整訊息意義

　　接收訊息後，在心裡將所瞭解到的意義加以重整，甚至將所瞭解到的訊息用自己的話重新敘述，以澄清確認所理解的訊息跟對方所傳達的相同，進而得到更多的資料來瞭解對方。這樣的技術又稱之為「簡述語意」（paraphrase），是我們在學習傾聽時必須熟練的技巧。例如，朋友告訴你該如何做一道菜，你聽了幾分鐘之後，可以將你所瞭解的訊息加以重整，在心裡默念或是出聲詢問朋友，以將所接收到的訊息做出具體確認。如果你在聽完後無法以自己的話予以簡述，表示你多半還不能充分瞭解訊息。簡述語意時必須同時注意語言和非語言訊息，才比較容易正確瞭解對方的意思。

三、記憶

積極傾聽的第三個歷程，就是「記憶」。如果訊息未能記住，即使瞭解再多也是枉然。我們每個人記憶的歷程都可以分為三個階段，第一個階段稱之為感官記憶（sensory memory），也就是感官系統接受到訊息的瞬間，不論視覺、聽覺、嗅覺或是觸覺。一般來說，感官記憶只能停留約一秒鐘的時間，之後進入第二個階段，也就是短期記憶（short-term memory, STM），在此約可維持十二至二十秒的記憶，所記憶的內容約只有7±2個單位，最後才進入長期記憶（long-term memory, LTM）的階段，也就是永久記憶。但是，對於訊息若是缺乏專注，訊息並不容易進入進一步的記憶系統。例如，學生在上課時都會聽到老師所教的很多概念，但若是課後並不複習，到了下一節課或是考試的時候，上課時所聽到的概念幾乎就忘了大半。為什麼呢？就是因為這些部分即使進入短期記憶，卻未必進入長期記憶。其實，我們可以運用以下技巧來增加記憶：重複（rehearsal）、記憶術（constructing mnemonics）以及做筆記（note taking）。

(一)重複

記憶的重要運作過程是將訊息從短期記憶（STM）轉到長期記憶（LTM）裡，要做到這項工作最簡單的方法就是重複訊息，則日後就比較可能會記得。重複訊息可增強訊息儲存的可能，在接收訊息後就在心中立即不斷重複，如果訊息沒有得到增強，那麼就只會在短期記憶中存放十二至二十秒，然後就遺忘。

(二)記憶術

記憶術就是把訊息轉換成容易記憶的形式，比如說，設計口訣（mnemonic device）。常用的記憶術是將字詞的頭一個字母（字彙）串聯起來，建構成一個字。例如，要記憶「五大湖」（the five Great Lakes）可以用「HOMES」的方法來記（Huron, Ontario, Michigan, Erie, Superior）。再例如，記憶八國聯軍的妙法就是利用口訣「餓的話，每日熬一鷹」（俄德法美日奧義英）。

(三)做筆記

做筆記是將資料記錄下來，好讓我們再重新回顧，這個辦法雖然並不適用於日常的人際對話，但是在電話中、簡報、訪談或是會議中，都是能增進記憶的有效工具。在做筆記的過程中，我們自然會主動傾聽，所以能夠強化記憶。這也是為什麼，老師總教導小學生要「手到、心到」的原因。

做筆記該包括些什麼內容呢？有效的筆記內容應包括主要的概念摘要及部分重要的細節，不需要太長，就像大部分上課的內容我們都能將它濃縮成簡短的大綱。好的筆記所用的字數通常大約只是原資料的10%到30%，不過字數不是重點，筆記內容是否正確才最要緊。

舉個例子來說，在開學前的註冊協調會中，教務處要求各系切實配合辦理加退選，內容包括有：「註冊時間為2月25日，2月26日上課。上課即日起可以辦理加退選，加退選期限為一週；加退選結束後，教務處將利用兩天時間整理加退選資料，發現有開課人數不足的課程則辦理停開並請已選課學生退選，若有學生選課學分不足則通知請辦理加選。大一至大四學生修習學分上限為25，大一至大

三學生修習學分下限為16，大四學生修習學分下限為9。」這段繁冗的說明要憑空記憶並不容易，所以我們可以做筆記，甚至整理成一個簡單的表格，如下表所示。

項目	說明	備註
註冊	2月25日	
正式上課	2月26日	
加退選期間	2月26日至3月4日	以一週為限
加退選資料整理	3月5日至3月6日	1.開課人數不足之課程／停開，並通知已選課學生退選 2.選課學分不足／通知該生加選
修習學分	大一、二、三：下限16學分；上限25學分 大四：下限9學分；上限25學分	

四、評估

傾聽歷程的第四個階段，就是要針對我們所瞭解的訊息來判斷其真實性與可信度，這個階段我們稱之為「評估」。比方說，有人強力說服你支持某一位候選人，如果你對選舉還沒有定見，大概就不能只是聽過就算，而必須仔細思考自己對於訊息同意與否，並且想清楚自己該如何反應。這個過程不單單只是傾聽，還包括對訊息的批判。如果沒有對訊息做仔細的評估，你可能會在無意識的情況下，做出有違自己既定目標或終極價值的決定，甚至讓他人對你有錯誤的想法或期待。評估訊息的主要技巧包括：區辨事實及評估推論。

(一)區辨事實

　　所謂「區辨事實」就是清楚評斷什麼是事實（facts），哪些又是推論（inferences）。事實是訊息的具體內容，可以經由直接觀察而證明訊息的正確性，它是我們所觀察的事項。推論則是根據觀察而整理歸納的結論，所以是觀察後所形成的意見或想法。我們在聽到一些訊息的時候，很容易將兩者混淆，尤其將推論視爲事實更是十分常見。區辨事實的意思就是將這兩者區分開來，避免將推論與事實混爲一談。舉例來說，我們聽到鄰居簡太太說：「我今天早上又看到那個電腦工程師到王先生家裡修電腦，兩個星期以來這工程師就來了七、八次。」；然後簡太太又說：「老王家新買的電腦肯定是個爛牌子。」簡太太看見工程師近兩週以來，頻到王先生家處理電腦是事實，這段陳述是根據觀察而來，但是將工程師頻頻出現的原因解釋爲電腦品牌不佳卻是自己的推論。我們在聽簡太太的話時，必須區辨事實和推論，即使推論可能是基於事實而產生，它仍然不一定正確。

(二)評估推論

　　在區辨事實與推論之後，進一步的工作就是要評估推論的有效程度，也就是可不可能。貿然接受推論的言詞其實相當冒險，所以我們必須仔細檢驗。因爲推論是根據事實所衍生出來的，所以推論常以論證（argument）的形式出現，也就是在推論之後，再設法說明以支持推論。例如，陳太太說：「我們家的經濟狀況到了明年就會改善，下個月開始我就可以調薪，每個月多收入三千元，而我們家的房屋貸款到明年3月就能繳清，老大明年6月畢業就要當兵了，小兒子今年考上大學後也開始兼家教、半工半讀。」在她的敘述中

「經濟狀況到了明年就會改善」是一種推論，而支持這個推論的理由則包括：「下個月起每月調薪三千元，房屋貸款到明年3月可以繳清，大兒子明年6月畢業就要當兵，小兒子今年考上大學後也開始兼家教、半工半讀」，這些敘述都是足以支持推論的事實，而論證基礎在於月收入增加，而經濟負擔可以逐漸減輕，因此可以改善家庭經濟狀況。

在評估推論時要考慮三個重點：

1.支持推論的事實爲何？資料足夠嗎？正確嗎？

2.推論與這些參照資料的關係爲何？據此推論合乎邏輯嗎？

3.是否有其他資料足以推翻原先的推論呢？

就拿陳太太的例子來說，她所提出的足以支持推論的事實包括：收入增加，而且房屋貸款即將繳清，因孩子就學而帶來的經濟負擔逐漸減少。因此，我們可以知道她的推論合理。

不過，對大部分人來說，在評估推論時，第二個重點最困難，因爲傾聽者必須清楚找出推論與事實間的邏輯關係。有時候，說話的人所舉出的事實並不足以支持推論，或是兩者間的關聯性有偏差。例如，正豪說：「期中考前一天，我通宵夜戰、讀到天亮，還不是不及格。期末考我看我完了。」這句話顯示正豪只注意到臨時抱佛腳的開夜車時間和成績的關係。以正豪的邏輯來看：「成績高低的影響關鍵在考試前一天開夜車的時間長短，而期中考前通宵夜戰的結果仍然是不及格，所以期末考前再怎麼讀，考試成績必然還是不理想」。這個推論的邏輯適切性其實頗值得懷疑。因爲若以正豪的推論，考試前的開夜車是決定成績的唯一因素，但是其實成績高低的影響因素相當多，比如，平時用功與否、上課專心程度、甚至智力高低等等。

五、反應

　　傾聽的最後一個歷程在反應。一個利於溝通的反應是具備同理的反應（empathic response）。在人際溝通中，同理心（empathy）扮演一個很重要的角色。具備同理的反應指的是偵察（detecting）和指認（identifying）他人的情緒狀態，並且能做適當的溝通反應。在人際溝通情境中，同理心可以強化彼此的情感連結（emotional bond），使對方有「被瞭解」的感受，並能滿足內在心理需求。所謂「偵察和指認感受」指的是在同理反應之前，能夠運用知覺的技巧（perception skill），注意到口語和非口語訊息，敏銳地瞭解對方的感受與情緒狀態。

　　影響我們偵察及指認他人感受的因素包括有：(1)相同的情境經驗；(2)對特定情境的想像；(3)對他人相同情境的觀察。簡言之，當我們想要偵察他人的感受時，我們就必須從他人的眼光來看事情，真正的瞭解不是根據我們認為對方「應該」有什麼感受而來，而是從他真實經驗的感受出發。同理心是「他人」取向（other-oriented）的，而不是「我」取向（I-oriented）。舉個例子來說，嘉美跟同學說：「為了我媽生日，我蹺課去買禮物，結果老師點名發現我缺席，我跟我媽講的時候，居然還被罵活該……」，假設你就是嘉美，你希望同學怎麼說？是「妳怎麼那麼笨！我可不要陪妳去向老師求情嘍！」；還是「妳一定覺得自己很委屈！現在怎麼辦……」。一定是後者，因為前一句的說法是從同學自己的觀點出發，後一句則是為嘉美設想，所以自然是後面這種能察覺對方情緒，表達「同理心」的反應方式要讓人覺得比較舒服了！

　　如果同學偵察出嘉美的委屈與懊惱，但是卻沒有表達出來，對嘉美來說，她並沒有被確實地同理，因此，同理的第二個層面在於

適當地表達與反應，所運用的是溝通技巧（communication skill）。
當同學對嘉美說出自己的同理時，這個反應才讓嘉美可以確定，對
方願意繼續傾聽而且真的瞭解。同理心與同情心不同。同情心通常
表示你認為對方的感受是什麼，對他的困境覺得可憐。例如，嘉美
的抱怨讓同學覺得嘉美實在是個孝順的孩子，竟然還被母親責怪，
真是太辛苦了，於是感動得哭了起來。如果她分擔、甚至陷入嘉美
的情緒到這個地步，這便是同情而非同理，雖然一時間會讓嘉美覺
得非常被瞭解，但是因為同學的情感涉入太深，反而很難真的幫助
嘉美度過情緒困擾。同理心是一種對他人情緒的偵察與接納，不表
示必須融入在他人的情緒中。另外要特別注意的是，對他人情緒表
達同理的反應不只是「說」，有時以適當的非語言行為來表現，也
許會更勝於「光說不練」的語言反應。

 第三節　有效的傾聽

前面我們談到一些積極傾聽的歷程，除了這些之外，在傾聽
中我們還必須遵守一些重要法則，才能讓我們的傾聽對溝通更有幫
助。這些法則包括有：參與式傾聽、同理式傾聽、非評斷傾聽及深
層次傾聽。

一、參與式傾聽

所謂「參與式傾聽」就是聽的人能夠融入溝通情境中，讓互
動雙方對於溝通效能相對負責。在參與式傾聽中，我們必須全神貫
注，不只維持身體上的警戒姿態，在心理上也做好充分的準備，預
備要接收訊息，此時在溝通狀態下的每個人，不管是聽或說，都會

致力於後來訊息的雙向分享。相對於「參與式傾聽」的就是「被動式傾聽」，在溝通過程中傾聽者基本上只扮演一個接收的角色，全盤接納說者的思想、意見跟情感，他只聽，卻沒有真正專注融入在溝通情境中。通常我們在被動式傾聽的狀態下，會將身體靠後坐、很放鬆的、不花任何力氣地任由自己的聽覺感官接收訊息，最常見的被動式傾聽就像我們在聽音樂的時候，輕輕鬆鬆、舒舒服服、不用腦子的。被動式傾聽並不是完全不好，但是在與人正式溝通時，通常我們比較鼓勵採取參與式傾聽，一來會讓對方覺得比較受到尊重，再者也比較能真正掌握訊息。

二、同理式傾聽

如果我們期待能夠在溝通中進一步瞭解說話者的情感跟意圖，傾聽時就必須盡可能採取同理的態度。同理心是有效溝通反應的基礎。所謂的同理不等於同情，更不代表同意，同理指的是去感受對方所感受的、以對方的眼光來看事情，如果我們能做到同理，才能真正理解對方的意思跟情緒。相對於「同理式傾聽」的另一個角度就是「客觀式傾聽」。除了同理之外，客觀其實也是必須學習的原則，因為我們也得學著跳脫開對方的角度來看事情，避免情感涉入太深，而干擾我們做正確的判斷。但是，一般而言，如果只是理性客觀地做判斷卻未能同理，溝通仍然難以持續。每個人都期待被他人所瞭解，因此，同理式傾聽確實有其必要。

三、非評斷傾聽

我們必須以非評斷的方式來傾聽，也就是用開放的態度來試圖瞭解跟接納對方的談話內容，因為非評斷的態度，我們才能充分

理解對方的訊息，並且蒐集到完整的資料。但是相對地，有時候我們也必須以批判思考的觀點來澄清對方的論調，經由批判訊息，幫助我們釐清事實或真相。如果我們對訊息完全不分析就全盤接受，很容易變成溝通過程中的應聲蟲，任意而不負責地反應。不過，如果我們對於訊息還沒有充分的瞭解，非評斷應該是很重要的基本態度，急於批判可能會讓我們對於訊息很快形成偏見，反而干擾正確的判斷，也會讓對方覺得不被尊重。對訊息的批判評估是必要的，但是，在這之前，非評斷的態度是溝通中重要的基本原則。

四、深層次傾聽

溝通之所以困難，就在於有很多真正要傳遞的訊息並不是字面上所看到或聽到的，甚至於跟這些表面的意思完全相反。例如，玫麗問辦公室裡的同事：「我昨天去剪頭髮，看起來怎麼樣？」或是「我昨天剪了個新髮型，看起來好醜吧？」，聽起來表面的意思是在徵詢同事們對新髮型的看法，或甚至嫌自己的新髮型不好看。但是，事實上玫麗正期待著同事們對她新髮型的讚美。因此，如果我們只能聽出溝通內容裡表淺的意思，常常就無法滿足對方在互動中的期望跟需求，也因此會使得溝通容易中斷或無法發揮功能。我們必須練習經由對方的語言或非語言訊息，充分理解對方溝通的深層意義，甚至弦外之音，而這就是深層次傾聽的功夫了。

 ## 第四節　如何增進同理反應的能力

傾聽的歷程始於專注，並以具備同理的反應作終。因此，我們對人的關懷以及我們在溝通情境中的專注，正是有效傾聽並能同理

反應的基礎。如果我們能夠對人付出關懷、將心比心，我們將比較願意傾聽並能同理他人。有時候，我們因為擔心暴露自己的缺點或是害怕受傷害，而吝於對他人表示出我們的關心，或者覺得自己的事應該自己負擔，不需要把情緒讓別人知道。但是，其實每個人都會有情緒，分享情緒並不表示自己懦弱或是不夠好，關心別人也不至於就要我們付出多少心神及代價，願意傾聽並能同理別人絕對是利己利人的。

　　同理的反應方式可以依據下面三個部分為基礎：對方的情緒、經驗與行為。

一、根據對方的情緒來反應

　　我們跟他人互動時，對方可能直接說出他的情緒，也可能在非語言的部分顯露情緒。不管對方是用何種方式來呈現出情緒狀態，我們都能依據其情緒感受來予以反應。例如，當你的室友向你抱怨，她剛跟男朋友大吵一架，你根據她此時的語言或非語言訊息，判斷她的情緒，可以直接反應「妳看起來氣壞了！」，或是用其他不同的方式來描述「我想妳的心情一定壞透了！」，都是不錯的同理反應。

二、根據對方的經驗或行為來反應

　　有時，對方一邊表達情緒，同時也說明由於哪些經驗或行為引發他的情緒。這時候，如果我們除了對情緒感受的部分能加以同理之外，也注意到引起對方情緒的原因，會更讓對方覺得被瞭解。譬如，同學氣急敗壞地跟你說：「氣死我了！你知道為什麼文宏這次考試會及格，然後我卻被當嗎？我上課都比他認真耶！可是考試前

兩天他跟我借了課本跟筆記，考試前一晚我去找他要回來，結果他居然整晚沒有回寢室，不知道躲在哪兒猛K，害我根本沒有資料可以唸。」，這時候如果我們的同理反應只是「你一定氣死了！」，倒不如進一步做這樣的反應「這次考試考輸文宏讓你很生氣，因為他借了你的課本跟筆記不還，你又找不到他拿回資料，結果無法在考試前充分準備。」。

另外，還有一些能幫助我們提高同理反應能力的其他策略。

(一)思考緩衝之後再反應

在我們剛學習同理反應的時候，很容易犯的一個毛病就是，太急於表現同理，以致於幾乎是對方一停止說話，我們就想要趕快做反應。但是太快反應常常很容易失誤，一來因為我們還沒有細察對方真正的情緒，所以很可能只懂對方表面上的意思，而在反應時未能確實掌握對方真實的感受。另一方面，其實「急於反應」有它潛藏的意義存在，就是我們比較在乎自己有沒有做到同理，而非真正關心對方的感受，在「以我為主」（I-oriented）的狀況下，是不可能真正同理對方的。

(二)針對對方感受簡短回應

通常最好的同理是出現在彼此的對話型態中。因為如果以對話的型態來表達同理，會使同理反應經常出現，不致於讓對方等很久才得到回應，而且因為對方的談話內容較短，所以也比較容易做具體而精準的同理。同理要簡短適切地反應，不是長篇大論發表演說，如果我們一再強調自己的觀點，冗長鋪陳、反覆申論，我們就又犯了以自己為中心的毛病了。

(三)毫不保留地表達同理

　　有時候我們雖然能夠充分瞭解對方的情緒感受，卻十分怯於表達，於是在同理對方的時候表達得模糊不清、曖昧不明。其實這時候根本沒有保留的必要，如此表達反而可能讓對方誤以為我們不瞭解他。所以既然要同理對方，就要在語言和非語言上面，都切實地放心表現。

第五節　澄清訊息意義

　　有時候，即使我們已經盡可能做到積極傾聽，卻仍然對於對方所欲表達的訊息意義無法充分掌握，甚至出現誤解。誤解常常是溝通的最大障礙。通常誤解本身並不嚴重，但是卻會對溝通及人際關係造成很大的干擾。要設法減少誤解，除了在溝通的過程中，我們必須以開放、非評斷的態度，並且更專注或是更有耐性地仔細聆聽之外，透過適當的反應也可以增進彼此的瞭解、避免雙方的誤會。我們在澄清對方語意時，常用的技巧包括：簡述語意和詢問（questioning）。

一、簡述語意

　　簡述語意就是用自己的話來陳述所瞭解到的意思。簡述語意並不是像牙牙學語似的重複對方的話，因為重複只表示你聽到了對方的敘述，卻不代表確實瞭解。簡述語意是指傾聽者用自己的話，來陳述所接收到的訊息意義。例如，鈞豪期中考考得不理想，他說：

「還有最後一次機會，我一定會拚了命好好用功來準備期末考。」假設你的反應是：「你一定要拚了命好好用功準備期末考，還有最後一次機會」，那麼就只是重複語句而已。有效的簡述語意是，如果你認為鈞豪的意思是打算在後半學期認真上課、課後複習，好足以應付期末考，就可以簡述語意為：「聽起來你的下半學期都會很認真，好在期末考時充分發揮」。這樣的簡述讓鈞豪能確實知道你是否瞭解他的意思，如果你完全懂了也說對了鈞豪的意思，鈞豪會告訴你「對啊！再不用功不行囉！」；萬一你誤解了鈞豪的原意，也讓他有機會再做澄清：「拜託！半個學期耶！要我的命！不過，期末考前那個禮拜我肯定不打工倒是真的！」。

因為簡述語意，才能讓我們充分瞭解彼此的意思，並且使得溝通能夠繼續。這一類針對訊息中的實質意義或外延意義來加以摘述，也就是從談話的訊息事實內容做出回饋反應的簡述，稱之為內容的簡述（content paraphrase）或內容反應。另外，根據對方的非語言訊息來描述出對其情緒經驗的瞭解，則為情感的簡述（feelings paraphrasing）或情感反應。以鈞豪的例子來說，鈞豪說：「還有最後一次機會，我一定會拚了命好好用功來準備期末考。」，我們的簡述語意若是「聽起來你的下半學期都會很認真，好在期末考時充分發揮」，這個就是內容的簡述，是根據訊息的外延意義而來。如果我們強調鈞豪說話時的表情、音調，針對感受出發的情感簡述可能是：「似乎期中考成績讓你覺得很挫折」。至於哪個反應比較適當，就要看鈞豪說話的重點為何而定，如果是強調以後如何好好準備考試，那麼他可能比較適於做內容的簡述；如果強調他期中考不理想的感受，就以情感的簡述較為合宜了。不過，在真實的生活情境中，我們常常都會同時包括內容簡述和情感簡述，以完整表達我們所接收到的訊息意義。

二、詢問

　　當我們所得的訊息不足以瞭解對方的意思時，我們也可以利用「詢問」的技巧。詢問必須有效，我們才能得到想要的訊息，否則不只無法達到澄清的目的，甚至會讓對方覺得生氣、尷尬或引發心理防衛，反而更破壞彼此的關係。有效的詢問必須遵守下面的幾項原則：

(一)具體的詢問

　　具體的詢問才能得到具體的回答，而且你的問題必須看你想得到什麼訊息而定。假設麗湄對你說：「我真的好挫折。你等一下順便幫我帶紙回來！」，除非你們真的很有默契，否則這個模糊的敘述必須進一步詢問，才能得到更多明確的訊息來瞭解她的意思。但是如果你只是問：「啊？什麼？」，麗湄可能只是再把剛剛的話重講一次，你仍然無法得到具體的答案。因此必須具體詢問，比方說，你想知道「帶紙回來」是什麼意思，問題可能會是：「你需要我幫你帶什麼紙？要帶多少？」；如果是無法瞭解麗湄發生了什麼事，問題就可能是：「你怎麼了？發生什麼事讓你這麼不開心？」。

(二)誠懇的詢問

　　詢問時要誠懇有禮，儘量用完整的語句陳述，不要讓人覺得有諷刺、打斷、高傲、專橫、批評的意思。如果我們在語言行為上，十分吝於開口、惜字如金，每次詢問的時候都只有「什麼」、「怎樣」，這種十分簡短的語句，很容易讓人覺得唐突，甚至誤解我們

的動機。在非語言行爲的表現上也要謹愼注意，避免引起別人的負向感受。我們要隨時提醒自己，說話的方式比起說話的內容更重要。舉例來說，上課的時候，坐在你後面的同學跟你說：「你擋住我看黑板的視線了」，如果你不清楚自己應該往左還是往右移開，才能讓同學看清楚黑板，而問他：「那你要我怎樣？」，這樣的問法可能會讓人以爲你在故意挑釁；也許先說聲「抱歉」，接著問「那我低一點，可以嗎？」會比前者好一點。

(三)虛心的詢問

有時候對方或許因爲壓力，而把別人的詢問曲解爲嫌他說得不清楚。爲了避免引起心理防衛，最好的策略就是虛心詢問，把無知歸因於自己。詢問之前先表示訊息的傳遞失誤可能是因爲自己的疏失而引起。當老唐說：「我受夠了主任每天罵我、笑我」，比較適當的問法是：「對不起，老唐，我剛剛沒聽清楚，你說你們主任怎麼了？」。

(四)焦點的詢問

如果我們一次就問很多問題，容易模糊溝通的焦點，而且也會使對方感到焦慮。最好每次只針對一個重點來詢問，問一個最想知道的問題，其餘的疑問會在與對方的談話過程中逐漸的解開，或是等一會兒再問。以前面的例子來說，同事老唐告訴你：「我受夠了主任每天罵我、笑我」，如果你劈頭就問一大串問題「主任每天都罵你什麼呢？他還嘲笑你啊？已經很長一段時間了嗎？你是不是哪裡得罪他了？還是你犯了什麼錯？……」，對老唐來說，恐怕他也不知道該回答哪一項問題，只是徒然引發老唐很多負面的情緒而已。也許先針對主任對老唐的不滿來發問「主任每天都爲什麼事罵

你呢?」,再慢慢跟老唐澄清他的困擾會比較恰當。

(五)開放的詢問

　　開放式的問題指的就是對方必須做較仔細的回答,而不是只回答是非或選擇題。因為在開放式的問題中,可以避免對答案預設立場,並且能夠得到較多的訊息。以前面擋住黑板視線的例子來說,如果你問同學:「你希望我偏左還是偏右?」,在這個問句中,答案就是「左或右」其中之一;如果你問:「我該怎麼調整,才不會影響你的視線?」,你的同學就可以更精確的回答:「稍稍左邊一些,而且麻煩你坐低一點」。不過,有時候亦可以使用封閉式的問題來幫助澄清,比如說,當對方有表達上的困難時,可以先採用封閉式的問題來掌握溝通焦點。但是大部分時候,我們都鼓勵在詢問時盡可能選擇開放的型式。總之,必須在傾聽及同理之後,判斷你還需要什麼訊息來增加瞭解,針對所要探詢的重點,具體誠懇且有禮地詢問,儘量採取開放式的問法,以同理的詢問來提高溝通的效能,真正讓彼此能夠相互瞭解。

摘　要

　　積極的傾聽可以幫助瞭解並且避免破壞溝通關係。在積極的傾聽中包括五個歷程:專注、瞭解、記憶、評估和反應。專注是有意識選擇感官刺激的知覺歷程,集中專注力的技巧有:減少環境阻力、降低生理限制、預作心理準備、聽與說的順利轉換、完整傾

聽再反應、配合情境目的來傾聽。瞭解是對訊息賦予正確意義的歷程，幫助訊息瞭解的技術包括：確認語意組織結構、掌握非語言訊息、檢核重要訊息、重整訊息意義。記憶則是儲存訊息的歷程，記憶的歷程分為感官記憶、短期記憶及長期記憶。增進記憶的方法有：重複、利用記憶術以及做筆記。傾聽歷程的第四階段就是針對訊息的真實性做評估，主要技巧包括：區辨事實及評估推論。傾聽的最後一個歷程是要能夠適當的反應，適當反應須以同理作為基礎。同理心指的是能偵察並指認他人的情緒狀態，並做適當的反應。適當的同理包括：知覺的技巧及溝通技巧，必須以專注傾聽為先。除了積極傾聽之外，如果我們能遵照參與、同理、非評斷、深層次這幾個基本原則，傾聽將更為有效。提高同理反應的基本策略有：思考緩衝後再反應、針對對方感受簡短反應、不要吝於表達同理。澄清的反應在於確定所接收到的訊息意義，你可以運用簡述語意和詢問技巧來幫助我們做澄清，簡述語意分為內容及情感的簡述。詢問要注意幾項原則：具體、誠懇、虛心、針對焦點，還有開放式詢問。

練習一

　　讀完下面的故事，然後評估每位證人的敘述是事實（fact）或者是推論（inference）。

　　兩個人帶著幾個大包裏，匆匆離開銀行，跳進一部加長型黑色的車子裡，急駛而去。數秒鐘之後，一個男人衝出銀行，揮舞著手臂，看起來很沮喪的樣子。下面是你聽到兩個目擊者在討論他們所看到的。

1. 這家銀行被搶劫了！（推論）
2. 真的！我看到搶匪匆匆離開銀行，跳進一部車子，急駛而去。（推論）
3. 那是一部加長型的黑色車子。（事實）
4. 那兩個男人帶著幾個大包裏。（推論，只說兩個人、沒說是男人）
5. 他們離開數秒後，行員追了出來，但是太遲了，他們已逃走。（推論）

練習二

　　請同學幫你讀下面這篇資料，然後你來回答這些問題，想想看，對你來說，積極傾聽的困難是什麼？

　　「因為你剛來上班，所以我先告訴你一些工作上要注意的細節。主任一定是告訴你，主要的工作內容只有打字和發信。不過，我告訴你，接電話才會占去你大部分的時間。如果是打字部分，你要特別留意老葛，因為他的資料最多了，而且他要

你打的資料常常和業務無關，所以，通常我會婉轉拒絕，免得把時間都用在做他的私事。馬老師給的工作不多，但是你最好做得漂亮一點，她可是個挑剔到家的完美主義者。如果是彭教授，他永遠都是趕在最後一分鐘，才把文件交給你打字。信件更是麻煩，不過慢慢你就會習慣。郵差每天送來兩趟：早上十點和下午二點。記得要把不屬於我們的信件送回總務處，寄信也必須送到總務處由他們代收。如果有比較急的信件，則直接先拿到郵局去寄。拿信的時候要記得分類，過濾一下收件人是不是我們單位的人。你的午休時間是中午十二點到一點十分，一共七十分鐘。如果沒什麼事，你最好在十一點五十五分前去餐廳用飯，免得學生一下課，餐廳會太擠，你也能早點休息。還有一件事，要記得每天上午八點十五分時打電話提醒陳老師今天有沒有課，因為他太忙，常常搞錯時間，如果你沒有提醒他，他很容易忘記來上課。好啦！祝你好運。」

問題1：不屬於此的信件應送至哪裡？（總務處）

問題2：信件何時送來？（上午十點跟下午二點）

問題3：最好於何時用午餐？（十一點五十五分）

問題4：彭教授交待的工作有何問題？（總在最後一分鐘才拿來）

問題5：誰給的工作量最多？（老葛）

問題6：老葛給的工作有什麼問題？（資料常與業務無關）

問題7：依主任所說，你的主要工作是什麼？（打字跟發信）

問題8：要寄發的信通常送到哪裡？（總務處）

問題9：緊急寄出的信要送到哪裡？（直接到郵局去寄）

問題10：中午午休時間有多長？（七十分鐘）

問題11：最挑剔的完美主義者是誰？（馬老師）

問題12：你必須用電話提醒誰？（陳老師）

練習三

> 　　找一個同學跟你一起練習，請同學先寫下來一個約包含十個字的句子，然後讀出來，然後你試著在聽完之後，練習一字不漏地把它複述出來，練習到可以幾乎一字不差的時候，再請同學逐漸增加字數，到十五個字、二十個字，仍然練習把它做鏡子式的複述。

練習四

> 　　針對下列語句，分別試作內容的簡述與情感的簡述，寫下來跟同組同學一起討論或是交給指導老師批改。
>
> 1.「五個星期前我把修改好的獨立研究稿繳給我的指導教授。那時我心情很愉快，因為我覺得經過修改後我的說明比以前清楚多了。結果當昨天我取回稿子的時候，指導教授居然說她看不出這篇與上一篇有什麼不一樣。」。
> 2.「我不知道你暑假是怎麼過的，對我而言，暑假真的過得好快。我恐怕沒做到我計畫中要完成的事，但是我也不覺得驚訝。我幾乎很少達到自己的計畫。不管怎樣，我期待新學期的到來，我希望能有一個新的開始。」。
> 3.「今天是麗芬的生日，今晚我已安排了一個盛大的生日慶祝會。我知道麗芬常懷疑我不夠重視她，經過今天晚上的慶祝會，她將知道她對我而言有多重要！」。
> 4.「天哪！又上了一個無聊的課，我常想他能不能教點有趣的事。鄭老師上課真是乏味透了！」。

5. 「我不知道是我的關係還是因為我媽，最近我們兩個處
得很不好。」。

6. 「我有份實習報告明天到期，還有一篇經濟學的報告也
快要交了。最慘的是，今天是我妹妹的生日，到現在我
都還沒有時間為她買個禮物。明天一定一團糟。」。

7. 「我真的覺得身體不太舒服，可是明天企劃再不提出去，
老闆快把我炒魷魚了，為什麼我的日子這麼背！」。

8. 「我終於通過考試了，好不容易呢！這回我可是花了好
多心思準備，我已經延後畢業了，如果再不通過考試，
說不定就要退學了。」。

9. 「我真的很喜歡君君，可是她每次看到我都一副不理不睬
的樣子，我好想追求她，可是接下來該怎麼辦呢？」。

10. 「就要畢業了！想想自己在學校裡是修了不少學分，但
是臨到要找工作的時候，卻覺得自己好像只習得一招半
式，沒什麼真功夫。」。

練習五

　　在小組中，每位成員輪流敘述一件讓他有情緒反應的經
驗，但不向團體成員說出他的情緒反應是什麼。當主述的成員
說完事件情節之後，團體成員討論這個人的情緒經驗，並說明
他們根據什麼語言及非語言訊息來判斷。最後，主述的成員再
給其他團體成員回饋，看看他們的知覺是否正確。

第七章

有效的溝通對話

- 對話的結構與特徵
- 有效的溝通行為反應
- 不適當的溝通行為反應
- 網路世界的對話規則

　　有個網路流傳的笑話是這樣的。張員外有三個女兒，都已經出嫁了。大女婿是唱戲的，二女婿是說書的，三女婿則是茶館跑堂的。一天，張員外患了重病，三個女婿不約而同前來探望。大女婿一進門，就長揖道：「岳父大人在上，小婿這廂問疾來了，不知病體如何？」；二女婿在旁接口：「欲知生死如何？且看下回分解。」。張員外聽了非常生氣，隨手拿起床邊的茶壺朝二女婿丟過去。三女婿見此情況，急忙高喊：「開水來了！小心燙著！」。

　　這三個女婿知道老岳丈身體欠安前去探視，想來都是孝順的！但是，這三個人的談話方式卻都犯了職業病，依著自己習慣的言談方式來與人溝通，不只話不投機，甚至把整個溝通情境都搞砸了！

　　在我們的談話情境中，或許也有過類似的例子！當你試圖跟一位心儀的女孩子攀談，通常從哪裡開始談起？聊天氣？說音樂？分享你們的智慧型手機？怎樣談話能夠增進感情、能夠更拉近彼此間的距離？有時候，你或許發現自己跟對方好像怎樣都聊不太起來，總是沒有太多交集，或常常聊得有一搭沒一搭的！究竟你跟對方之間的溝通怎麼了？該怎樣創造一個有效的溝通對話情境呢？人說：「酒逢知己千杯少，話不投機半句多」。當談話流暢，帶來生動有趣的正向感受，也讓參與談話情境中的人們覺得時光飛逝，巴不得能再多些相處並交談的時間。但是當談話斷斷續續，彼此間總是沒辦法進入一個愉快流暢的溝通情境，即便只是一時半刻，恐怕都覺得度日如年！我們經常期望能夠創造一段美好的交談時刻，究竟該如何開啟談話之門呢？

　　先來看看「談話」是怎麼一回事。

第一節　對話的結構與特徵

　　一段「談話」或稱「對話」是由對話雙方所共同建構的。因此，在對話過程中，交談雙方自然而然地對於彼此的對話結構以及對話內容進行協商，使互動得以開展與持續。而對話結構包括：語言、對話的框架、談話輪替系統、開場與結尾等等；而對話內容則包括對話主題、字詞選擇、內容的詮釋以及意見等。

一、對話的結構

　　一般而言，談話包含三個部分：開場、本文以及結尾。

(一)開場

　　好的開場白可以帶來愉悅的談話氣氛，甚至能為後面接續的本文做鋪陳，吸引對方投入彼此的談話情境中。然而，對大部分人而言，如何開啟對話未必是件容易的事，尤其當面對一個完全陌生的人，恐怕許多人都要覺得難以啟齒。好的開場白通常以問句的型式進行，這是為了讓對方在接收到你的訊息之後，如果有意持續談話，便可以接續你的問話來回答。如果對方此刻無意與你交談，在聽到你的問話後，就可能直接以簡短的方式回應，或甚至根本沒有任何回應。開場的談話策略大概包括以下幾種：

◆自我介紹

　　比方說，參加營隊活動的小蔡在分配完小組任務後，向同組的夥伴說：「你好！我是蔡元勳，大家都叫我小蔡，請問你怎麼稱呼？」。

◆從情境開始聊起

包括季節、氣候、環境擺設，或是新聞事件，甚至環境中的他人，都可以拿來當作開場的入手話題。在前面的例子裡，小蔡也可以這麼開始跟同組夥伴攀談：「今天的天氣真的是熱死了，據說是十年來最高溫呢！等一下的活動好像要攀岩競速，熱成這樣怎麼比賽呀？」。或者小蔡可以選擇這樣開啟他的談話：「聽說營隊總指揮很厲害，他不只會玩，成績也超級優秀。你知道他『大王』的綽號是怎麼來的嗎？」。

◆談個人的想法或感受

小蔡也可以這麼說：「攀岩場看起來好高，好困難！我好緊張哦！你呢？」。

◆利用幽默輕鬆的語句來開始

小蔡跟夥伴這樣說起他在新生報到當天對班導師的印象：「我的班導師在我們報到第一天就非常嚴肅地叮嚀我們，『記住學生有三不：不遲到、不早退與不到校』，我一定會認真奉行老師的教誨！」。

(二)本文

第二部分就是對話的本文。根據Verderber等人（2006），將對話的本文依其性質大致區分為三類。

第一類是「閒聊」（small talk），包括寒暄、甚至討論八卦等等，都屬於這類最不具威脅性的社交對話。在這類對話中，對話雙方進行意見的交換，由於不涉及太多個人資訊，所以經常被視為是安全的對話內容，而在這個對話歷程中，彼此又能藉機探查對方的想法與價值觀念等等，以作為相互瞭解的參考。

　　第二類則是「一般社交對話」（casual social conversation）。在這類對話中，參與談話的人通常自然地討論一些話題，其目的主要為了強化或維持人際關係。

　　第三類是「問題－思考對話」（problem-consideration conversation）。這一類的對話通常具有比較正式的目的，期待透過談話解決某些議題或是獲得結論，在結構上亦顯得較為複雜，參與談話的人必須隨著主題脈絡來進行。例如同學們透過小組討論來確定期末口頭報告的呈現方式與內容，那樣的對話歷程就屬於此類。

(三)結尾

　　談話的第三個部分是結尾。不論是對話中的任一方或是彼此均有意結束談話，意圖結束的人會設法表達自己想要終止互動的意願。除了口語的直接表達之外，在這個段落亦常見間接或甚至非語言的表達方式，例如「為前面的談話做出總結」、「不再回應」、「開始看錶」、「開始收拾東西」等等，都可以讓對方知道自己已經無意接續對話。

二、對話的內容

　　我們常以為語言溝通是一個自發性的歷程，沒有什麼特定的規則可循，但是，讓我們試著想想：在複雜的談話歷程中，每一個參與者都有自己的意圖和目的，在這種意圖紛陳、目的各異的情況下，這些人如何能夠進行溝通？又怎麼使得溝通流程順暢呢？其實在談話的過程中，我們每個人都不知不覺地依照一個共通的談話法則，在這個法則中包括掌控對話的人如何分配彼此的說話次序，而參與談話的各方又如何各自取得獨立說話的時間，這個規則我

們稱之為「話輪分配機制」，以利於有系統地「轉換話輪」（turn-taking）。如果參與溝通的對象只有兩個人，那麼話輪（turn）將採用一來一往的方式進行。若是參與溝通會話的人數超過二人，語言的互動就變得複雜了。依據Sack、Schegloff及Jefferson（1974）的說法，二人以上的話輪轉換規則依序是這樣的：

1. 由正在講話的人來指定下一個講話的人，而被指定的人有權利也有義務承接話輪，而指定的方式除了直接指名之外，也可能透過手勢或眼神等非語言的方式進行。例如，當老師上課上到一個段落，可能會指定某一個同學回答問題，這時，在整個語言溝通情境中，那位同學會被團體期待為應該要接下來說話，而其他同學這時會保持沉默。

2. 由主動講話的人來承接話輪。有時候，因為當前講話的人並未指定人選以承接話輪，或是被指定的人選拒絕承接話輪，此刻就由其他在場的人當中第一位主動選擇接話的人取得話輪。在前面的例子中，如果被點名回答的同學一直沉默不語（抗拒接受語言接續的指定），老師問：「有誰能回答？」，於是，在班級裡主動回應答案的人，就掌握了接著講話的發言權。

3. 如果都沒有人承接話輪，接著發言權可能就回到原先講話的人。比如說，當老師問了：「有誰能回答？」，全班同學仍舊鴉雀無聲（沒有人接續語言對話的進行），接下來繼續講話的通常就是老師：「怎麼都不會呢？不是才剛教過嗎？」。

從這裡我們可以知道，說話不是一個無意的隨機歷程，而是依循一套社會認可的規則來進行的。如果所有參與對話的人都遵照這套規則，溝通應該可以順利進行。若是有人不遵照規則，則可能使得語言溝通中斷。以前面的例子來說，當老師指定某個人回答的時

候，如果每個同學都搶著要講話，這種規則被打亂且訊息混雜的情形，可能使得對話情境無法持續。

第二節　有效的溝通行爲反應

有效交談的重要指標是雙方的一致程度（coherence），也就是彼此在交談時顯出雙方的凝聚關係的程度。這個部分，我們分別從合作原則、歸功他人（crediting others）、輪流談話以及倫理原則四項重點來討論。

一、合作原則

Grice（1975）曾提出四個交談準則，組成他所稱的合作原則（the cooperative principle），並認爲可以促進彼此交談的凝聚力，使談話內容符合交談的目的。他所指出對話準則如下：

(一)量的合作（the quantity maxim）

提供對方足夠或需要的適量資訊，不能太少、也不要太過量。假如有人問你，爲什麼你認爲這科考試太難，要是你含糊不清地隨意交待幾句，或是因此發表了二十分鐘的演講，都不能達成談話中的「量的合作」，不只難以讓對方清楚你的意圖，你們的交談也難以繼續。

(二)質的合作（the quality maxim）

提供對方眞實的資訊。所謂訊息的眞實，並不只是避免故意撒

謊或扭曲事實，也要小心避免錯誤的表達。例如，如果有人問你是否知道公司為什麼會產生財務危機，你應該避免隨便猜測理由來說明。萬一你對於所知道的答案並沒有十足的把握，你就該誠實地告知對方：「其實我並不確定」。

(三)關聯合作（the relevancy maxim）

提供切題的資訊。不相關的資訊會破壞交談的凝聚關係。如果談話中的主題仍然持續，你卻提供不切題的資訊或是突然改變話題，都會讓其他參與者認為你違反了「關聯合作」的法則。比方，當大家正在討論老闆對部門的新計畫時，你卻一再述說你和老闆相處的難題，那麼你就會失去跟對方繼續談話的焦點了。

(四)態度合作（the manner maxim）

談話要具體且有組織，非語言行為同時也必須做一致的表達，比方，選擇跟對方一致的語言習慣。當我們提供傾聽者模糊的、矛盾的或無組織的資訊時，交談的凝聚關係將會受到破壞。如果有人要求說明如何使用新的影印機，通常我們會直接說明使用步驟，而不是令人困惑的漫談機器的廠牌特徵，更不需要特地利用艱澀難懂的外文來講解。

上面這四個合作原則，是我們用來檢視交談狀況及確認是否要繼續交談的準則，當我們察覺到對方並非依照這些準則在交談時，我們可能會重新評估溝通狀況。舉個例子來說，老羅和小朱站在飲水機旁，兩人聊起最近的不景氣跟員工的年終獎金，當老羅說：「唉！今年景氣真的很低迷，聽說年底發不出年終獎金了。」，如果小朱接著說：「水都不熱，飲水機好像壞了。」。對老羅來說，很可能會對小朱的反應做如下的推論：「她一定是不想談這個話

題，所以她才委婉地拒絕。」。老羅這個推論是根據小朱的回應所進行的有意識或無意識的分析，也可能老羅心想：「小朱明明聽到我的話了，但是她卻講了風馬牛不相及的話，難道她有什麼難言之隱，我先換個主題聊算了。」。不管老羅做什麼樣的猜測，都是根據小朱的反應而來的。

　　除了合作原則之外，Bach和Harnish（1979）又增加兩個準則，禮貌準則（the politeness maxim）和道德準則（the morality maxim）。要符合禮貌準則，說話者應該尊重談話的參與者，不能說令人不愉快或粗魯的話，並須注意對方所處的文化。而為了符合道德準則，說話者應嚴守倫理規範，避免洩露機密資訊、要求特權的資訊、要求聽者說不該說或做不該做的事，或是強迫對方討論不感興趣的話題。

二、歸功他人

　　歸功他人意指註解想法的出處，也就是不剽竊他人的話或是想法。在學期報告中，你會對你所引用或改述的內容，加上註解，同樣地，當你在語言溝通中借用別人的話或想法時，你也要歸功於原來說話的人。當我們的思想和情感被他人認可而尊重時，互動雙方的關係通常會比較好。

　　例如，美芳向社團裡的夥伴麗文說：「園遊會的時候，我們可以賣商品就贈送摸彩券，這樣說不定可以吸引比較多的人潮。」麗文覺得這是個好主意，隔天當社團夥伴們一起討論園遊會的事宜時，麗文提議「賣商品贈送摸彩券」引起了熱烈的迴響，社團裡的人不斷誇麗文有創意、是個點子王。這時原創者美芳，可能會覺得被利用或是受傷害。假如麗文直接把功勞歸於美芳，說：「美芳有個好點子，我們賣商品贈送摸彩券，大家覺得如何？」社團同伴的反應可

能同樣熱烈，而且美芳也會覺得欣慰，因為她的主意得到讚美。

三、輪流談話

第三個交談凝聚程度的層面就是「轉換話輪的技巧」，也就是依適當的順序來進行交談，讓參與對話的人能輪流談話。運用轉換話輪的技巧有以下一些原則：

(一)避免頻繁發話

我們很容易自認為有學問就必須多講一點，然後自己一個人就操縱了整個交談的過程。其實，交談中的每個人最好有差不多的談話時間和機會。如果你發現你談話的次數是別人的兩、三倍時，那麼你就說得太多了。為了管制自己，可以先在心裡想著是否每個人都談過話了，你才可以談第二輪。

(二)避免一次說太長

這個原則跟Grice的量的合作原則有點雷同。每個人都很容易對那些長篇大論的人有反感，而比較喜歡能夠在平衡談話中適度地「取」跟「予」（give and take）的人。如果你每次敘述的長度都超過別人的敘述太多，你的談話時間就太長了。

(三)注意談話輪替的線索

Duncan和Fiske（1977）曾指出一些輪替談話的線索，包括：語氣（vocal tone）的型態，像聲音放低、音調降低和表示一個觀點結束的明顯姿勢，當你觀察人們談話時，要注意那些線索；然後，在進行交談時，依循這些線索來跟他人輪流說話。

(四)引導接續交談

　　有時候，輪到談話的人，可能放棄不講，於是就由別人來繼續發言，這時應注意引導另一個人來接續交談。例如，老李沉默不語，眼神望著同事小王，這時表示輪流談話的優先權在小王。

(五)適時中斷談話

　　交談中常發生中斷談話的現象。一般而言，為了「澄清」和表示「同意」（確認）而打斷談話，是交談中的每個人較能接受的。有些時候中斷談話是破壞性的中斷，例如，改變話題或漠視對方的談話，就會引起別人的不悅或破壞談話的進行。

(六)敏察非語言訊息

　　在交談過程中，藉非語言行為的觀察來瞭解當時的情境是很重要的。如果你中斷了別人的談話時，卻發現他們瞪著你看或有不滿的聲音，就要表示道歉，並把談話權交回。或是在談話過程中，發現別人對你的話題沒有回應，態度也不專注，那麼就要想想自己是否占用了太多說話的時間跟機會。

四、倫理原則

　　還有一項有助於交談的對話法則就是倫理原則。Johannesen等人（2008）曾經指出，合乎倫理的對話具備以下特質：

(一)真誠（authenticity）

　　真誠坦率地與談話的參與者就主題進行訊息的交換或討論是相

當重要的。不需要敷衍造作，更不需要口是心非，不論同意或不同意對方的論點，均真實地提出自己的看法，並真誠地適時接納別人的意見，允許他人的想法或回應與自己不同。除了必須發自內心之外，亦可以藉由專注傾聽來傳達自己的真誠態度。

(二)同理（empathy）

堅持自己的想法與立場並不代表就必須完全駁倒別人的說詞。瞭解對方的論點並表示接納亦非常重要，站在對方的位置設法「理解」並「接納」並不等同於「接受」，更不表示自己的論點就完全站不住腳。在談話過程中，彼此因為立場、經驗等等的不同而出現不同意見其實非常自然，須盡可能同理，不需要爭得你死我活、面紅耳赤，非得論輸贏對錯不可。

(三)肯定（confirmation）

允許對方跟自己不同，在許多論點上，不論同意與否均給予對方正面的回應。當對方的說法跟我們一致時，彼此在同心同感甚至同仇敵愾的氣氛下，表達正向的言語通常比較容易。當對方跟我們的立場不一致甚至根本就完全違逆我們的想法時，仍然保持正向積極的表達就困難得多。允許對方跟我們不同並且相信每個人都有自己的獨特性是正向肯定的根本信念，抱持這樣的根本信念應較能以肯定的方式來參與對話。

(四)同在（present）

所謂「同在」指的是一種完全投入參與的態度，在過程中完全融入在談話情境中，設法避免外部的干擾，並集中心思專注在彼此的對話中。因為「專注同在」，當然就不會有雞同鴨講的狀況，也

不至於會出現恍神，「尊重」的態度將自然表現。

(五)平等（equality）

　　平等的意思指的是在談話情境中，平等對待每一個參與對話的人。不因為個人的好惡或甚至因為個別身分角色地位的高低而出現差別待遇。如果在對話中獨尊地位較高的人，或是特別強調自己的權勢，吹噓自己的豐功偉業，那麼就違反對話的倫理法則，彼此的談話也難以持續。

(六)支持（supportiveness）

　　運用鼓勵與開放的言詞來回應他人的談話，通常有助於彼此的溝通。提供支持能帶來正向的溝通氣氛，也有助於彼此的互動持續並且朝向積極友善的方向發展，正向的回饋與讚美都是能夠提供參與者溝通滿意的談話方式。

　　除了Johannesen所提的這幾點之外，保密（confidentiality）也是個重要的倫理法則。隱私屬於個人不可侵犯的權利，未經當事人同意不應該散布關於他人的資訊，除非資訊的提供係基於法令的規定或因為公共利益的需要。因此，在談話的過程中，應該審慎考量避免不必要的訊息傳播，亦應當注意談話情境中可能存在的自身資訊洩露的危機，言談中注意場合且適當調整音量，除了可免於干擾他人之外，也能保護自己及交談參與者的隱私。

第三節　不適當的溝通行為反應

　　就算是很高明的溝通者，有時候也會因為反應不當而出現問題，但是良好的溝通者能在犯錯的時候很快的覺察而加以修正，

也會在未來的溝通中避免再犯。引起他人的心理防衛或傷及自尊，以及無法有效達成溝通目標的反應，都是不適當的反應。除了我們在前面章節已經介紹過的，會阻礙有效同理的評斷式的反應（judgmental responses）是溝通行為中的不適當反應之外，另外還包括：離題的反應（irrelevant responses）、轉移話題的反應（tangential responses）、不連貫的反應（incongruous responses）、切斷話題的反應（interrupting responses），這幾個不當反應都會有礙於交談的持續進行。

一、離題的反應

離題的反應（違反了Grice所提出的關聯合作準則是指無關談論主題的反應，忽視說話者的訊息。莊先生下了班回家，滿腹憂愁地跟太太說：「我很擔心我那個環境永續的企劃沒辦法推動。」但是莊太太卻回應道：「哦！嘿！我聽說五月天要來開演唱會，我好想去哦！」。你覺得，莊先生還願意跟太太繼續分享他的困境嗎？當人們說的話被忽略，他們會懷疑對方沒有專注傾聽，甚至也會懷疑他們的言論根本不被重視。

二、轉移話題的反應

轉移話題的反應在本質上屬於一種離題的反應，只是表現的方式略顯得婉轉些。雖然轉移話題的反應表示「聽到了」對方的話，但是卻會帶來離題的反應一樣的結果。莊先生跟太太說：「我很擔心我那個環境永續的企劃沒辦法推動。」，莊太太回道：「沒什麼好擔心的！上次我提的企劃也是失敗啦！唉！那次好可惜呢！」。雖然莊太太聽到莊先生的敘述了，但是卻把話題轉移到自己的經

驗，當她開始長篇大論叨叨敘說起自己過去的經驗，對莊先生來說，只會覺得他所關心的事似乎並沒有重要到值得討論，這種反應方式會讓人出現負向感受而且損及對方的自我價值。因為莊先生認為自己提出的是一個重要的問題，也因此才慎重跟太太提起，但是因為莊太太並不打算參與討論主題，可能就會影響彼此的關係。

三、不連貫的反應

不連貫的反應就是指語言訊息和非語言訊息的不一致。莊先生一進家門就興高采烈地說：「好棒！今天我提了一個環境永續的企劃案，我們老闆看得超認真。」。莊太太（用漫不經心的語氣）：「不錯啊！我相信你的能力！」。表面上莊太太似乎瞭解也肯定先生的話，但是她的口氣卻讓先生無法確定太太的真實態度。由於非語言訊息通常比語言訊息更具影響力（influence），可能會讓莊先生覺得太太不以為然，於是產生挫折感，進而在彼此的關係中造成阻礙。

四、切斷話題的反應

切斷話題的反應（違反輪流談話的規則）是指別人都還沒把話說完，就隨便插嘴，打斷他人談話。莊先生說：「我很擔心這個環境永續的……」，莊太太急著打岔回道：「沒什麼好擔心的！環境永續有什麼大不了，每個人都在說我們只有一個地球，無聊死了！上次那個什麼政論節目不是還找了一堆專家學者什麼的……」。我們很容易不適當的切斷別人談話，有時候覺得自己現在要說的比較重要，有時候自以為是的認為已經知道別人要說什麼，有時候我們根本不專心聽別人說話。切斷話題的反應會傷害別人的自我概念，

或引起他人對我們的敵意，也暴露了我們的弱點，或許是缺乏敏感度（sensitivity），或許是不必要的優越感。每個人都需要充分表達他們的觀點和感受，因此我們需要隨時提醒自己，自問是否必要打斷他人談話，或者其實我們可以等別人先把話說完。

 第四節　網路世界的對話規則

隨著時代變遷，人際溝通的形式越來越多元，網路世界的溝通是近來成長最為快速的一種。所謂「網路溝通」（Internet Communication）指的是透過資訊技術進行溝通的一種型式，包括有電子郵件（electronic mail, E-mail）、網路通話（Internet Phone，例如Skype、LINE），以及即時通訊（Instant Messaging，例如Skype、WhatsApp、QQ）等等；也有人稱它為「以電腦為中介的溝通」（computer-mediated communication, CMC）。

一、網路溝通的特性

網路的發展對於溝通的模式帶來相當根本的改變。張維安（2002）認為網路溝通具有以下特性：

(一)互動性

任何溝通內容，不管是語言文字或是影像，在數位化之後，都可以在網路上自由傳輸，而且基於網路的雙向特性，這些溝通不限於單方面的陳述，甚至可以在一個公開的討論空間中展開，更不受限於互動的時間地點，只要能連結上網際網路，就可以進行溝通。

(二)超文本

由於網路的互動性強，使得閱聽或者理解溝通內容根本沒有規律可言。網路使用者可以在尚未看完全文的情況下，跳至另一段相關的文章繼續閱讀，之後還可以繼續跳到別的地方取得想要的資訊，而不一定要謹守在原文中。這種在不同內容間跳躍並隨時可以接續的方式，形成一種沒有開始也沒有結束的獨特閱聽或理解模式。

(三)非線性

傳統的談話勢必存在話輪的轉換，也就是必須在一方陳述完之後，接著換另一方進行陳述。然而，網路上的溝通習慣卻往往違反這樣的線性方式，呈現一種非線性的溝通模式。比方在facebook上跟在線的網友進行聊天互動時，我們所回應的話通常是根據對方的前一句或甚至更早的訊息，而當我們正在書寫回覆的當下，對方亦可能同時依據我們的前一個訊息正在寫下回應。這樣一種非線性的溝通模式顛覆了傳統的說話原則，不必等待對方的回答就可以繼續說話。當然，在某些情況下這種方式也會讓雙方對於訊息都感覺困惑。

(四)匿名性

網路溝通的另一種特性就是匿名。即使目前影音及視訊溝通發達，但由於缺乏面對面的互動，溝通雙方仍然缺乏足夠的情境線索。在可以匿名表達自己意見的情況下，每個人都能暢所欲言，盡情闡述自己的意見，而且沒有身分地位的差別，每個人都有同等的發話機會，可以就事論事來討論。不過，在匿名的情況下，經常也

使得發話者產生不用為自己言論負責的僥倖心理，使得討論的內容出現言不及義或是根本缺乏實證，甚至謾罵攻訐。

二、網路語言的特殊性

繼網路成為新興溝通管道之後，逐漸出現新的特殊文化群體。這群人經常花很長的時間在網路上逗留，也習慣利用網路與人互動。這個特殊文化群體的網路溝通語言稱之為「網路語言」（Internet Language），網路語言的創造不限於何人何時何地，它的創造非常迅速，而且任何人都可能隨時創新網路用語。網路語言的語言風格不同傳統的語言，張慧美（2006）的研究即指出，網路語言的語言風格具有以下特徵：

(一)諧音化

一般而言，青少年是網路的積極使用者。由於網路不具時空限制的特性，他們的敏銳、創造和新潮，甚至跳脫尋常邏輯之新的表達方式，將語言的詼諧幽默在網路上發揮得淋漓盡致。例如：3Q3Q（thank you、thank you）、板豬（版主）、瘟酒吧（WIN98）等網路語言都因其諧音顯出趣味。

(二)形象化

網路語言中，大量使用文字符號和鍵盤符號所組合而成的臉譜標記，這些符號組合巧妙地強化網路語言的表現力。例如：用 :-D 表示開懷大笑，用 *^.^* 表示臉紅，用 @_@ 表示眼花撩亂等等，這些網路符號增加了網路互動的可視性，十分生動，也頗能提高想像力。

(三)簡捷化

網路溝通重視效率，只要你知我知，訊息能省則省，力求方便。因此，在網路語言中，出現大量的中英文縮寫，透過這些簡捷明快的表達，節省互動時間並提高溝通效率。例如：BF（boy friend）、av8d（everybody）、有D（有的）、44K8（試試看吧）、BB（bye-bye）等。

(四)隨意性

網友身處網路虛擬空間，往往擁有比現實社會中更加充分和自由的話語權，具有極大的隨意性。網路語言既有文字又有數位，中英文夾雜，不只有全稱，還有簡寫，既有符號又有形象，甚至為求迅速出現大量同音字詞。網路語言沒有特定的語法系統和基本詞彙系統，它只是在標準漢語詞彙內部，對某些詞語之形音義的結合做出新的調整，它有著不受語法制約的隨意性。因此，網路上便出現以「偶」代替「我」，甚至出現將「整理『儀』容」寫成「整理『遺』容」的例子。

(五)創造性

網路為每個人提供充分發揮想像力和創造力的自由空間，在網路語言中，既有舊詞新意又有舊詞素的新組合和網友的新創造，既體現了敢於挑戰權威，標新立異大膽想像的新精神和創新能力，又讓人感到新鮮新奇。例如：菌男（俊男）、霉女（美女），帶有很強的反諷意味；恐龍（醜女）、灌水（在BBS上發表冗長空洞的文章，add water的意譯），則是帶有很強的比喻色彩。

三、網路溝通的原則

因應網路溝通的新趨勢,網路世界逐漸形成一套溝通原則,甚至有謂「網路禮儀」(netiquette),這個字由「網路」(net)和「禮儀」(etiquette)所組成,其定義為:在網路互動中被贊同的禮節和儀式,也就是互動參與者在網路利用上所需要遵循的禮節或行為表現的守則。根據Virginia Shea(1994)在*Netiquette*一書所提及的網路禮儀包括以下十項準則:

(一)記住別人的存在(remember the human)

網路提供一個空間,讓來自世界各地的使用者得以共同聚集,這是高科技所帶來的優勢。但是,因為我們在互動時面對的就是「電腦螢幕」,於是經常容易忘記我們所互動的對象其實是「人」,對方跟我們一樣,會有情緒起伏。當我們遺忘自己正在跟其他人打交道時,我們的行為容易變得粗劣和無禮。因此「網路禮節」第一條就是「記住人的存在」,己所不欲,勿施於人!如果我們平時當著面不會說的話,那麼在網路上,也不應該說。

(二)行為一致(adhere to the same standards of behavior online that you follow in real life)

在現實生活中,大多數人都會遵守法紀,而同樣地,在網路上也應該如此。有些人以為在網路世界中,不需要遵守法律或是倫理道德的規範,這是嚴重的錯誤。網路世界中的道德和法律要求,與現實生活中是完全一致的,不要以為在線上與電腦交易就可以降低道德標準。

(三)入鄉隨俗〔know where you are in cyberspace〕

　　不同的論壇有不同的規則，在一個論壇可以做的事情在另一個論壇可能不被接受。比方說在聊天室聊天並因此傳遞自己聽說的某些傳言，和在一個新聞論壇裡發布傳言是很不同的。在進入一個新的網路空間後，最好先觀察一些內容後，瞭解該網站文化後再發言，這樣即可知道可發表的言論或可以接受的行為為何。

(四)尊重別人的時間和網路頻寬資源〔respect other people's time and bandwidth〕

　　現代人幾乎都甚為忙碌，在寄發電郵或是傳布資訊時，應該避免讓人浪費時間。當你試圖在網路中提問或是發布訊息之前，應該先花些時間搜尋和研究網路已有的資訊，如果同樣的問題已經討論多次，或同樣的資訊已經發布過，就不要再浪費別人的時間以及網路上的空間資源。要記住，你不是網路上的焦點，你得學會尊重。

(五)在網路上留個好形象〔make yourself look good online〕

　　因為網路的匿名性質，沒有人能知道你的膚色、髮色、年齡等等，但是，雖然別人不能從使用者的外觀來判斷，卻能透過你的網路言行來認識你。要注意你的用字遣詞，發言或評論之前應該仔細檢查你的語法和用詞。對於不熟悉的主題不要隨便大放厥詞，更不要故意挑釁和使用不雅文句。

(六)分享知識〔share expert knowledge〕

　　由於網路能很快地聚集各路人馬，因此，就算每個人都只貢獻

一點點知識，仍然能夠匯聚成相當豐富的資訊。切莫吝於與人分享你的所知，而當你提了一個有意思的問題而得到很多回答時，你也可以試著彙整這些知識與心得，放到討論空間裡與大家分享。

(七)平心靜氣地爭論（help keep flame wars under control）

「爭論」是很正常的，它有時亦可被視為一種發表或回應的方式。在網路世界中並不是禁止論戰，但若淪為人身攻擊，便顯得相當不妥，即使有不同意見看法，都要以理服人。

(八)尊重他人隱私（respect other people's privacy）

在現實生活中，你應該不會隨便打開別人的抽屜；同樣地，在網路世界，你也不該隨便開啓別人電子郵件信箱或是私人聊天室等等。別人的網路使用記錄屬於隱私的一部分。如果認識某個人用筆名上網，未經同意就將其真名在論壇中公開，也是不尊重的行為，並且可能觸法。如果不小心看到別人打開電腦上的電子郵件或其他網路訊息，你都不應該繼續散播。

(九)不可濫用權力（don't abuse your power）

有些人在網路世界中擁有較大的權力，比如系統管理員、版主等等，這些人應該珍視自己的權責，切不可濫權，例如，因為自己的權限較高，便偷窺他人的電子郵件內容等，都是不適當的。

(十)寬容別人的錯誤（be forgiving of other people's mistakes）

每個人都曾經是網路新手，也都會有犯錯的時候。如果看到別人寫錯字、用錯詞、問了一個不適當的笨問題，或甚至寫了一篇根本沒必要的長篇大論時，不要太在意。在你決定回應他之前，再想

想！要是你眞的很想給他個建議，那麼最好利用電子郵件私訊，不需要公開回應。

摘　要

　　一段「談話」或稱「對話」是由對話雙方所共同建構的。因此，在對話過程中，交談雙方自然而然地對於彼此的對話結構以及對話內容進行協商，使互動得以開展與持續。談話包含三個部分：開場、本文以及結尾。在談話的過程中，我們都依照一個共通的談話法則，這個規則我們稱之爲「話輪分配機制」，以利於有系統地「轉換話輪」（turn-taking）。有效交談的指標在於一致程度，包含有合作原則、歸功他人、輪流談話和倫理原則。不適當的反應會干擾溝通，阻礙彼此關係的發展。不適當的反應除了評斷式的反應外，還包括：離題、轉移話題、不連貫和切斷話題的反應都頗爲常見。網路世界的對話規則與面對面談話不同，語言風格亦迥異於傳統談話，網路溝通須注意網路禮儀。

練習一

在課後試著找一個陌生人聊天，練習用不同的開場策略，並進行一般社交對話。在結束後進行自我評估。

練習二

在班級中三人一組進行練習，甲和乙進行十分鐘對話，丙觀察。對話的主題可以選擇「為什麼我喜歡這個科系？」、「墮胎的優點和缺點」或「吸毒或酗酒的處理」或是任何三人有興趣的話題。談話結束後，三人一起就有效交談的指標，包含合作原則、歸功他人、輪流談話和倫理原則等，來評論剛才的談話是否為有效的溝通，並且相互回饋是否出現不當的溝通行為。然後換甲觀察，乙和丙對話；之後再由乙觀察，甲和丙對話同樣的時間。

練習三

請寫下你最常使用的網路溝通工具，並跟同學們討論，你們有哪些慣用的網路語言？請跟同學分享，關於網路禮儀的十項準則，你有什麼看法？

第八章

如何運用溝通發揮人際影響

　　曾經有一個笑話是這樣的，有一個鄉下來的老先生，一日被邀請到一位城裡的富豪家中作客，富豪留老先生在家裡用餐並且好意款待，於是交待廚子做最拿手的西餐料理。老先生從來沒有吃過西餐，心中十分惶恐，就打定主意，主人怎麼做就跟著怎麼做。用餐的時候，先上來的是生菜沙拉，老先生看著沒有煮熟的生菜，皺著眉頭，也跟著裝模作樣地吃了，等到主菜上來了，老先生學著主人的模樣，一刀一叉地切開牛排，看著牛排肉半生不熟的樣子，老先生心頭忐忑不安，正巧見富豪將切下來的第一塊肉餵給了旁邊的狗兒，心中終於放下一塊大石「有錢人吃飯真麻煩，飯前還先用塊半生肉來餵狗」，為了掩飾自己從沒用過西餐的窘況，老先生急急將整塊牛排都給了狗兒……。

　　在現實社會生活中，只要我們和他人共處在一個時空背景下，不管是有意或無心，我們的行為及想法都可能正在影響著他人，並且受到他人的影響。比方說，你買了件新衣服，讀了一本新書，你可能就因此而影響了你的朋友，讓他也想買件一樣的新衣，或因為與你的交談而對你剛剛提起的新書感到好奇。老師、父母也常常在無意間影響學生或孩子，成為這些年輕人模仿的對象。這種透過人際之間互動溝通而接納他人的訊息作為自己參考依據的現象，稱之為社會影響（social influence）或人際影響。人際影響力是一種可以讓他人在態度或行動上改變的能力，也是人際溝通的重要層面。

　　過去我們將有意圖的影響行為稱之為說服（persuasion），近來，亦有文獻用「獲得順從」（compliance gaining）來說明。接下來我們會介紹如何經由說服而獲得順從，並說明如何以合乎倫理的方式來進行人際影響，以及在面對社會影響情境中自我肯定

（assertiveness）的重要。

第一節　人際影響力來源

　　自1950年代開始，French和Raven（1968）提出強制、酬賞、權威、專家和指示等五種影響力的來源。隨後影響力的研究和分類相當多，不過社會影響力大致可以分為下面幾種：

一、強制的影響力

　　強制的影響力（coercive power）來自身體或心理受到傷害的感覺。身體上的傷害可能是因為受到對方體力上的威脅或是對方持有武器；心理上的傷害可能來自脅迫感、擔心被拒絕或孤立，以及任何強制接受的壓力。事實上，別人是否果真表現出這些具脅迫性的壓力，並不重要，重要的是我們「認為」別人的行為對我們具脅迫性。當我們預期別人可能會傷害我們時，那麼對方就已擁有改變我們的力量。

　　很多人不能自我肯定，自覺受到威脅。這些人覺得別人具有攻擊性，會傷害自己，他們擔心如果自己堅持自我肯定，更會遭受對方嚴厲的處罰或激怒對方使自己受傷害，因此雖然別人不見得真的威脅了他們，但是他們卻把強制的權力主動交給別人。

二、酬賞的影響力

　　提供金錢、物品、情感等都是運用酬賞的影響力（reward power）。如果酬賞的重要性足以彌補順從的代價，酬賞就能發揮功

211

效，也就是說這個酬賞必須對於個人的重要性高於被控制的資源成本，酬賞的影響力才能產生。例如，你知道報告若寫得好，會有好成績，如果成績對你是重要的，那麼成績這個酬賞就能促使你認真準備。反過來看，假設成績對你而言並不重要，你向來只求及格就好，甚至若是萬一不及格，你也不至於太在乎，這時你所付出的就可能比較有限。另外，酬賞的力量也必須在個人相信對方有能力負擔酬賞時，才會有效。如果你的上司答應你，若把某件工作做好，會考慮晉升你的職位。你若不認為上司有權力晉升你，你可能仍然不會去做它。

有些人不能自我肯定是因為擔心失去他們應得或已得的酬賞。如果小朱的上司給他的工作量太多，他雖認為不公平，但是小朱卻可能因為擔心上司會為此而不讓他加薪，於是遲遲不願意為自己爭取公平的權益。很多人經常以為屈服就能換取酬賞，所以甘於被別人所利用。

三、法定的影響力

影響力來自被選擇、被推舉或是具有某種特定地位，稱之為法定的影響力（legitimate power），又叫權威的影響力。影響力的形成主要是因為人們相信在某種職位的人有責任使用影響力。所以我們把權力交付總統、立法委員、市議員等，因為這些人被選擇來負擔特定事務。我們也把權力交給老師、法官、警察，因為這些人被指定來行使某些工作。我們還把權力交給父母、長輩，或是家中較年長的子女，因為這是傳統或文化規範。

法定或權威影響力在我們的社會中頗受重視，但是有些人則過度恐懼權勢。身為議員、老師或父母，並不表示他們絕對正確，有些人交給這些有權勢的人過多的權力，於是可能有的人受到官員不

公平的對待，或是必須去巴結有權威的人，這兩種行爲都不適當，因爲會更貶低個人的自我價值。不過，認清自己的權威，對於如何建立自己的影響力很重要。讓自己能夠擁有影響力的方法之一，就是瞭解自己具有哪些權威地位，其他人很可能不只接受你對他們的影響，甚至還因爲對你的認同而期待你能主動去影響他們。

四、專家的影響力

專家的影響力（expert power）來自於對某些特定領域的豐富知識。當你認爲對方具備你所需要的知識時，他就對你產生專家影響力。教授對班級學生有專家影響力，因爲他們有學生所需要學習的知識；教練對球員產生專家影響力，因爲他們有球員所期待瞭解的知識技能。

有些人無法自我肯定的原因來自於低估自己的專家能力。學生或許很難在教授專長的領域向教授挑戰，但是若認爲對方是教授，所以無論任何領域都具專家影響力，那麼就顯得不智了。我們太容易被專家影響力所矇騙，例如，在買衣服時，我們很可能輕易受到店員的影響，只因爲他們是賣衣服的，所以想當然爾地認爲店員比我們更瞭解衣料或時尚。但事實上，店員不見得是因爲他具備相關知識而受僱，可能只是他的口才好、擅長說服，因此店員的判斷未必適合我們。充實自己的專業知識是一個增加社會影響力的良好途徑，當我們擁有豐富的知識，而且被公眾所認可，別人將比較容易接受我們的判斷及說法。但是缺乏專業影響力並不可恥，我們不需要因爲擔心自己在別人面前顯得無知，就放棄自己的想法，任何時候我們都有「問」的權利。

213

五、參照的影響力

藉由形象、吸引力或人格特質來影響他人，就是參照的影響力（referent power），它主要是以認同為基礎，而喜歡或吸引力是引發認同的重要條件。我們常常會賦予別人這類的影響力。比方說，如果你的一位好朋友向你推薦一家餐廳，你可能會決定上哪家餐廳用餐，你這樣做或許根本沒有別的理由，單純只因你的好朋友推薦。

六、資訊掌握的影響力

資訊是社會判斷的重要依據，因此，人際之間由誰掌握訊息或資料，誰就具有比較大的影響力。在組織結構中，領導者（leader）常占據資訊流通的關鍵位置，其所提供的資訊很容易讓人不經過思考就決定順從。例如，單位主管說：「我昨天到總公司開會，聽說我們單位明年度要裁併……」，大部分員工可能會在無法確定真實狀況的情形下，就根據這樣的訊息感到人心惶惶，甚至開始另覓出路。

 ## 第二節　獲得順從的策略

順從指的是個人依循特定要求而出現符合他人期待的行為反應，順從的反應通常是為了得到酬賞、逃避處罰或是為了其他原因。但這樣的行為改變不一定表示內在的信念與態度也跟著改變。因此，在獲得別人順從的策略上，如果是以酬賞或處罰為代價，那麼可能必須付出較大的成本，或是要有心理準備，這麼做將引起他人不滿。

　　許多人際影響的研究均曾討論到獲得順從的策略。O'Hair和Cody（1987）將獲得順從的技巧概分為七類：

1. 直接強求（direct-request strategies）：直接強制要求他人順從，例如，「借我五千元。」

2. 交換條件（exchange strategies）：試圖藉由交換來尋求他人順從，例如，「如果你借我五千元週轉，這兩星期我就接送你上學。」

3. 分配策略（distributive strategies）：其實是強制他人順服，但是卻利用別人的罪惡感來完成，例如，「拜託！才借五千元而已，不然我的電腦沒錢送修，報告交不出來，我會被當。難道你希望我被當？」這類策略雖然容易成功，但是一般而言，被認為有違人際溝通倫理。

4. 恭維誘導（face-maintenance strategies）：以感性的方式拐彎抹角地要求，例如，「我是真的決心要振作，但是我的電腦如果不修好，我根本沒辦法如期交報告，我也不敢跟我媽說，她早就對我不抱指望了，要是手邊能多點錢週轉就好了。」

5. 辯理論證（supporting-evidence strategies）：提出足以讓對方順從的證據或理由，例如，「我必須趕快把我的電腦修好，否則我無法處理報告，只要跟你週轉五千元修電腦，我可以立下字據，下星期一我媽就會馬上匯錢給我，我就會立刻還你了。」

6. 利己利人（other-benefits strategies）：陳述對方得利的理由來使人順從，例如，「如果我的電腦快點修好，就不需要老是借你的電腦使用，最近一直耽誤你處理自己的功課。」

7. 訴諸同理（empathy-based strategies）：利用他人對自己的情

感與彼此的關係，例如，「好啦！拜託啦！我們一直都是有
福同享、有難同當的好哥兒們，你忍心見死不救？我只是需
要週轉而已，你不幫我誰幫我嘛！」

這七種方法雖然常見，但並不一定都適當。除了以上所提及的
這七大類方法之外，我們也常利用一些技巧或策略，來誘使別人於
不知不覺中順從我們的意思。讓他人順從的策略主要是根據下面這
兩項原理所形成：

第一項原理為「腳在門檻內」的效果。其實「腳在門檻內的效
果」（foot-in-the-door effect）就是俗話說「得寸進尺」的意思。當
我們勸誘對方接受我們所提出的一個小要求之後，繼而進一步提出
更大的要求，此時對方接受的可能性會比較高。比方說，先要求家
庭主婦簽名表示支持環保運動，然後再拜訪這些主婦請她們實際參
與垃圾回收的工作。如果這些主婦曾經同意簽名表示支持，後來願
意參與垃圾回收的可能性將較大。這個效果的產生主要是因為每個
人都期望維護自尊，表現前後一致的形象。以前面的例子來說，這
些願意簽名的主婦們因為自己已經表現出「關心環保」的形象，所
以面對參與垃圾回收的要求時；除非這個要求大到無法容忍，否則
為了維護自己前後形象一致，接納後續要求的可能性很高，而這也
是基於印象整飾的觀點而來的。

此一策略在推銷工作上經常被引用，大部分的推銷員都會在一
開始的時候只要求你「聽看看、參考看看、不一定要買」，等到推
銷員進了門，或是你開始傾聽他的推銷內容，大部分人都會多少被
誘發買一些商品，其道理就在於此。

第二項原理為「閉門羹」效果。所謂的「閉門羹效果」（door-
in-the-face effect）指的是，當一個人拒絕了他人的初始要求，則他
會比其他未做初始拒絕的人更容易順服另外的要求。舉例來說，如

果朋友開口跟正華借五萬元，五萬元對正華來說數目稍嫌龐大，實在很爲難，跟著朋友改口借五千元，這時候正華借出五千元的可能性會比朋友一開口就直接借五千元的機會要來的高。

　　造成這種效果必須有兩個配合的條件，其一是初始的要求必須很大，使對方會拒絕，但仍不致產生負面的感受；其二是初始提出要求與後續提出要求的對象必須是同一個人，而且時間間隔越短越好。

第三節　說服：符合人際倫理之獲得順從的策略

　　說服是一個合理獲得他人順從的方法，它主要運用論證而不是脅迫，並且必須允許別人可以自由選擇是否接受你的影響，而這也就是Paul Keller和Charles Brown所重視的人際倫理（interpersonal ethic）的概念。傳統上，說服講求——說之以理（reasoning）、取之以信（credibility）和動之以情（emotional needs）。

一、說之以理

　　亞里士多德認爲人類與動物最根本的區別就是人有「理性」。「理性」是一種能夠思考的能力。思考什麼呢？思考著我們「爲什麼」這樣做？「爲什麼」那樣做？換言之，我們所思考的就是我們憑藉以識別、判斷、評估我們自身行爲實踐的理由。想想昨天晚上你做了些什麼事，也許你窩在沙發看了一晚的電視，你很容易就能爲這天的行爲找到理由，「爲什麼」看了一晚的電視？理由也許是：那天的戲劇正好是完結篇；我需要放鬆；反正沒什麼事可做！

這些都是理由。

　　不管我們憑藉以行事的理由是基於真實或想像而來，只要經過理性的思維，看起來行事的理由充分，當我們試圖說服他人或說影響他人時，我們的成功機率便大為提高。然而，在試圖影響別人的信念或行為時，我們必須選擇一個對方可能接受的理由。例如，想要鼓勵學生繼續住在學校宿舍，我們必須找到具有說服力的理由；比方，學校住宿可以睡得比在校外賃居晚一點、上課絕不至於遲到，符合經濟效益，而且比較能夠跟老師及同學有更多時間互動等等。有時候一個適當的好理由必須費心尋找，我們可以利用下面的原則來篩檢較具說服力的好理由：

(一)最具支持力

　　有些理由雖然是事實，但卻不夠強而有力。例如，企圖說服學校支持系友組織的理由中，「幫助系友情感連結」的說服力就比較弱，雖然這個理由仍然具有某些價值，但顯然不夠強而有力。「有系統地統整系友力量並促進跟學校的連結」似乎就比前述理由來得更具說服力。

(二)有充足資料

　　有些理由雖然蠻不錯，但是因為缺乏事實依據，所以就顯得薄弱。以前面的例子來說，「有系友組織的系，系友跟學校的關係緊密，對校系的印象以及評估過去受教的滿意度都較高」，如果有事實可做依據，它就會是個成立系友組織的好理由。但是若缺乏外系學生滿意度的真實資料支持，這個理由反而容易失之空泛。

(三)具有震撼力

　　想讓對方接受的理由必須具有衝擊性。因此也必須夠瞭解對方，才能知道是否足以對所要說服的人造成震撼。例如，學校高層為因應系所評鑑，特別關注畢業生表現以及所關聯的各系教學改善機制，這時如果以「藉由系友會建立與畢業生的溝通管道，確實瞭解教學過程與產出的問題及改善之道」為理由，應該比較容易獲得學校支持。

　　如果讓我們對照O'Hair和Cody所列之獲得順從的方法，其中「辯理論證」和「交換條件」即是依「說之以理」的策略。

　　1.辯理論證：在於提供理由或證據以獲得對方順從。利用這個方法時，通常我們的說法會是：「我建議你繼續全職讀書的理由是這樣的……」，或「我不認為你需要休學，你的成績不錯，而且你去年的獎學金總額已經足夠支付你這學期的學費，加上你抽中了學校宿舍，也申請到學校工讀，生活開銷不成問題」。

　　2.交換條件：這個方法主要是利用彼此的交換來尋求他人順從。雖然交換條件不是以理由的型態直接提出，但卻含有理由的意味。運用這個方法時，你會說：「我教你微積分，但是我的經濟學需要你幫忙指點」，或是「如果你們能送貨到家，我就接受你開出來的價格」，這種方法有協議的成分。

二、取之以信

　　當人們被信任時，說服他人的成功機率會較高。根據溝通中的SMCR理論（指Source、Message、Channel和Receiver，為溝通的

基本模型，自Shannon及Weaver於1949年提出後，不少溝通學者均在此基礎上進一步發展溝通理論，故SMCR可謂溝通模型的根本架構），訊息的來源跟訊息傳播的接受度高度相關，如果訊息來源的可信度較高，溝通傳播的效果會較好。很多時候人們在做決定時會尋求捷徑，也因此會依賴別人的判斷，如果我們信任這個訊息提供者，通常我們對於他的判斷及所提供的資料比較能接受。

(一)信任的特質

我們並不是盲目決定信任誰，通常我們會相信那些看起來似乎具有我們所重視的特質的人。雖然這些特質有不同的分類方式，不過可概分為專業度、可信度和人格特質等三項。

◆專業度

我們認為具備專業學識的人比較有能力，因此他的判斷可能比較正確。專業度包括豐富的知識，能提供好的建議，有自信，而且思路清楚。如果婉玉覺得她的朋友美珊對數字有足夠敏感，對於投資理財有相當研究，婉玉不只可能會依賴美珊的幫忙來處理所得稅，甚至聽從美珊對於財務預算的建議。

◆可信度

當我們認為訊息來源可信度較高時，訊息的說服力也相對升高。可信度，指的是個人的心理或品德特質足以信賴。我們都比較相信誠實勤勉、穩重踏實、忠厚可靠的人。另外，善意的動機也比較具可信度，如果動機不純正、另懷心機，就會大大降低說服力。當我們認為訊息提供者值得信賴時，就很容易採信他們的說詞，甚至忽略他們的其他缺點。

◆人格特質

　　人格特質是個人情緒反應和整體行為的模式。有時候我們也可能因為對方的特質別具吸引力，而容易相信他的話。有的人給別人溫暖、友善、熱誠積極的感覺，他們的微笑顯出對人的關懷，每個人都不自主的喜歡他們，而這些正向的特質常常也是讓人容易接納及信任的關鍵。

(二)提高可信度

　　加強可信度的首要方法就是展現專業能力。有能力的人會知道自己正在做什麼，以及這樣做的理由。因此，儘量別讓自己看起來一付沒有能力的樣子，漫不經心、無所事事，又總是茫茫然不知所以。

　　除此之外，你也要學著關心自己的言行舉止對別人的影響。我們必須瞭解的是沒有人能一眼猜透別人的心，如果我們勸服他人的動機是善意的，那麼就要解釋清楚自己的行為，避免別人誤解我們的意圖。雖然改變人格特質或個性並不容易，但是至少可以用行動來說明展現自己良好特質的那部分。例如，假設你自認平易近人，那麼就別停留在「自認」的狀態，你可以跟鄰居打招呼，或是主動幫助別人，展現你的「平易近人」。

(三)符合道德規範

　　最重要的是，說服行為必須符合道德規範，千萬不能因為自己的堅持，就棄道德於不顧、一意孤行。絕不能為了目的而不擇手段，那麼做即使能達到目的，但是卻會犧牲自己真正的人際關係。符合倫理規範的說服行為必須遵守下列原則：

◆誠實

這是讓自己被信任的重要條件。如果別人認為你說謊，他們一定會拒絕你的意見。我們應該都記得「放羊的孩子」這個童話故事吧！放羊的孩子在虛構了幾次「狼來了！」之後，他說的話就再也得不到其他牧羊人的信任，當真的狼來的時候，沒有人要去幫助他，因為所有人都認為這次依舊是謊言。因此，你若不確定訊息是否屬實，就別輕率傳播，更不能扭曲事實，萬一證據薄弱，就坦白說明訊息不一定可靠。說實話比起偏頗的言論或是利用不當的訊息要來得合宜。

◆踏實

有時候我們會無意誇大訊息，雖然沒有惡意，卻可能因此失去別人的信任。而且如果誇大到歪曲事實，那和說謊根本就沒什麼兩樣了。我們常常因為自己只是有點誇張而輕易原諒自己，但是有點誇張、很誇大和歪曲事實這三者間的不同其實只是程度之分，最好還是踏踏實實地、切合實際些，避免誇張訊息。

◆老實

說別人的壞話其實會損及自己的信譽。雖然在人際溝通中，經常會出現道人長短的現象，但是這樣真的不太道德，亦有失厚道，最好還是避免。

◆真實

提供訊息時若故意有所遺漏，造成與事實不符的印象，或是刻意讓訊息帶有暗示意味，這都是違反溝通倫理的。

通常我們不至於在人際互動中要求對方如何負擔言責，但是不管任何訊息都具有相同責任，不論在什麼場合下說的話，符合倫理道德都相當重要。

現在我們再對照O'Hair和Cody所列的獲得順從的方法，其中「直接強求」和「訴諸同理」是和可信度有關的：

1. 直接強求：運用直接要求的方式來尋求別人的順從，例如，「請你借我一枝筆？」。直接強求的效果因其可信度而有不同，如果要求的人可信度高，通常很容易成功；反之就不一定了。

2. 訴諸同理：以他人的同理為訴求，引發將心比心的感受，來說服別人，獲得對方順從。例如，「我知道你研究所沒考上心目中的理想學校一定很挫折，但是你的快樂對家人來說比成功更重要，你連著好多天沮喪不吃飯讓我們好難過，振作起來好嗎？」。這樣的說服能否順利獲得順從，其實跟說服者的專業、可信任度及人格特質有關；有時候則是基於雙方相似或一致的價值觀，因為價值想法接近，所以比較能說服他人採取相同的態度或行為模式。例如，「我們都喜歡自由行，也都嚮往歷奇探險，你要不要考慮跟我一起出國旅行？」。

三、動之以情

影響態度的最重要因素是情感，因此說服的言詞若能引起對方的情感，通常勝算較大。好的理由當然具有說服力，但是即便說理能夠改變人的信念，常常卻不見得能讓人付諸行動，真正促使個人行動的，通常是情感的介入。情感是行為的重要動力，能讓我們化被動為主動。情感訴求是否有效，得看對方的心情和態度，以及你所使用的語言。動之以情最有效果的狀況是，以理為基礎，然後用「情」來加把勁。既合邏輯又夾纏情感，這種道理和情感兼具的說

服，通常是我們最難以抵擋的。

假設你想要向朋友說服我們的社會需要加強老人福利服務措施，如果只是說：「台灣已邁入高齡化社會，但我們的老人福利卻相當不足」，即使論調完全正確，也未必能引起聽者的共鳴。如果換個說法，加上情感的成分：「我們現有的老人福利服務實在不足以滿足越來越多的年長者需求，也使得他們在對社會貢獻多年之後，老弱孤單地為社會所遺忘」，言語中的「貢獻多年」、「老弱孤單」和「遺忘」可能引發聽者的同情心甚至罪惡感，於是比較容易對這樣的話有所感動。

在人際溝通行為中，該要如何動之以情，才能引發他人的動機呢？

(一)確認自己此時此地的感受

先瞭解自己的情緒，敏銳察覺自己的情緒，你才有可能說出那些能引發他人情緒的語句。現在的你，是快樂？還是悲傷？生氣嗎？沮喪嗎？認識你自己是想對別人動之以情的第一步。

(二)充分瞭解及運用引發情緒的相關資料

文不對題或是缺乏佐證都不太好，最好要有相關的直接或間接資料能隨著自己的言詞來說明。比方說，如果你想引發別人對於老人缺乏照顧的同情，就得說明老人缺乏照顧的訊息。這個訊息資料也許來自於你參觀養老院的經驗，或是你的朋友所轉述給你的真實報導。

(三)自然陳述自己的感受

學習多陳述自己的感受，在談話中自在的描述它。這些能打動

對方心理的語句，可以引起別人的情感，也能獲得順從。

現在我們再來看O'Hair和Cody（1987）獲得順從的方法。其中的「恭維誘導」和「利己利人」，就屬於動之以情。

1. 恭維誘導：間接引起別人的正向情感，軟性訴求地企圖獲得他人順從。例如，你想說服朋友接受你的意見，也許會拐彎抹角的說：「其實你真的是個很特別的人，而且我們有很多的共同點，你要不要考慮……。」
2. 利己利人：以讓對方得利的方式作為誘因來獲得順從。例如，「國英，我覺得出國歷練對你真的很有幫助，你的眼界會更開闊，職級可以更快升遷，而且我也需要培養一個能幹的工作夥伴，所以，你就接受公司外派吧！」

Cody和McLaughlin（1986）曾提到，當我們企圖要影響他人時，情境因素是我們選擇使用哪一種策略的重要決定依據，也就是說，我們在策略上的應用主要取決於，我們認為在這個情境下哪一種策略才最有效。因此，我們對情境的評估能力愈好，就愈可能成功說服。如果我們認為對方善辯好理，那就說之以理；若是覺得對方尊重你信任你，那麼就取之以信；萬一對方敏銳善感，那麼就適合動之以情。不過這些方法基本上彼此並不互斥，所以你也可以選擇同時交互利用。

第四節　抗拒順從與自我肯定

有時候，我們會有意識地抗拒他人試圖加諸於我們的人際影響。一般說來，抗拒順從的行為有被動反應（passive behavior）、攻擊反應（aggressive behavior）、自我肯定反應（assertive behavior）三種因應的行爲反應方式。

一、被動反應

　　被動反應的意思是不願意說明自己的想法、分享自己的感覺，也不願意採取行動。被動反應可以說是「委屈」卻難以「求全」，其實根本沒辦法帶來任何改變。例如，老吳剛剛才在電腦公司買了一台新的印表機，可是回到家拆開封箱一看，卻發現印表機的包裝袋有拆封的痕跡，印表機似乎使用過了。老吳非常生氣，但是卻沒有去找電腦公司理論，他只是一直悶著。這種行爲就是被動反應，又稱非自我肯定行爲。

二、攻擊反應

　　攻擊反應的意思是指當感到不舒服的時候就暴跳如雷，全然不顧當時情境或他人感受。攻擊反應是批評性的、獨斷的、挑剔而且具有威脅性的，它也不是一種自我肯定行爲。假設老吳發現新印表機的包裝有問題，懷疑電腦公司將使用過的商品轉賣，於是回頭就向電腦公司職員大發了一頓脾氣，指控店家是故意要賣出二手貨，要求退費，還找來媒體採訪，要求對方補償。這就是攻擊反應，這種方式或許能爭取權益，但是卻容易破壞人際關係。

三、自我肯定反應

　　自我肯定與成功說服極爲相關。許多人雖然瞭解說服的方法，卻無法在人際關係中適度發揮影響力，多半就是因爲缺乏自我肯

定。自我肯定反應指的是在合乎人際效益的前提下為自己做合理的爭取，簡單來說就是尊重他人，也伸張自己的權益。自我肯定反應可以包括自己感受的陳述，也可以說明自己的想法或信念，或是表現自己所堅定的態度行為，但是不論如何，自我肯定反應都不以誇大或傷害他人的方式來表達。自我肯定反應與被動或攻擊反應的不同並不是行為背後的感受不一樣，而是在這樣感覺之下，選擇行為反應的方式不同。以前面的例子來說，老吳對於買到一台可能被使用過的印表機確實感到生氣，但是自我肯定的反應不是光生氣卻什麼也不做，也不會用言語來攻擊傷害職員，老吳或許選擇打電話到電腦公司，向店家理性地陳述不滿，然後說明自己期望能夠換一台新的印表機。攻擊反應雖然也可能達到換新印表機的目的，但是自我肯定反應則能以最小的情緒傷害，達到同樣的效果。

　　自我肯定反應包含以下一些特性：

1. 表達自己：自我肯定的反應會以「我」作為陳述的主體，清楚讓別人知道自己的想法和感受，不是以「你……」來敘述。

2. 清楚表達：自我肯定反應會清楚說明自己的狀態、所接收到的訊息以及產生的情緒。有時候因為事情讓我們感覺很不舒服，所以不想多費脣舌，但是含糊不清，反而讓人不易瞭解。

3. 具體敘述：針對此時此地的特定行為或是議題來討論，不挑釁其他潛在的問題。

4. 避免質問：盡可能理性地陳述，避免使用任何威脅他人、批評或獨斷式的語句。

5. 避免支吾其詞：採取肯定敘說的態度，避免說話不流暢或是時時停頓等等猶豫的現象，在被動反應中就經常出現「嗯！

……這個嘛!……嗐!……」之類的猶豫反應。

6.專注堅定的眼神姿態:維持眼神的接觸並採取堅定的身體姿
態。目光游移或不敢直視,彎腰駝背或是身體晃動,都會讓
人覺得不夠堅定,顯得有些猶豫。

7.自然平穩的語氣:以自然、堅毅平穩的語氣及音調來敘述。
不大吼大叫或是囁嚅微語。

第五節　文化與自我肯定

　　自我肯定是人類的基本需求,但是能否做到自我肯定反應則
與文化因素有關。一般來說,西方人較習慣自我肯定的行為方式;
而亞洲和拉丁美洲文化,則比較不重視自我肯定。在亞洲地區,多
數人都十分介意他人對自己的想法,因此常常是別人怎麼看自己的
重要性大於自我肯定,中國人強調群體主義,常說「推己及人」、
「以和為貴」、「退一步海闊天空」,重視團體互動的人情規範。
面子法則也是中國人經常遵循的人際法則,「打腫臉充胖子」、
「士可殺不可辱」,保留面子通常比個人的需求表達更重要。

　　在拉丁社會與西班牙社會中,男性自我表現(self-expression)
的方式也與自我肯定的原則大相逕庭。在這些社會中,男性行為的
準則是「男子氣概」,自我肯定的反應,會被社會公眾認為是一種
懦弱的表現。不過,自我肯定的反應雖然因社會文化的標準而有不
同,也不表示在任何情境中藉著自我肯定的行為都能幫助我們順利
達成目標,但是,被動與攻擊反應所可能帶來的不良後果,卻是在
任何文化跟情境中都會發生的。被動反應讓我們心懷怨懟,長時間
處在不滿的情緒中;而攻擊反應則是讓自己怒火中燒,而別人卻覺
得害怕甚至產生誤解。

 第六節　社會影響與自我概念

　　有許多人不認為自己有社會影響力（social power），也常常不能自我肯定。我們常常因為人際或是環境的影響，認為自己不能掌握命運，對自己的生活周遭亦不具有任何影響力，甚至覺得自己連改變自己的弱點都做不到。我們如果誇大這樣的無力感，就可能會變得十分脆弱而且缺乏安全感，或是反其道而行，乾脆自欺欺人的假裝自己完美無缺，但這些都不是真正的自我肯定。其實每個人都有社會影響力，社會影響力是一種能改變他人的態度、信念和行為的力量。我們每個人都在某些情境中，以自己獨特的方式，在展現我們的社會影響力。因此社會影響力最重要的意義其實不在扭轉他人的想法，而在於能尊重別人。因此，即使我們仍然無法改變我們自己的某些弱點，在我們的生活周遭也依然出現許多令人沮喪的狀況，但我們還是應該適度地自我肯定。畢竟，每個人都是獨一無二的個體，有優點也有弱點，只要能在自我控制與自我接納之間適度平衡，自我肯定必然成為我們人際互動的利器。

　　有時候不能自我肯定或是不能發揮社會影響力，主要是因為我們沒有用心去思考。我們常常只憑直覺就對人事物做判斷，這種方式非常冒險，也容易讓我們在幾次判斷失誤之後，對自己更缺乏信心。現代社會的生活模式是以理性思考和抉擇為基礎。因此如果我們肯用心思考，深思熟慮之後再做決定，通常我們也比較能肯定自己的想法，堅持自己的態度行為。

　　不能自我肯定其實也跟我們自己的內外控取向（locus of control）有關，內控者相信自己能夠掌握環境，可以有效操弄或改變成敗得失，而外控者或許是因為成長背景或是過去經驗所形成的

「習得無助感」（learned helplessness），認為自己被環境所操控，對自己的想法和感覺缺乏自信，因此更容易覺得自卑。通常這種因為低估自我價值而不能自我肯定的人，會自認為缺乏某些優良的特質，例如，聰明的、可愛的、自信的，而身邊的其他人則比自己要成功得多；另外，他們也懷疑自己的能力，不敢為自己爭取更多的權益。

除此之外，人們無法自我肯定還有兩個可能的原因：

第一個可能的原因——覺得不必要自我肯定。我們說過，自我肯定的反應不是憑直覺而來，而是必須花時間和心力去思考，並且需要勇氣來表現。有時候，我們會認為不值得花這個精神，反正息事寧人就算了。再不然，也許可以靠別人替我們出頭，為我們仗義執言、挺身而出。但是，其實只有你自己才能真正為自己說話。而且，如果一直都以不值得或不必要來讓自己遲於自我肯定，恐怕我們也得想想看，這個「不值得」會不會只是藉口，只為了掩飾我們心底的自憐或是恐懼。

第二個可能的原因——習慣順從他人期待。在社會化的過程中，我們常被教導要迎合社會期待，比如說，「你最乖了，聽媽媽的話」。尤其是傳統的女性角色，社會所教給女性的刻板角色常常是順從的、任勞任怨的、溫暖的、乖巧的，因此有不少女性更容易傾向採取被動反應。不論男女，我們都有自我肯定的價值，也都具有社會影響力，因為社會期待而貶低自我存在的意義是相當不合理的。

事實上，不論別人運用什麼樣的影響力，我們都不需要放棄為自己說話的權利。甚至，我們也可以培養營造自己的社會影響力，讓自己更有自信，也更能表達自己的想法與感受。當你的影響力提升的時候，你將發現別人會比較注意你，也更關注你的意見。

摘　要

　　影響力是一種影響他人的態度或行為的能力。有意圖的影響行為稱之為說服，又有人稱之為獲得順從。影響力的來源分為：強制、酬賞、法定、專家、參照、資訊掌握等六種不同的影響力。獲得順從的技巧則分為：直接強求、交換條件、分配策略、恭維誘導、辯理論證、利己利人及訴諸同理等七種。讓他人順從的策略主要根據兩個原理，其一是「腳在門檻內的效果」，其二則是「閉門羹效果」。說服是一種符合人際倫理的獲得順從的策略，主要包括：說之以理、取之以信跟動之以情。在說之以理方面，要注重這個理由是否具支持力，有沒有充足的資料依據，以及是否具備衝擊性和震撼力。如果要取之以信，則要加強我們的可信度，注意的原則有誠實、踏實、老實，並且真實。若是動之以情，則需要先確認自己此時此地的感受，充分瞭解及運用相關資料，並且自然地陳述。

　　通常我們對於他人的影響行為會出現三種因應方式：被動反應、攻擊反應、自我肯定反應。自我肯定是將自己的想法和感受，以有效的方式表達出來的技巧。它們包括：表達自己、清楚表達、具體敘述、避免質問、避免支吾其詞、專注堅定的眼神姿態、自然平穩的語氣。

　　當人們自認為能掌握自己的命運時，就比較能夠認同自己有社會影響力，也較容易自我肯定。另外，我們也可能因為不認為需要自我肯定，或是因為習慣順從他人而無法自我肯定。

人際關係
與 溝通技巧

練習一

> 1.回想自己過去被動反應或是攻擊反應的經驗,回憶當時的對話,然後再以自我肯定反應來替換。
>
> 2.針對下列情境,寫出被動或攻擊反應,並寫出自我肯定的反應,試加以比較:
>
> (1)「你回到宿舍想要趕一篇報告,明天是繳交的最後期限了,卻發現室友正在用你的電腦在Facebook上跟人聊天。」
>
> (2)「你在7-11打工,到班的時候你趕快準備離開,因為今天你要和女朋友共享情人節晚餐,可是店長說:『我想麻煩你多待一會兒。接班的人剛打電話來說他臨時有事至少要遲一個小時才能到達。』」
>
> (3)「你打電話回家的時候,媽媽告訴你:『這個星期六一定要回家,因為你小舅訂婚,我們一起去替他熱鬧熱鬧』。可是你本來打算利用星期六準備履歷資料,以備下星期求職面試之用。」
>
> (4)「你和朋友約好去唱KTV,你非常喜歡唱歌。但是跟朋友碰面時,她說:『如果可以的話,我不想去唱歌了,我們去看電影吧!』」
>
> (5)你已經加班二天了,整個人十分地疲倦,好不容易工作告一段落,「你收拾好資料正打算離開,這時老闆走進辦公室告訴你:『既然你還沒走,就麻煩你現在幫我把這份資料打好,我急著要用。』」

練習二

> 　　請與另外四位同班同學，組成一個五人小組。每一組找兩個人，並各自訂出一個試圖說服對方的目標。然後彼此進行說服，其他同學則負責觀察，五分鐘後，小組進行討論並分享自己的感受。

練習三

> 1.回想上次別人成功影響你的信念或行為的經驗，就記憶所及儘量寫下那人所用的語句，然後加以分析。他是說之以理？還是取之以信？或是動之以情？
> 2.再想想上次有人試圖影響你卻無法成功的經驗，就記憶所及儘量寫下那人所用的語句，然後試著分析他失敗的原因。

練習四

> 　　全班同學以三至五人為一組，每組找出三件用來銷售的物品加以標價，並由教師發給各組等額的遊戲籌碼，在一定時間內，各組成員分向其他組成員銷售物件，並以本組籌碼購買所需物件，最後討論並分享在議價過程中所利用的說服技巧以及是否能夠做到自我肯定。

練習五

觀察固定同學的行為兩天，記下你認為他們表現出被動、攻擊及自我肯定反應的情境。哪一種方式較能讓他們達到目的？哪一種較能維持或更增進他們的人際關係？下次上課的時候，和同學彼此回饋。

第九章

協商與談判

- 從社會交換理論來看協商
- 談判與利害關係
- 談判的模式
- 談判協商的基本技巧
- 如何預備談判與協商
- 談判協商的進行

在經典日劇中，日本警視廳內有一組特殊的團隊，他們當在處理綁架、挾持人質或恐嚇企業等等重大案件中，負責跟罪犯交涉，他們是「談判專家」。在我們的日常生活中，其實也經常出現交涉跟談判的情境，媽媽們上傳統市場買菜，總是不免跟小販殺價，試圖以最便宜的價格買到自己所需要的食材。甚至我們逛街採購時，也幾乎都會討價還價，在那樣的過程裡，我們透過跟賣方的協商，盡可能得到兩利的結果，我們能以最小付出得到最大收穫，賣方能順利售出貨物並得到足夠利潤。

我們的生活在群體中度過，也因此在群體中必然要不斷協商，以求得到我們所期望的結局。這種有利害關係的雙方，藉由相互溝通協調以獲得共識的過程，稱之為談判（交涉）（bargain）或協商（negotiation）。

 第一節　從社會交換理論來看協商

一、社會交換理論六大基本命題

社會交換理論（social exchange theory）源於美國1950年代末期，是社會學研究範式中社會行為典範的代表。它主要是以微觀的角度來探討人類的社會行為，研究人與人之間的社會交換關係，運用行為主義中的強化原則以及經濟學中關於成本報酬的觀念來解釋人際互動行為。社會交換理論的幾位重要代表人物，除了哈佛大

學的George C. Homans教授是理論創始者外，還有哥倫比亞大學的
Peter M. Blau教授、華盛頓大學的Richard M. Emerson，以及John W.
Thibaut和Harold H. Kelley等。

　　社會交換理論主張，人類的互動行為其實可以視為一種經濟活
動，植基於互惠原則之下。人際交往之所以能夠持續，是因為在交
往關係中，雙方所付出的代價（cost）與所獲得的利潤（profit）足
以讓彼此感到滿意，而這個均衡互換（equilibrium of exchange）的
原則是關係持續的基礎。在Homans的社會交換理論中，包括有六大
基本命題：

(一)成功命題（the success proposition）

　　個人的某種行為越能獲得酬賞，他可能因此重複該行為。某一
行為的獎賞越多、越快，行為重複的可能性越大。

(二)刺激命題（the stimulus proposition）

　　基於「類化」（generalization）的概念，類似的刺激可能會帶來
相同或相似的行為，亦即個人可能會傾向於將行為延伸至類似的環
境中。

(三)價值命題（the value proposition）

　　某種行為的後果對個人越重要，則他越可能從事該項行動。

(四)剝奪—滿足消減命題（the deprivation-satiation proposition）

　　個人重複獲得相同獎賞的次數越多，此獎賞對他的價值將逐漸
遞減。

(五)攻擊─贊許命題（the aggression-approval proposition）

該命題包括兩項副命題，一是個人的行動沒有得到期待的獎賞或受到未曾預料的懲罰，就可能產生憤怒情緒，而出現攻擊行為。二是個人的行動得到預期的獎賞或未受到預料的懲罰，他會愉快喜悅，並因此贊同這項行為。

(六)理性命題（the rationality proposition）

這項命題亦可說是前述五項命題的總結觀點，認為個人是利潤的理性追求者，必然會選擇較能獲得有價值結果的行動。

而在這個人際交換的關係中，用以交換的資源不一定是物質資源，更及於精神與抽象層次，例如，友誼、愛情、尊嚴等等。

根據Foa與Foa（2012）的說法，人們用來交換的資源概分為六類：金錢、貨品、服務、感情、地位、資訊，各有不同的具體性（concreteness），也就是資源價值能加以客觀衡量的程度；另外也有不同的特殊性（particularism），是指資源能交換對象的特殊程度。不同類別資源的具體性及特殊性程度如**圖9-1**所示。

二、社會交換理論常見的行為反應

社會交換理論的另一項基本假設是「人類行為的動機在於趨樂避苦」。因此我們在人際行為中，勢必傾向於選擇低代價而高利潤的活動。如果雙方處於互賴的狀態，個人將會評估互動雙方的代價與利潤，選擇能夠滿足彼此的互動行為。如果雙方無法協調達成共識，以致於有一方必須負擔較高代價而無法獲得利潤，在長期虧損

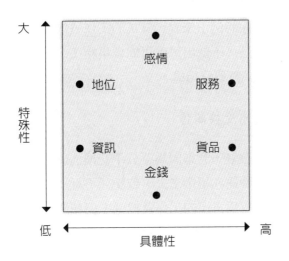

圖9-1　人際交換資源的具體性與特殊性

的情況下，就可能心生不滿，而改變原先的行為模式，以設法減輕或是消除不公平交換所帶來的不愉快。一般來說，常見的行為反應包括：

(一)改變交換關係中的付出

這是最常見的反應。因為感受到這樣的交換「不值得」，於是盡可能減低自己付出的代價。舉個例子來說，假設一個員工認為自己的工作量過多，所負擔的超出自己目前所獲得的酬賞，代價高於利潤，這個員工就可能會經常在可以被許可的範圍內，也就是不至於出現懲罰的狀況下，出現請假、遲到，或甚至技巧性地在工作中偷懶。

(二)改變交換關係後的結果

當交換結果代價偏高、酬賞過低，也可能會出現試圖扭轉結果

的情況。就拿前面的例子來說，員工的工作負擔跟收穫不成比例，若感覺所得實在是入不敷出，就可能會集結工人階級的力量，組織團體工會，企圖調整薪資結構。

(三)乾脆完全退出交換關係

這樣的行為改變，意指因為不公平交換而感覺不滿的一方，決定即使破壞彼此關係亦不惜求去，乾脆「不玩了」。比方，在前面例子當中，員工認為自己的工作負擔過多但報酬過少，由於感覺自己是被剝奪的一方，於是乾脆決定換個工作，澈底退出原有的交換關係。

(四)拒絕酬賞以示抗議

藉著自我剝奪的反應，造成對方的社會心理壓力，並藉此表達不滿。比方說，員工不滿於勞務所換來的報酬，在向公司反應後，公司決定調薪1%，由於這樣的調薪幅度根本就是杯水車薪，對員工來說仍然感覺對方所提供的酬賞不具誠意，彼此交換關係依然不對等，於是憤而拒絕，以示抗議。

(五)認知曲解，重新建構交換關係合理化

認知重建，將現有關係中的代價與利潤不平等的現象加以合理化。比方說，自己明明覺得勞力被剝削，卻告訴自己目前經濟不景氣，外勞又相當多，自己太容易被取代，雖然報酬過低但聊勝於無，所以工資低廉是必須接受的。

三、人際關係的分類

　　依照黃光國（1988）的研究，華人社會中的人際關係，有十分清楚的親疏之別。強調對於不同關係的人應該要有不同的對待方式，依循特定的交換法則來進行資源的分配與交換。人際關係大致可以分爲三種：

(一)情感型的關係（expressive ties）

　　這種關係主要是以愛跟歸屬等等情感的需求爲基礎。對於具有情感型關係的人，通常我們比較不計代價。

(二)工具型的關係（instrumental ties）

　　這類關係以功利的目標爲基礎，比方顧客跟售貨員就是屬於這一類的關係。在這種關係下，所交換的法則是明確的公平法則，所付出的代價跟所得的利潤至少必須相等。

(三)混合型的關係（mixed ties）

　　這也是在中國人的社會中最多、最複雜的社會交換型態。在混合型關係裡，彼此有某種程度的情感成分，卻還不到可以兩肋插刀、無怨無悔的親密程度，於是「做面子」、「賣交情」、「套關係」成爲中國人獨擅的社會交換型式。利用擴大自己的人際關係網絡，或是提升自己與對方的情感關係層次等等方法來進行，這是中國人在與人談判、交涉或是協商時常常會利用到的方便法門。

第二節　談判與利害關係

一、談判的特性

談判跟協商，指的是雙方基於自身或所代表團體的利害考量，彼此進行協調與溝通，它不是衝突，而是一種解決衝突、進而維持關係或建立合作架構的方法。談判並非隨時隨地就能發生，它必須符合幾個先決條件。依照Lai（1989）所提，談判的特性包括以下幾個部分：

1. 涉及兩個或兩個以上的談判成員：談判活動當中至少會出現兩方，當談判活動涉及的各方人員越多，談判亦越複雜。
2. 存在明顯或潛在的衝突或共同利益：談判成員間必須要有衝突或共同利益，才能引發談判。
3. 談判成員彼此有依賴性：談判成員間或多或少都要依賴彼此，以解決相互間的衝突或取得共同利益。
4. 共同解決問題的意願：如果談判成員沒有解決問題的意願，即使存在衝突或共同利益等問題，談判仍然不會發生。

二、影響競合關係的因素

如果用通俗話來表示，談判協商可以說是我們經常講到的「討價還價」。這個討價還價的過程其實非常有趣，因為在過程中，可以說彼此雙方都各懷鬼胎，期望能讓自己以最低的代價獲得最高的

242

利潤，所以彼此間勢必存在競爭關係。但是，如果只是競爭，恐怕又會讓彼此的關係落入冰點，前面我們提到，如果這個交換會讓一方覺得自己得不償失，那麼就可能會促使他退出這個交換。所以在競爭中又必須共同協調合作，設法找到雙方都有利的解決方法。這種利害相依的狀態，讓彼此間形成一種競爭動機與合作動機共存的矛盾關係，所以是一種混合動機的情境（mixed-motive situation），而不是純粹的共合利益關係（convergent interest relationship），或是分歧利益關係（divergent interest relationship）。

在這樣一種混合動機情境中，我們很容易陷入兩難，其中典型的例子便是有名的「囚徒困境遊戲」（prisoner's dilemma game, PDG）。在這樣的情境底下，若就雙方共同利益（joint outcome）而言，我們須採取合作策略；但若是單就個人利益而言，則須考慮以競爭策略為先；然而基於彼此的利害糾葛，於是怎樣在競與合之間謀得最佳方案便成為難題。影響這樣一個競合關係的因素其實相當多，包括：

(一)互動的次數與訊息溝通

一般來說，如果互動的次數多而且讓彼此知道合作的意願時，將有助於建立彼此互信的合作關係。如果彼此互動少、訊息模糊曖昧，又無法確知對方的合作意願，則容易破壞雙方的信任基礎。

(二)人格因素

生性多疑、習慣自我保護的人經常傾向於自我防衛的反應，不輕易與人合作；而通常這種反應也會激起對手的競爭心態，而使彼此難以卸下心防。如果落入對方的心理陷阱，堅持一戰常常會使得彼此兩敗俱傷。但是在策略上要對應這種心防強烈的人，若是一昧

採取合作姿態有時也不一定有用，因為對方既是防衛心較重，極可能將你的釋放善意解讀為「另有陰謀」，或是「搖尾乞憐」。因此以行為學派中制約的方式來回應是比較可行的辦法，依照對方的態度決定自己反應的方式。也就是說，當對方一再挑釁，則回以絕不示弱的反應；但是當對方出現合作的訊息時，則立即給予善意的合作回應。

(三)權力擁有的程度

在Deutsch與Krauss（1962）所設計的實驗「卡車貨運遊戲」（the trucking game）中發現，彼此雙方都沒有控制權時，彼此的互動策略確實以合作的方式在進行，而且運作良好，雙方均獲利。但當只給予單方控制權時，擁有控制優勢的一方就不再甘於合作，會開始採取威脅競爭的策略。當雙方均擁有控制權時，彼此的競爭最為激烈。雙方均想使用控制權來威脅對方，結果反而兩敗俱傷。

(四)文化因素

當所處的社會文化傾向於鼓勵彼此競爭，例如，強調個人成就與自我實現的美國，那麼選擇競爭反應的通常比較多；如果社會文化價值強調群體合作，那麼選擇競爭反應的就比較少。依據鍾從定與謝孟樺（2008）的研究結果則指出，在高度講究關係脈絡的華人文化中，談判者傾向建立關係，藉由情緒和情感進行說服，可能使高情緒智商的談判者較具有強正面情緒與弱負面情緒，因而有助於人際互動，並對長久合作關係產生預期，進而影響談判策略的選擇和人際吸引力的表現。

絕大多數的談判情境，都是這樣一種同時存在競合關係的混合動機情境。理想上來說，我們常常都期待談判的雙方彼此冷靜的坐

下來，然後雙方很理性地提出一個「合理」的解決方案，於是開誠布公地獲致一個雙方滿意的答案。我們必須說明的是，這種烏托邦式的談判理想，基本上並不存在。根據Komorita和Brenner（1968）的發現，這種策略常常是行不通的，談判的一方如果規律地輕易做了讓步，反而會使對方視他為弱者，對方不會在這個「合理」的底線上滿足，而會不斷地要求做進一步的退讓。但是從另一個角度來說，如果談判的一方堅持自己的利益，頑強地不肯做任何彈性協商，在談判的過程中缺乏「合作的氣氛」，那麼談判者也很容易落入困境（bargainer's dilemma），而使得談判破裂，雙方無法達成協議，誰都無法獲利。

 ## 第三節　談判的模式

　　談判有不同的類型，不只各有優劣之處，更須考量當時情境以及目標等等，運用不同的策略。陳世穎（2007）曾歸納邱毅與Zartman的論點，將談判模式主要分為「強力談判」（powerful negotiation）模式以及「加值談判」（incremental negotiation）模式。

一、強力談判模式

(一)強力談判模式的基本假設

　　強力談判模式抱持著「零和賽局」的信念，其觀點在於堅持己方立場，設法迫使對方讓步。這樣的談判會令雙方筋疲力盡，結果是即使勝利的一方得到自己所想要的，但是將失去彼此的友善關

係，並可能對於日後的發展有不利的影響。強力談判模式的基本假設包括以下六項：

1.絕不能在一開始談判時，便提出最佳條件。
2.不能接受對方初始的要求，因為它必然高於對方能夠接受的範圍。
3.絕不在獲得同等報酬之前做出任何讓步。
4.絕不暴露出自己的弱點，並要努力發現對手的弱點。
5.絕不可以洩露過多的訊息，最好讓他們不斷地做猜測，並誘導對方形成誤判。
6.儘早在談判中取得上風，並且延續住這種優勢。

(二)強力談判者經常運用的技巧

至於強力談判者經常運用的技巧，則可歸納成十項：

1.在自己的勢力範圍內進行會談，如找對手來自己的公司、所在的市區或國度。
2.用自己辦公室的環境迫使對手心生畏懼（大樓、大電梯、大接待室、大型家具、秘書等）。
3.讓對手等待，顯示自己是個大忙人，有許多要事待辦，這個會面只是日常繁忙事務裡的一個小環節。
4.極力炫耀自己的成就，以陳列在牆上的獎牌證書來製造對手的壓力。
5.要對手坐在你的大辦公桌對面，他們坐硬板凳，而你自己則輕鬆地靠著軟椅背。
6.想抽菸就抽，如果自己的香菸讓對手覺得不舒服或分神最好。

7.不要讓這個會面干擾到自己的工作，你可以隨時接聽電話，接見顧客或員工。

8.極力批評對手的合夥人、顧客或朋友。

9.一開始就殺價，讓對手知道自己不會被一些數字所蒙蔽。

10.談判終結時，表現出你讓對手來公司是幫了他們一個大忙；並讓他們覺得你把價格壓低也是為了幫更大的忙。

二、加值談判模式

(一)加值談判的目標

一般而言，目前的大多數談判都較少採取強力談判模式，而是遵循不同型式的「加值主義」，只是順序有所不同。加值談判模式不似強力談判模式那樣強勢全面求贏，而在追求彼此達成協議，換言之，談判結果未必出現輸贏或勝負之分，即使有也只是參與談判之各方，各自的需要或慾望獲得滿足程度之大小或高低而已。

加值談判模式強調談判過程的重要性，主張談判者應努力尋求縮小談判雙方的差距，其目標可歸納成五項：

1.兩造可在和諧、愉快、沒有壓力的氣氛下進行談判。

2.兩造可以免去爾虞我詐，所以談判不須曠日費時，而可在最有效率的原則下達成協議。

3.交易結果對兩造是互利的，雙方的權力結構也是平衡的。

4.兩造在談判結束後，不會彼此懷恨，而且還能繼續保持良好的關係。

5.兩造都有將來再度進行合作的意願。

(二)加值談判的步驟

至於加值談判的步驟，則包括下列五個部分：

1. 多方蒐集資訊，釐清兩造的利益關係。只要是存在合理利益分配的便就事論事，兩造就不必再虛情假意地裝腔作勢，浪費時間。
2. 找出各種可能的選擇項目。
3. 設計出多重交易方式，每一交易方式都是將價值要素予以組合，組合時切記彼此的利益平衡，不能使任何一方處於吃虧的狀態。
4. 選擇出最好的交易方式。
5. 完成交易程序。

 ## 第四節　談判協商的基本技巧

依照加值談判的概念，有效的談判需要有相當的耐力與觀察力，目標在促使雙方達成一個彼此都能接受的協議，分享共同的利益。在談判的過程中無法單純以競爭或是合作的關係來看，必須警覺到彼此的優勢及弱點為何，並且試圖影響對方。談判過程中有幾個基本的技巧：權力槓桿運作、多方搜尋資訊、提高可信程度及加強判斷能力。

一、權力槓桿運作

大部分的談判都是不對等的談判，換句話說，就是其中一方擁

有較多的影響力或是權力。這些權力或是影響力的來源可能是來自於需要、競爭與時間。比方說，玉文想換一台車，她所看中的車款是某家廠商目前主打的一輛平價進口小車，開價七十萬元，然而對玉文來說，雖然很期望能夠換部新車，但是舊車其實也還能上路，換車實在沒那麼迫切，能換是最好，不換也無妨。在這種情況下，玉文的權力便提高了，假若賣方有業績銷售的壓力，比方說，照公司規定汽車銷售員每一季至少必須賣出十部車，於是銷售員有賣出的需要，玉文卻沒有買進的需要，自然大部分的權力便在玉文的手上了。

假設另一家車商向玉文推銷一部市價接近、評價亦不相上下的其他廠牌進口車，並且願意以六十萬元的價格賣給玉文一部類似規格與功能的車款，這種競爭的情況會使得玉文的權力更為提高。萬一銷售員再不賣出汽車，可能就要被扣薪了，對銷售員來說時間非常緊迫，這種情況就會讓玉文更加居於優勢。因此在談判的過程中，衡量彼此的權力槓桿是必要的初期步驟，試著估計自己的優勢與弱點，另外也必須估計對方的優勢與弱點，發現對自己有利的不平衡。如果發現自己處於優勢，則可以試著讓對方知道事實，不需要妥協也不需要激怒對方。

要記住沒有任何權力是永遠不變的，即便自己處於優勢也必須要在事情有所轉變之前就讓它成為定局。假使自己明顯處於劣勢，也並不表示自己必須任人宰割，要冷靜集中在有限的目標上，分辨這樣的情況下什麼是可以得手的，而什麼必須退讓。千萬不要在自己屈居劣勢的時候還執拗地做困獸之鬥，也不需要表現一副求饒的樣子，這兩種表現都會促使對手趕盡殺絕，盡可能平靜而肯定地把焦點保持在問題解決上，冷靜地探測對方的弱點，並且設法利用自己仍有的權力來加以抵銷。

二、多方搜尋資訊

　　權力形勢的形成，主要是依據知道些什麼而決定，換句話說，有用的資訊是決定談判結果的關鍵。得到資訊的方法很多，例如，向提供諮詢的單位查詢、與瞭解狀況的第三者談話，甚至透過徵信社調查等等。在進行資料蒐集之前，必須先仔細評估需要些什麼樣的資訊、爲什麼認爲這些資訊是有用的。另外，其實獲得資訊的最主要方法，是在談判前跟談判過程中，從談判對手那兒獲得資訊，並且設法探知對方瞭解多少關於我們的事，所謂「知己知彼，百戰百勝」就是這個道理。

　　探測對方資訊的方法主要可以分爲「單刀直入」跟「迂迴轉進」兩種。所謂的單刀直入就是直接問對方一個特定的問題，直接發問的好處是可以很快讓對方陷於膠著，對方如果正面回答似乎就便宜了發問這一方，但是若拒絕答覆又顯得十分偏狹、缺乏談判的誠意，如果回答的模稜兩可，仍舊提供了一個繼續追問的機會。但是直接發問也有缺點，最嚴重的缺點就是暴露了自己這方最在乎的重點是什麼，可能因此引起對手的警覺。所以，當資訊比較敏感，而且對我方來說，暴露關注重點或是其他相關資訊會帶來風險的時候，利用迂迴轉進的間接發問法就會是個不錯的選擇。想辦法旁敲側擊、不著痕跡的探查，讓對方在不設防的情形下自由談論，然後藉此抽絲剝繭，拼湊出事實眞正的樣貌。在資訊科技發達的今日，透過電子媒介（electronic media）進行談判中訊息與資料傳遞的可能性大增，在不同程度的電子化談判（electronic negotiation）中，所蒐集資訊的質量更爲多元，甚至有些可透過資訊化的談判支援系統促進談判的進行。

三、提高可信程度

　　所謂「提高可信程度」就是促使對方相信我們所發出的訊息，尤其是在設法傳遞關於談判底線的訊息的時候。當我們表示已經到了談判底線的時候，其實意味著兩種可能：其一是這個底線是真的已經無法再做讓步：另外一種可能則是，事實上還有轉圜的餘地，但是我們試著虛張聲勢，看看能否獲取更大的利潤。在傳遞關於談判底線的訊息時，越是顯得精確重要，越容易讓人信服。但是如果我們只想要虛張聲勢，可能就要慎重考慮，如果將來跟對方還有交換的可能，就儘量不要以信用作為代價來獲取利潤，還是盡可能誠實一些。

　　如果自己為了一時的短利而使信譽受損、信用掃地，以後就再也沒有談判的空間了。在讓步的過程中，切忌讓對手以為這個讓步是很小的、十分輕易的，如果這樣，對方很可能會進一步要求更多的議價空間。因此每做一次讓步都要慎重考慮，對於自己必須堅持的立場絕不能輕易動搖，並且十分謹慎地讓對方知道，這麼做並不容易。如果對方一再宣告底線已到，切不可得意忘形、心浮氣躁，以為自己已經把對手逼到無路可走，一定要謹慎觀察對方的非語言行為，再做定奪。

四、加強判斷能力

　　一場漂亮的談判，關鍵在於良好的判斷力。判斷什麼時候應該堅持、什麼時候可以鬆手，判斷該用什麼代價來換取什麼利潤，判斷什麼時候該主動開價、什麼時候該等對方開口，判斷對手的談判底線在哪裡，判斷對手的風格、自己該採取什麼樣的對策。這些判

斷力其實很難在這裡做清楚的交待，因為這些判斷力的養成主要來自於經驗。重要的是，記得保持自己在談判過程中的平衡，並且要有耐心堅持到底，不管自己是否真的具有足夠的時間成本，都不宜讓對方察覺自己的困境。

傳達給對方的訊息必須是，我會一直耗下去，除非我得到自己想要的。這種堅持並不表示我們可以在談判過程中顯得十分沒有誠意，相反地，是一種堅持但是誠懇有禮的態度。當然，有時候如果報酬不值得冒太大風險，速戰速決是個最好的方式。但是如果所獲得的利潤真的值得等待，那麼就更加不能躁進，在自己的語言甚至非語言的溝通行為上，都要盡可能地慢下來。另外還有一件最要緊的事情就是，要適時地放棄自己的利益。如果一定要在每件事上都占盡優勢，讓對方真的無利可圖、無路可走，有時候反而會逼得對方狗急跳牆、人急上樑，結果自己什麼好處也得不到。

談判的歷程是一種「進」與「退」的藝術，過程中包含各式動力，從不同的階段來說，談判者應該盡可能因應不同階段靈活運用許多不同的策略。

 ## 第五節　如何預備談判與協商

談判的目的在於設法獲取最大的利潤，要有效地達成這樣的結果，其實是溝通技巧的極致發揮。在談判開始之前，預備談判的動作是相當重要的關鍵，包括事前審慎的籌備與思考分析。

一、讓對方願意透過談判解決問題

談判之所以發生，必然是為了解決僵局，這樣的情境需要雙方

均具有合力解決僵局的意願，並且認同透過談判來解決問題確實符合成本效益。因此，在談判進行之前，讓對方樂於參與談判是最根本的事情。

二、確定談判主題與目標

冷靜瞭解談判事項的前因後果是非常重要的，要把所擬談判的重點加以組織，並且明確具體地訴求。如果是代替他人處理談判，更必須事先確認自己所被委託的權責到什麼地步，以及是否違法。有些時候，我們因為覺得自己吃了虧，想藉由談判來爭回權益，但是對自己目前的處境以及企圖達成哪些具體目標都不夠清楚，只在口舌上逞一時之快，結果反而造成談判中的致命傷。或者是，我們被委託為談判代理人，但是只聽委託人的一面之詞，在沒有對事情全盤瞭解的狀況下，反而失了致勝先機。因此，在談判之前必須先清楚確定談判的目標，因為談判的戰術或技巧、資料的蒐集、談判團隊的組成、對手是否可提供我方所要的價值等等，均根據所設定的目標來擬定與評估。接著就要仔細評估談判主題，包括：

1. 談判主題的內涵為何，包括哪些重點。
2. 在這個談判重點外，有沒有哪些相關議題是不宜涉及的。
3. 談判的預期結果是什麼，談判的上下限在哪，對方是否知道這個預期。
4. 對方的立場是什麼，會提出哪些要求。
5. 彼此立場間有多少運作空間，我們的讓步空間在哪。
6. 我方的支持者是誰，有多大的支持力量。
7. 如果是代表談判，自己被授予的權限到哪，當事人或委託人是否需要到場等等。

三、仔細評估我方策略

　　談判要採取何種策略主要依談判目標而定。若無意達成任何協議，自然可以選擇「對抗策略」，以拖延戰術，提出對手不可能接受的方案，威脅中斷談判等等。但若是期待能追求雙贏的局面，則可選擇「合作策略」，尋求雙方可接受的解決方案，並做必要的讓步以避免談判破裂。許多影響深遠的重要談判都無法一次定江山，而需要經過長時間、分階段來進行，因此在一開始談判之前，如果經過仔細的沙盤推演，通常有助於正式談判時掌握機先。

　　整個的談判策略包括：區分不同的進行階段、訂定每階段的目標、預先推估每階段所須花費的時間，並且要瞭解不同階段是否會涉入不同的影響因素，還須設定不同階段中我方議價的力量與可能的讓步空間等等。並且配合我方不同談判人才的交互合作，在攻守之間交叉進行，才可能持續長期抗戰，贏得最佳利潤，甚至帶來雙贏。越是複雜、需要長期經營的談判，越要避免由少數一、兩個人獨挑大樑，整個談判團隊的組成及默契就越發重要。

　　一般來說，談判團隊需要包括幾種不同的角色，一是主談，這個人必須對該次談判主題最清楚，而且是此次談判中被授權做決定的人。另外還需要有人專責記錄，負責記下雙方的各種訊息，以作為策略分析變動的參考。還需要有緩衝的角色，專門處理過程中不必要的衝突，打圓場、打好關係，促使談判的氣氛緩和。並且需要調節的角色，主要在於管控談判的步調與節奏，並處理其他干擾。而所謂的議價力量簡單來說就是權力槓桿，要清楚知道我方的權力在哪，並運作使得議價空間變大。還要事先準備好自己的讓步備案，所有的談判當然都希望能將自己的利潤向前推進，但是有時我們無法讓自己的所有期待都蒙利，而必須退而求其次，在一

個最佳備案上達成協議，這個就叫做談判協議最佳替代方案（best alternative to a negotiated agreement, BATNA）。

四、深入瞭解談判對手

瞭解談判對手是談判過程中非常要緊的事，事前就可以開始蒐集資料，甚至在談判進行中都要隨時敏察對手的相關訊息。所需要蒐集的資料包括：對手是單獨個人或是一個團隊、有無幕僚或是背後的支持者；對方是爲自己談判還是代表他人來談，如果是代表他人談判，就要設法知道對方的授權程度如何；談判對手的個性是怎樣，是否有談判經驗，風格如何；對方所期待的利益是什麼，在眾多利益的選擇中有沒有怎樣的優先順序；對方的弱點是什麼，最可能的談判協議最佳替代方案（BATNA）又是什麼。

五、創造其他有利條件

在談判進行中雖然雙方的誠意溝通是重要關鍵，但是有些時候設法營造一些小小的「主場優勢」，也可能有助於談判獲利。比方說，針對對手的風格選擇談判地點的布置，如果對方是個談判風格比較強硬的人，選擇溫暖的場地布置，則可能較容易讓雙方達成協議。還有座位的安排，儘量讓對手坐在面光的位置，而讓我方的談判人員坐在背光的位置。利用光線所造成的氣氛，而形成對於對手的壓制，而且通常面光的位置比較容易讓人分心，造成似乎無所遁形的心理壓力。這些有利條件的創造雖然不是致勝的關鍵，但是對於談判策略的輔助有時不無小補，因此整個空間及時間的應用，都是可以事前規劃以備不時之需的小技倆。

第六節　談判協商的進行

　　談判不一定就會出現衝突，甚至我們可以說，劍拔弩張、充斥著衝突的談判恐怕不是什麼高明的談判。如果在談判的過程中，雙方被太多負向情緒所淹沒，談判很容易失敗。要謹記的是，談判的重點在於彼此利益的協商，設法讓雙方都滿意才是談判最佳結果。在談判進行中有幾個重要的原則：

一、營造和諧氣氛

　　氣氛（climate）其實在很短的時間內就會形成。一開始就可以用善意的語言與非語言訊息來傳遞誠懇、合作、正經的氣氛，不論情勢如何，挑起對手的敵意絕對是不智之舉。

二、活用談判風格

　　談判是鬥智，而不是鬥力。可用的談判風格可以從兩個向度來說明，一個是方向，另一個是力度。這兩個面向都沒有絕對的標準答案，而需要依照當時的情境來靈活運用。方向指的是處理資料的方式，有的直接提供資訊或建議，有的間接抽絲剝繭、投石問路；力度指的是轉移對方立場的方式，有時強硬、絕不撤退，有時緩和、配合對方的要求。

三、注意談判舉止

　　陳述目標必須清楚而堅定，避免讓對方以為我們在暗示有任何的妥協空間。但是這不表示我們必須以強勢又咄咄逼人的姿態來談判，保持客觀及禮貌是很重要的，正所謂「不卑不亢」的態度最為適切。即使對方做人身攻擊，也不須回應，以沉默的方式來忽略對方的情緒，再將問題引導回要討論的重點。

四、彈性調整戰術

　　從雙方的交集開始討論通常會是個不錯的策略，但是切勿輕易做讓步，也不需要死守立場。在談判中，立場並不重要，重要的是利益。出價的時候，千萬不要一開始就提出合理的低價，如果對方覺得價格或條件合理，談判很容易達成協定，但是獲利會非常有限，而且以後也不易調整。但是如果出價太高，好處是如果對方同意以高價敲定，獲利將十分可觀，但是必須冒個風險，就是對方認為太沒有行情所以調頭就走。

　　所以出價的時候可以稍微偏高，但切勿離譜是較可考慮的方式。如果雙方僵持不下，善用「暫停休會」也是個不錯的策略，停下來冷靜檢討，讓彼此都有個喘息的空間，過後再接續協商。有時在談判中必須就談判主題做適當的細部切割，切割得愈細，常常愈能找到其中癥結，作為我們進退取捨的依據。總之，談判是藝術，戰術靈活是致勝利器。

五、謹慎結束談判

假設雙方達成協議，切莫忘形大意。謹慎寫下書面協議並由雙方代表簽字是非常重要的，否則若有任何一方有意或無意地誤解談判結果，那麼所有辛苦都將功虧一簣。即使談判已經結束，仍需要對整個談判過程及參與人員的表現做一番通盤檢討，這對於加強談判技巧是必做的功課。

摘　要

在我們的生活中，經常必須與他人不斷協商，這種有利害關係的雙方，藉由相互協調以獲得共識的過程，我們稱之為談判（bargain）或是協商（negotiation）。如果從社會交換理論的角度來看，人類的互動行為其實可以視為一種經濟活動，必須植基於均衡交換的互惠原則，人際交往的代價與利潤都需要讓彼此感到滿意。在人際交換的關係中，用以交換的資源概分為六類：金錢、貨品、服務、感情、地位、資訊，這六類資源分別具有不同的具體性與特殊性。

我們在人際行為中，都傾向選擇低代價而高利潤的活動，如果雙方處於互賴的狀態，個人會評估選擇能夠滿足彼此的互動行為。如果有一方必須負擔較高代價而無法獲得利潤，就可能改變原先的行為反應，以設法減輕或是消除不公平交換所帶來的不愉快。一般

來說，常見的行為反應包括：改變交換關係中的付出、改變交換關係後的結果、完全退出交換關係、拒絕酬賞以示抗議、認知曲解，重新建構交換關係合理化。人際關係大致可以分為三種：情感型的關係、工具型的關係、混合型的關係。談判的特性包括以下幾個部分：涉及兩個或兩個以上的談判成員；存在明顯或潛在的衝突或共同利益；談判成員彼此有依賴性；共同解決問題的意願。談判中最常出現的是利害相依的競合關係，其影響因素相當複雜，包括：互動的次數與訊息溝通、人格因素、權力擁有的程度與文化因素等。

　　有效的談判需要有相當的耐力與觀察力，目標在促使雙方達成一個彼此都能接受的協議，談判的類型主要可大略分為強力談判模式與加值談判模式。談判過程中有幾個基本的技巧：權力槓桿運作、多方搜尋資訊、提高可信程度及加強判斷能力。在談判開始之前，預備談判的動作是相當重要的關鍵，包括：讓對方願意透過談判解決問題、確定談判主題與目標、仔細評估我方策略、深入瞭解談判對手、創造其他有利條件。在談判協商的進行中幾個重要的原則是：營造和諧氣氛、活用談判風格、注意談判舉止、彈性調整戰術，最後則須謹慎結束談判。

練習一

> 你打算承租一間新房子,房東因為房子新建,而且地點方便的關係,開價每個月七千元的房租,而且不包括水電、瓦斯、電話及網路費,鄰近地區的房租大約每月五千五百元至六千元左右,不過都是中古的舊房子,你打算跟房東就房租的部分再做談判,請就你自己的狀況,寫下來你所考慮的談判條件是什麼,雙方的優劣勢可能為何?

練習二

> 請就前面的例子,找一位同學扮演房東跟你一起做練習,分別寫下彼此的BATNA,然後一起討論,在談判籌備的過程中,知己知彼的最大困難是什麼?

練習三

> 繼續利用前面的例子跟同學做角色扮演,練習談判流程的進行,並另外邀請一至二位同學擔任觀察員,在談判進行中負責觀察並記錄,談判結束後小組共同討論下面問題:這個談判是誰獲利、參與談判的雙方分別採取了什麼樣的策略、有哪些可以再做改進的地方。最後,進行小組報告,並由授課老師帶領綜合討論。

第十章

人際衝突

- 衝突的本質
- 衝突的類型
- 衝突演變的歷程
- 個人面對衝突的不同反應
- 如何妥善處理衝突

「快去換衣服，再過十分鐘我們就要出門。」

「我才剛從市場買菜回來，都沒休息呢，為什麼又要急著出門？」

「我跟大學同學約好了，一起到高雄聚聚……」

「你原來不是答應我今天陪我去看電影，為什麼你又跟同學約好，卻不徵求我的同意？」

「我跟這群同學好久不見了，聚餐以後再陪你看電影就是了，有必要跟我生氣嗎？事事都要先跟你報備不成？」

「重點是你片面決定我們兩個人的事，你很不尊重我。」

「有這麼嚴重嗎？芝麻大的事可以扯這麼遠，你也太小題大做了吧！」

「你自己去跟同學聚餐吧！我沒心情，我自己去看電影，不用你陪了！」

　　在生活中我們可能都碰過跟別人意見不合甚至不歡而散，像前面的這個例子就是因為溝通不良所產生的衝突情境。雖然人與人之間存在著必然的差異，但是「不同」雖然可能帶來人際相處的壓力，卻未必是造成衝突的原因。前面的章節中不斷強調人際溝通是一門藝術，這項能力不只幫助我們能夠學習與相異的其他人和諧共處，甚至讓我們能夠在即使出現衝突時，都知道該怎樣巧妙處理。

第一節　衝突的本質

　　我們對衝突常常抱著一種負面的想法，總覺得衝突是不好的，所以最好不要和別人發生衝突。在家裡不要有衝突，才能「家和萬事興」；在工作中不宜衝突，要「八面玲瓏、面面俱到」，以免諸事不順，似乎衝突代表著不良的關係，而且勢必帶來負面的結果。眞的是這樣嗎？我們先來看衝突的定義。衝突意指個體或人際間出現差異或不一致，而導致內在心理動態緊張（dynamic tension）的反應。Cahn（1990）將人際衝突界定爲「人與人在互動中，存在利益上的不同，或是出現相反的意見」。Fincham和Bradbury（1991）則指衝突是一個人的行爲干擾另一個人的行動過程。換言之，當我們處在社會生活中，基於個體獨特的動機、想法、感受、和行爲模式，因爲互動之必然，難免會有和他人發生衝突的可能。而倘若人際之間互賴性增加，彼此互動越頻繁甚且涵蓋更廣泛的生活層面與問題時，彼此的協調就會增加，衝突的可能性亦會增加。因此，即使我們不喜歡衝突，但事實上衝突縱非必然，亦屬人際間無可避免的自然狀態。

　　當出現這樣一個緊張狀態時，雖然會令我們感覺到不舒服，但是，衝突本身並不是一件壞事，能不能解決衝突才是最重要的。因爲透過衝突可以呈現出彼此之間的差異，提供雙方澄清彼此關係、自我概念以及期待，並進而能夠加以處理或調整（Taylor, Peplau & Sears, 1997）。若是處理得當，衝突不失爲一個解決問題的契機。Fisher和Adams（1994）就認爲人際溝通是於磋商彼此的差異，以求得一致。所以，人際溝通技巧之於衝突的意義，在於如何面對與管理衝突，比起如何避免衝突要來得更重要。

第二節　衝突的類型

　　任何的社會或心理系統其實都會存在兩種相對的力量：打破或改變系統，以及維持系統，這兩種力量相互抗衡，並且據此保持系統的生命與動態平衡。衝突的型態如果就廣義來說，可以包括：個人內在的衝突（intrapersonal conflict）、人際間的衝突（interpersonal conflict）、團體間的衝突（intergroup conflict）等三種。個人內在的衝突主要發生於個人內，包含思想、價值、信仰上的兩種或以上之相對的心理力量，或是人格系統間的衝突，比如，趨避衝突（既期待又怕受傷害，不敢考試作弊，但又擔心會被當掉）；雙趨衝突（魚與熊掌難以兼得，忠孝難以兩全）；雙避衝突（兩害相權取其輕，兩個都不喜歡的男孩子來約會）等等。至於團體間衝突的發生情境則出現在兩個對立的社會系統間，例如，存在於勞方與資方兩個不同團體間的勞資衝突，就是一種團體間的衝突。在本章所主要探討衝突型態是發生在人與人之間溝通過程中的人際衝突，這類型衝突在我們生活當中發生的頻率極高，也經常被提及。

　　另一種分類的方式則不考慮其衝突發生在個體或是系統。假若引起衝突的主要因素在於情緒更多過問題解決的，就稱之爲主觀性的衝突；假若是基於任務達成的不同要素，或因爲相對立的思考模式而起的衝突，就叫做客觀性的衝突。還有一種分類的方法則以理性衝突與非理性衝突做區分，此分類和Fisher（1997）將衝突分爲內容衝突（content conflict）與情緒衝突頗爲類似。理性衝突指的是基於達成目標的手段所產生的功能性的衝突，主要針對事情或行爲的差異；如果與目標沒有具體關聯，而是在一些不清楚的議題上所產生的非理性爭執，其中包含相當多的情緒成分，甚至可能對人不

對事，這類就稱爲非理性衝突。不過絕大多數的衝突無法清楚劃分屬於理性或非理性衝突，而是涵蓋兩個不同層面的成分。在這裡，我們主要依據衝突升高的不同階段來分類，將衝突分爲以下四種型態。

一、假性衝突

假性衝突（pseudoconflict）其實還不能算是眞正的衝突，但是卻容易演變成眞實的衝突情境，它可以說是衝突發生的預備狀態。最常見的假性衝突，是一種揶揄遊戲（gaming）。有些人喜歡互相揶揄笑罵，如果玩得不是太過火，而且彼此都能接受這種互動，它可能無傷大雅。但是，如果揶揄的目的在於針對積壓已久的事情或情緒故意挑釁，則會傷害關係，引發深層的眞正衝突。例如，偉德跟美珍夫妻倆正在爲晚上要出席的喜宴換裝準備，美珍說：「你爲什麼不打那條黃色的領帶？」偉德回答：「挑襯衫要依妳，現在領帶也要依妳，妳要不要順便告訴我該配哪一雙襪子咧？妳總是替我做決定哦，老婆一大一人！」偉德這種揶揄式的回答或許只是笑罵打趣，也有可能想要挑起爭端，無論如何，重點是偉德如此揶揄的眞正理由恐怕不在於領帶的選擇，而是兩人之間的權力控制關係。如果美珍回應了偉德的挑釁，她說：「搞清楚，要不是我事事幫你打點，你能有今天嗎？」，接著恐怕就要發生嚴重的衝突了！但若是美珍對偉德的挑釁聽而不聞，她笑笑回應：「唉呀！沒辦法，誰叫我那麼在乎你嘛！我覺得你這樣搭配比較帥啊！不然看你自己覺得想怎麼穿搭都行。」。不管偉德是否接受美珍的說法，至少兩個人不容易繼續陷入爭吵，不致產生衝突。

另一種假性衝突引發的狀況則多半起因於雙方無法同時滿足彼此的期望。先生說：「太棒了，今天晚上電視轉播奧運桌球賽，我

非看不可。」。太太卻抱怨：「為什麼？你昨天才答應晚上陪我去
逛街，今天你就忘了？」。如果非得二選一，犧牲其中一個人的期
待，那麼夫妻間很容易就出現真正的衝突。但是，若設法變通以顧
全雙方期待，就可以避免衝突的升高。比方說，太太同意今天先讓
先生看球賽轉播，明天再一起去逛街；或是先生願意先把球賽錄影
下來，等夫妻倆逛完街回來以後再看。

二、內容衝突

內容衝突的起源主要來自於訊息的正確與否，衝突的焦點通
常是爭論哪一個內容才是正確的。換句話說，這類衝突基本上始
於事實層面的論辯，如果討論的方向能夠回歸到原來的事實面，衝
突其實頗為單純，失控的可能性將大為減少。例如，先生告訴太
太：「我約了小劉星期四晚上一起打桌球，會晚點回家。」。太太
說：「星期四不行，那天晚上我媽媽生日，你答應陪我回娘家幫她
慶生。」。先生說：「妳媽媽生日那天是星期五吧！」。這時候，
夫妻倆的談話可能出現兩種不同的處理方向跟結果：其一是暫停爭
論，直接去翻一下日曆，查證時間，確定丈母娘生日當天是星期四
或五，再來決定先生該不該跟小劉改約其他時間；其二則是升高衝
突，太太開始抱怨先生，自己自從嫁入夫家，向來辛苦持家、孝敬
公婆，夫家每件大小事都一肩攬，可是先生卻從不關心自己娘家的
事；而先生也覺得十分委屈，自己成家之後就犧牲了一切興趣交
誼，薪資所得全部奉獻給家裡妻小，連偶爾打個球活動筋骨都要被
太太囉嗦半天。

這類衝突原本容易解決，只要證明事實曲直就好。因此，處理
之道不外乎先設法停止爭論，蒐集與問題相關的資料，將衝突範定
在問題本身。

三、價值觀衝突

　　所謂「價值觀衝突」（value conflict）指的就是雙方的價值觀介入問題爭論之中，而這類衝突的處理通常會比較困難。價值觀是個人的基本信念，認為某特定行為或事物的最終狀態優於其他，影響我們的態度及行為的抉擇。價值觀多數相當穩定持久，不會輕易改變，而且我們會根據價值來評價生活中的各種問題。我們的價值系統有其階層性，價值的重要有大小之分，其中主要判斷的價值觀稱之為優勢價值或核心價值。比方說，注重家庭生活、喜歡儘量多跟家人互動的人，下了班會想要快點回到家，跟家人一起共進晚餐；而認為事業上的成功比起家庭生活更重要的，則選擇在下班後繼續留在工作崗位加班，或是拜訪客戶、陪同客戶應酬。前者的優勢價值在於家庭生活的重要性，而後者的優勢價值則是在於事業的成就。

　　在人際關係中，若是雙方的優勢價值產生相互干擾甚至牴觸的狀況，無法取得平衡，就很容易出現彼此的衝突。假設一個看重家庭生活的先生娶了事業企圖心強的太太，兩個人價值系統的排序不同，當妻子計畫在農曆春節期間赴美洽談生意，就可能會跟先生產生衝突。因為對妻子來說，事業的開拓很重要，這筆合約正是個很好的契機；但是重視家庭生活的先生雖然也支持太太在事業上的追求，卻堅持春節是全家團聚最重要的日子，這時候最要緊的是家庭關係，什麼事業成就都不比大家一起過年來得重要。價值觀的衝突有時確實難以解決，甚至可以說，我們只能接受彼此差異的存在。

　　我們面對價值觀的衝突時，必須明白，雙方的歧異主要在於價值取捨的不同。如果衝突雙方能彼此充分理解，以互相尊重、互相信任的態度來認清並接納差異，然後進一步討論所引起的情緒，雙方盡可能自我調整、彼此妥協，就比較能解決衝突並且維繫關係。

比如前例，夫妻二人都瞭解彼此其實都很愛家，於是以相互尊重的態度來討論問題，也許太太選擇以越洋電話或透過網路通訊來處理工作上的事，也許先生攜家帶子陪同太太赴美洽談生意等等，都不失為解決衝突的好方法。

四、自尊衝突

如果把輸贏視為決定自尊的標準，這時候的衝突稱之為自尊衝突（dignity conflict），或者稱為自我衝突（ego conflict）；也就是衝突變成個人自尊或面子的問題。在這樣的衝突中，真理其實已經不重要，獲勝反而變成最重要的目標。自尊衝突是最難處理的衝突，一旦自我的尊嚴介入衝突，大部分人都容易失去理性，而使得衝突程度隨之升高，更加模糊了衝突的焦點。舉個例子來說，大姐對遲歸的小妹說：「媽規定我們晚上九點要回到家，現在都十一點了，為什麼這麼晚回來？媽媽出國去了，我可是要負責妳的安全。」小妹回答：「我已經十八歲了，我可以為自己的行為負責，而且我覺得十一點回家並不算太晚啊！」（此時，企圖升高為價值觀衝突），小妹又說：「更何況，我還年輕才有本錢玩到十一點，像妳都三十好幾了，想玩到晚上都沒人願意陪妳。我已經長大了，我有能力為自己的行為負責。」（攻擊行為而成為自尊衝突），如果大姐回答：「我是三十好幾了又如何？氣質比妳好多了，像妳這麼隨便！妳有什麼本事為自己負責？」、「我哪裡隨便？哪像妳……」（回應自尊衝突）。

本來只是關於家中成員該幾點回到家的爭議，卻可能升高為價值觀的衝突，甚至演變成爭論誰是好女孩、誰是家裡的麻煩人物，衝突升高為自尊的衝突，兩個人的爭執勢必愈演愈烈，鬧得不可開交，甚至演變為人身攻擊。

Sorry.

階段一	階段二	階段三	階段四	階段五
潛在對立	認知與個人介入	意圖	行為	結果

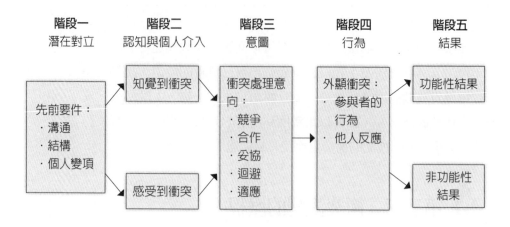

圖10-1　衝突發展歷程

資料來源：改編自Robbins S. P. "the Conflict Process"（2005）.

 ## 第四節　個人面對衝突的不同反應

在生活中出現衝突的情境其實無可避免，但在不同的時空環境下、面對不同對象，我們處理衝突的方式也會有所不同。不論是正向或負向的行為，每個人幾乎都有自己慣用的衝突處理模式。有的人不去考慮關係會不會受影響，也不去想問題是否能解決，而採取忽視的反應；有的人會放棄堅持，以維持關係為主要考量卻不在乎問題解決與否；也有的人不論關係如何，完全就事論事。Verderber和Verderber（1995）將處理衝突的方式分為撤退（withdrawal）、放棄（surrender）、攻擊（aggression）、說服（persuasion）和問題解決式的討論（problem-solving discussion）等五種主要模式，每一種模式均有其適用的情境。

一、撤退

　　這是最常用、也最簡單的衝突處理方式。撤退指的是自己在實質或心理上抽離衝突的情境，避免衝突加劇，而暫時維持關係。這是被動行為反應的一種形式，感覺上就像是一隻烏龜，在牠無法處理衝突的時候，暫時先將自己縮回殼裡，先迴避衝突情境，等到已經預備好如何面對的時候，再探出頭來。撤退包含有實質上的撤退與心理上的撤退兩種。實質上的撤退所指的就是離開衝突現場。例如，王先生夫婦，近幾個月來為了王先生是否要戒菸的問題爭論不休。這天王太太一進門就聞到客廳裡的菸味，放下手裡的東西，說：「你為什麼又抽菸了？我們不是已經說好，你要慢慢開始儘量戒菸嗎？而且你答應我至少不在屋子裡抽菸……」，這時王先生不打算跟妻子爭吵，捻熄手裡的菸蒂，起身來往門外走去，並說：「我去買份晚報，馬上回來。」。王先生這樣的動作就是一個非常清楚的實質撤退。在我們的生活中，我們經常會利用這樣的撤退方式去面對衝突。

　　除了實質上的撤退外，心理上的撤退雖然比較不容易被注意，但卻經常被使用。假設王先生在太太不停叨唸的同時，仍然安安靜靜的坐在椅子上，雖然眼睛看著太太，但腦子裡想著的卻是明天的提案報告。這時雖然他的感官接收到太太的訊息，但是聽而不聞地故意忽略訊息的處理，這也是一種撤退的方式。心理和實質的撤退都十分地常見。我們到餐廳用餐的時候，覺得坐在隔壁桌的年輕人似乎太興奮了，一群人喳喳呼呼地吵嚷著，我們未必要求對方安靜，而是選擇換個座位；或者當我們排隊買車票的時候，遇到有人插隊，我們也可能用「眼不見為淨」的方式來處理。

　　雖然撤退是常見的方式，但是因為用撤退的方法不只沒有消

除衝突，甚至根本沒有試圖去解決衝突，常常會帶來負向的結果。正如 Roloff 和 Cloven（1991）所說的：「逃避衝突的配偶，比較難解決他們的爭論。」。他們提到一種「悶葫蘆行為」（mulling behavior），就是把真實或想像的問題放在心裡，直到衝突的感覺變得非常嚴重，情緒即將爆發，然後就開始採取攻擊行為。因此，不直接面對問題，就長遠來看，很可能只會讓問題變得更難處理。在前面的例子裡，王太太說不定會一直跟著先生走到門口，仍不放棄跟先生討論戒菸這件事，因而繼續他們的衝突。就算王太太沒有繼續不停的嘮叨，但是很可能會在心裡累積更多不滿情緒，當他們處理其他事情時，反而可能成為引爆衝突的導火線，而且衝突程度將更為劇烈。

不過，有時候堅持立即處理衝突，也未必就會有正向的結果。國人常說的凡事要「忍讓」、「小不忍則亂大謀」、「退一步海闊天空」恐怕還是有些道理。有時候不去理會衝突，它確實也可能自然消失。Verderber 和 Verderber（1995）就提到有兩種衝突情境其實可用撤退的行為來應對。其一，為了讓衝突降溫，所以暫時不理。例如，王先生跟王太太為了是否要搬離婆家、另組小家庭而爭吵，在談話過程中，王先生發現太太開始不停抱怨婆婆帶給她的生活壓力，甚至包括管教孩子的方式等等，王先生發現自己跟太太開始有些偏離主題，並且變得情緒化，於是王先生提議：「等一下，我去泡個茶，我們一邊喝茶一邊慢慢再談。」。幾分鐘後，雙方比較冷靜了，夫妻二人才能比較持平地來處理原本的衝突。實際上王先生的行為不純粹是撤退，因為它不是用來逃避衝突，而是提供冷靜下來的機會，以幫助雙方進一步解決衝突。其二，兩個少有交集互動的人發生衝突時，撤退也算是一種可行的反應。例如，美威曾經在社區住戶大會上，和隔壁棟的永杰夫婦因為聘僱保全公司的事彼此意見不同而爭論不休。在一次社區辦理旅遊活動時，美威對於活動

景點非常喜歡，但覺得活動規劃的行程可以再做調整，在她完成活動報名後，發現負責規劃活動的竟是永杰，她想起過去曾有的過節，覺得「道不同不相爲謀」，於是她並沒有表達希望調整行程的想法，只是默默地退出這次社區活動。對美威和永杰來說，彼此的衝突不一定需要解決，也不一定能夠解決，他們不需要達成共識，只要彼此迴避，就可以避免衝突以及所帶來的負向感受。

衝突處理是一種藝術和能力的展現，要看時機並且有計畫的來處理。不過，如果撤退的方法變成我們慣用的衝突處理模式時，可能就比較不健康了。

二、放棄

放棄指的是改變自己的原有立場，以避免衝突發生或甚至進而解決衝突，其目的可能以維持關係爲主。就拿前面的例子來說，如果美威不只是沒有表達想調整行程的期望，甚至低調地參與永杰已經安排好的旅遊行程，她心裡雖然覺得這個行程實在安排得不怎麼樣，但卻漠視自己的想法與需要，接受既有的安排。在人際之間，雖然有時候確實需要改變自己的立場去順應他人，但是如果經常以放棄的方式作爲主要因應策略，則不一定是好的適應行爲。有些人因爲厭惡或是害怕衝突的場面，所以就盡其所能地避免衝突，他們選擇放棄自己原來的立場，這可以說是一種無法自我肯定的行爲。例如，王先生夫婦在討論週休假期要如何安排，原來王太太的期待是只有夫妻二人到郊區走走，但是王先生卻表示他約了父母兄弟與至交好友都一起同往。在王太太說完她的期待後，王先生說：「只有我們兩個多無趣啊！如果和爸媽還有哥哥嫂嫂、小弟、老友們都一起去露營，不是比較熱鬧嗎，妳覺得呢？」……於是王太太說：「噢！好吧！」。縱使王太太並不希望跟一大群人一起渡假，但是

她卻不再表示自己的想法和感覺，為的是避免衝突。

選擇放棄模式來解決衝突的人多半不堅持自己的目標，或者可以說他們對於人際和諧的重視程度，遠大於自己目標的完成。所以對他們來說，容易傾向於討好別人而放棄自己。但是，重視自我的西方社會認為採取放棄模式來處理衝突，不一定是好的。因為，第一，我們理應按照自己的實際需要來做決定，而不能只是為了逃避衝突。如果一個人放棄了，那麼原來的想法或決定究竟好不好，就根本沒有機會得到驗證。第二，放棄並不一定就會如所預期的，讓彼此關係維持和諧，它也可能會激怒對方。當王先生把自己的想法告訴妻子之後，雖然期待妻子的贊同，但是如果王太太採取放棄模式，說不定會讓王先生覺得太太完全不喜歡他的計畫，只是很委屈的犧牲她自己。其實這種放棄行為在另一個意涵上指的是「王先生迫使太太不能有自己的意見」，因此如果王太太以這種被迫屈服、委屈求全的姿態出現，換句話說，就是指認王先生即為強迫順服的惡勢力，這種意有所指的放棄行為，反而更可能會引起衝突。

不過，受儒家文化影響的東方社會，就比較不排斥以放棄的方式來處理衝突。在中國文化中，人際關係和諧的價值遠高於個人自我需求的滿足。其中「不與人爭」的觀念，用來表示一個人的氣度與涵養。在日本，放棄或「謙讓」被認為是比較謙遜，也是比較得體的方式，與人衝突反而會讓人瞧不起。雖然這是文化上所出現的差異，但是，除非自己心裡真能接納這種價值觀，否則仍不鼓勵以放棄作為衝突處理的主要模式。這種方式只是在壓抑個人心裡的不滿而已，而壓抑過多負向情緒很容易引發心理不健康。

三、攻擊

第三種處理衝突的方式是攻擊。攻擊行為可分為直接攻擊

（direct aggression）和間接攻擊（indirect aggression），這是運用脅迫身體、心理或其他行為來達到目的之方式（Alder & Towne, 1981）。人們藉著攻擊來強迫別人接受自己的觀點，而得以在衝突情境中成為一個「勝利者」。表面上看起來這種解決模式會有一方成為「贏家」，不過事實上，假若被攻擊者當時較弱，確實可能選擇暫時隱忍然後再伺機反擊；但如果彼此實力相當就可能會引發立即反擊，最後形成「雙輸」（lose/lose）的局面。此外，因為攻擊是帶著負向情緒的行為反應，常具有傷害性和強迫性，勢必破壞彼此之間的關係。直接攻擊包括身體和語言的暴力，所謂的身體暴力就是憑藉肢體上的打擊，而語言上的暴力在我們的生活中更常出現，例如，使用藐視的語氣或是講粗話等等，以強烈的口氣表達反對。間接攻擊則是在無法直接針對衝突對象表達意見時，而採取其他方式好讓對方知道自己的不滿；例如，刻意踹一下對方最疼愛的寵物出氣；故意用力甩門；以高亢的聲音抱怨「每次……，反正……，我能怎樣……」；甚至低聲啜泣到大聲哭號等等，都可以算是間接向對方表達不滿。

　　攻擊模式無法達到真正的溝通效果。攻擊行為常常充滿情緒，不去思考問題本身，只要看誰的胳膊粗，誰的嗓門大，誰鬧得比較激烈，就是誰能制服誰，或者說是誰能強迫別人屈服。這樣不惜代價的結果雖然可以使得自己的想法獲得堅持，但是不管直接或間接攻擊，只是會更激怒對方，升高衝突，或是模糊衝突的焦點，而無法使衝突能夠真正得到處理。

四、說服

　　說服就是試圖改變別人的態度或行為，彼此取得協調。例如，梅莉跟室友討論期末考後要去哪裡吃大餐，室友提議：「我們去吃

日本料理，聽說市區有一間網路上評價超高的日本料理店，而且我們可以去買網路團購的優惠券，吃起來就比較划算，妳說好不好？」，梅莉則說：「可是我想去吃義大利麵，學校附近新開那家店每天都好多人排隊，前幾天玉芳她們去吃了，說好好吃哦！」。這時候的梅莉跟室友顯然意見不一，為避免衝突發生，於是梅莉說：「不然這樣好了，我們這回先去吃義大利麵，它的價格畢竟比較便宜，離學校又近，比較不影響我們期末一堆事要處理，那家日本料理店的團購優惠券我們又不一定買得到，等買到了，我一定陪妳去吃！」。像這樣便是試圖運用說服來解決衝突。若說服的過程開放而內容合理，則不失為一種解決衝突的正向方式，很可能找到一個雙方同意的辦法。

五、問題解決式的討論

問題解決式的討論是處理人際衝突的最佳模式，因為基本上它視衝突為解決問題的契機，雙方一起面對問題。在問題解決討論時必須要仔細考慮衝突問題為何，以及可能的解決方案和潛在正負兩面的結果。在討論中，雙方是平等的，能開放思考，並賦予問題更多可能的解決方案。然而，以問題解決討論的方式處理衝突並不容易，因為在討論過程中牽涉到參與者是否有意願、能否控制情緒、客觀表達問題、坦誠面對自己的想法與感受，並且必須放下我執，而對問題的解決方案採取開放的態度。問題解決的討論需要彼此信任和合作，才能達到最有益於雙方的解決方式，而這也是衝突處理中最能獲致「雙贏」（win/win）局面的解決方法。

問題解決式的討論過程包括：問題界定、找出可行的解決方法、選擇最適合方案和相關執行的抉擇等等。在過程中並沒有固定的模式或步驟，重要的是當雙方察覺到衝突時，必須能夠各退一

步，然後設法有系統的解決問題。

第五節　如何妥善處理衝突

　　處理衝突的原則包括：確定雙方處理衝突的意願、認清衝突的類型、以雙贏替代競爭、運用幽默、直接溝通、尋求公正中立的第三者協助，以及從失敗經驗中記取教訓。

一、確定雙方處理衝突的意願

　　衝突的處理，必須在雙方都有意願的情形下才可能完成，如果其中一方不打算維持關係，甚至意圖激化衝突，那麼衝突就很難處理了。萬一雙方都不在乎關係，彼此都決心撕破臉，那麼很可能彼此都根本無意處理衝突。大部分時候，衝突之所以難處理起因於我們不自覺地出現慣用的負向模式，而這些模式是我們長期累積學習而來的，經常在未經思考的情形下就反應出來，而我們反應的依據，主要根據我們對目標的重視及堅持的程度，還有彼此關係對我們的重要性這兩個方面來加以衡量。如果目標跟彼此關係對我們都不重要，我們在面對衝突時較容易傾向於迴避或忽視，如果關係對我們的重要性遠大於目標的堅持與否，那麼我們就比較可能放棄己見、試圖遷就或討好他人、絕不以犧牲彼此的和諧為代價。假設我們看重目標的達成勝於彼此關係，那麼就比較可能採取強硬的方式來處理衝突，不惜任何代價都要堅持自己的目標。

　　Rusbult（1983）就曾提過關係的滿意度與人們採取正向或負向衝突處理模式有很大的關係。而所謂的確定雙方都有處理衝突的意願，意思就是雙方都意識到衝突可能出現，而且都認為維持彼此

關係對他們來說還算重要。在覺察到快要有衝突時，就可以提醒彼此，我們的目標不同，關係也可能遭遇挑戰，如果我們願意，可以試著用正向的模式來處理衝突。重視維繫關係的人，面對衝突時會傾向於彼此間有這樣的共識：「我們珍惜彼此的關係，所以解決差異對我們很重要」。

二、認清衝突的類型

在試圖處理衝突之前，需要先認清楚衝突的類型。如果我們能釐清衝突類型，才能對症下藥，在衝突失控之前就設法有效解決。就如Coombs（1987）所說的，衝突不會一成不變，衝突是一種動態的緊張，是一種會變化的歷程，若處理得當可能會讓彼此更深入瞭解自己與對方並獲致問題的解決，但也可能會變化到讓關係深受傷害的地步。在人際關係中，衝突處理的關鍵技巧在於，避免讓衝突升高到無法解決的地步。如果我們的衝突屬於假性的衝突，最好就是避開這個衝突情境，不要讓自己陷入其中陷阱。如果假衝突的起因是為了無法同時滿足的期待，那麼就需要彼此協調，設法兼顧彼此的需求。

當衝突是因為爭論訊息事實所引發的內容衝突，處理的最佳指導方針就是放下衝突，回到訊息內容上重新確認，切不可讓衝突升高或擴大。萬一衝突的癥結是因為彼此的價值觀不同，處理的唯一途徑就是去體認並接納對方和我們的差異，盡可能相互妥協，建立彼此的共識。當衝突已經升高為自尊衝突時，彼此的情緒都過度涉入，其實衝突就很難處理了。如果能將衝突層次拉回到內容衝突，衝突才比較有解決的希望。

三、以雙贏替代競爭

　　如果在衝突過程中彼此存有競爭的心態，就很可能會採取攻擊策略，以求贏得衝突。若彼此能夠相互合作，才可能透過問題解決的步驟，努力追求彼此滿意的結果——「雙贏」。有時候，雖有一方採取合作的態度，卻有另一方視衝突為一種競爭，在這種情形下必須先化解敵意，改變競爭者的競爭心態成為合作者，衝突才有可能解決。

　　要如何讓對方以理性合作的態度來面對衝突呢？首先，你必須先誠懇表示自己很期待解決衝突，並且十分樂見一個雙方都滿意的好結局。其次，要避免使用會升高衝突或引起對方防衛的敘述。以合作型的溝通方式來避免衝突加劇，例如，在孩子抱怨母親管太多時，媽媽回答：「我知道你對自己的人際關係跟行事分寸很有自信，不過，從媽媽的立場來看，我仍然會對你玩到這麼晚覺得有些擔心。」、「媽媽知道自己年紀大了，想法保守，跟不上你們這些年輕人，不過，我儘量設法多瞭解你，但是我要瞭解你也得靠你幫助我。」。我們的語言和非語言訊息都能傳達自己內心的想法及感受，無論是對於衝突本身，或是我們衝突的對象，如果我們的態度坦誠而且尊重對方，至少能讓他願意試著靜下來聽我們說。如果以負向的溝通行為來反應，甚至藉由語言或動作來意圖貶低對方及其觀點，就容易引起對方的防衛與負向情緒，形成互有輸贏的競爭情境，於是就很可能會升高衝突，衝突將更難以處理。

　　我們平時可以多練習如何營造合作的氣氛，在覺察到衝突發生時，就在內心裡提醒自己暫時緩一緩，深呼吸，想一想該怎麼辦，千萬不要升高為自尊衝突。如果察覺別人的競爭心態，就不要再有意無意地使用威脅型的溝通方式，避免激發彼此的對立。可以藉由

專注傾聽，甚至簡述對方的想法與感覺，例如，「我想你一定很生氣，聽起來這件事對你似乎真的非常重要」，來營造合作的氣氛，促使雙方將力量專注在共同的任務上。

合作的氣氛會因為彼此的心態開放而強化，開放的心態（open-mindedness）讓我們在訊息處理的過程中保持彈性，因為他能放下我執，也就是不會執著於自己認為絕對的特定概念，而能接納不同的訊息與觀點。過分執著容易變成獨斷（dogmatism），這樣的心態會讓人固執於自己的價值取向，並且堅持依照自己的價值標準來評斷。獨斷的人容易視野偏狹，思想固執，只會在迫於權勢時屈服於人。而持開放態度的人並不表示就不會在某些想法或態度上有所堅持，但是他們能覺察不同價值抉擇的共同點，並且在這個共識的基礎上同理而接納不同的意見，對於想法不同的人能較為包容。如果雙方都很獨斷，用兩極化方式來面對彼此，將更可能升高衝突。

另外，除了在語言的溝通行為上要努力營造合作的氣氛外，瞭解非語言行為並藉此表達合作的意願也是處理衝突的重要因素。Newton和Burgoon（1990）認為非語言溝通在衝突情境中，扮演著重要的角色，因為從非語言行為，我們可以知道對方的感受，甚至能察覺對方解決衝突的模式是什麼。例如，太太發現自己的白襯衫被先生的工作服染成花的了，於是說：「你知道我的白襯衫又被你的工作服染壞了嗎？」，先生回答：「糟糕！對不起啦！我急著要把我的工作服洗乾淨，又忘了要把髒衣服跟白衣服分開了。」。如果太太接著說：「我就知道！你實在很傷腦筋，這麼簡單的事你也老是忘記。每次都這樣！」。這句話表達時的非語言部分其實比起語言本身，更能顯示她真正的意思。如果她杏眼圓睜、眼尾上揚甚至帶著笑意，語調輕巧，先生就能預期自己的疏忽已經得到原諒。如果老婆大人怒目直視，語音沉悒，表情僵硬，那麼她所傳達的訊息恐怕不只一件白襯衫，還包括對彼此關係的不滿──「你總是不

在乎我」。此時，先生就需要澄清一下太太的感受及情緒，並趕快
爲自己的疏忽道歉，以化解彼此誤會。

四、運用幽默

　　幽默是衝突處理過程中重要的潤滑劑。Alberts（1990）強調
幽默「能促進彼此團結，增進親密情感」，但是他也提醒我們，
幽默的運用成功與否取決於雙方既有關係之良窳。如果兩個人覺得
他們有良好的關係，他們會接受對方的戲弄或是開玩笑，並認爲這
是幽默；如果彼此已有嫌隙，自以爲幽默的行爲可能反而變成一種
挑釁，甚至成爲攻擊。例如，雅雯深夜讀書，突然覺得肚子餓了，
記起自己昨天買了幾個茶葉蛋，到廚房想拿來塡塡肚子，卻發現茶
葉蛋都已經不見了。她轉頭一看，一眼正瞧見室友青萍呑下最後一
口茶葉蛋，一臉滿足的樣子。於是雅雯大吼說：「可惡！王青萍，
妳眞是混蛋，妳把我的茶葉蛋全吃光了，我買的耶！妳是餓死鬼
投胎呀，難道不知道不可以把別人的東西吃光光嗎？眞是氣死人
了！」。青萍回答：「對不起嘛！算我該死！難不成妳要我以死謝
罪嗎？好嘛！那妳要我這個茶葉混蛋怎麼彌補我的罪過，我是現行
犯，請將我繩之以法吧！」。雅雯聽了可能覺得又好氣又好笑，
說：「算了算了，我現在肚子餓昏了，妳陪我去吃宵夜吧！不過下
回，記得幫我留點吃的。」。但是如果他們倆人原先的關係已經有
些彆扭，青萍自以爲的幽默可能更讓雅雯覺得對方簡直無賴，甚至
於是無視於自己感受的惡意譏諷，這種情形的幽默可能只會使衝突
惡化。善意而且是對方所接受的幽默，才有助於化解衝突。

五、直接溝通

　　直接和對方溝通，溝通效果會比較好，也比較不會產生衝突。我們總是習慣間接傳達訊息，而不和對方直接溝通，於是很容易因為溝通失誤而產生衝突。我們應該都玩過「耳語」（gosip）遊戲（或是含水傳話的遊戲），從第一個人開始對第二個人小聲說話，第二個人把所聽到的內容再小聲傳給第三個人，如此依序轉述，話傳到最後一位時，通常訊息已經嚴重扭曲，讓人難以置信。而且，間接溝通也容易產生謠言。在傳話的過程中，內容常被不經意或甚至刻意歪曲，遺漏訊息的重要部分。

　　為了避免傳話的失誤，其實應盡可能的直接與需要訊息的人溝通。比方說，婷文因為打算考研究所，因此對於士強的追求，雖然頗有好感，卻期望彼此能在考上研究所之後再論及交往，於是婷文要錦莉代為轉告士強，這種透過第三者錦莉來傳遞訊息的做法，就是間接溝通。假設錦莉在傳話的過程中，對婷文的意思做了其他的詮釋，或是沒有完整傳遞訊息，使得士強誤解了婷文的意思，都會造成與原先預期不同的結果。如果我們必須代人傳話，一定要先謹慎確認訊息的意思，然後完整而明確地與對方溝通，才把訊息傳遞下去，以免造成他人的誤解或是衝突。

六、尋求公正中立的第三者協助

　　有時雙方雖然還算有意願合作來面對衝突，但是衝突情境確實難以獲致解決，這時候藉由中立的第三者提供協助，好讓彼此的問題能有效處理，也是一個不錯的辦法。這個第三者不但要能夠中立來處理雙方衝突，而且也要設法幫助兩人提升其衝突處理的功能。

否則有可能落入Berne（1985）提到的拯救者與迫害者之心理遊戲陷阱中。依據角色及介入情形的不同，公正第三者經常透過扮演下面兩種角色來介入：

催化者（facilitator），協助雙方進行合作討論的第三者。這個人並不會替雙方做決定，但是能設法減低彼此衝突所產生的挫敗感，協助雙方利用有效的溝通技巧，評估各種情況，運用問題討論的方法來處理衝突。例如，心理學家、心理治療師、婚姻諮商師、社會工作師、輔導人員等等，都十分精熟於催化的技巧。

仲裁者（arbitrator），也是公正的第三者角色，比較不同的是，他必須在聆聽雙方的敘述，然後評估各種可能的選擇方案，並為雙方做一個能滿足彼此需求的決定。比方說勞資衝突，有時就會請勞工局來做調停的工作，而這時勞工局所扮演的角色就是仲裁者。在人際衝突中的仲裁者必須是雙方都信任的對象，而且他必須有能力為雙方的衝突做決定。在家事法庭（domestic court）上，法官在離婚案件中判決子女的監護權，就是扮演仲裁者。有些時候，我們會傾向於找朋友或親戚來做仲裁，這種方式比較不是那麼適當，因為這些人未必具有專業能力，而且可能和衝突的一方因為感情因素或是利害關係，比較困難去維持獨立與公正，這時仲裁的角色反而會讓衝突雙方覺得很不舒服。如果雙方同意由第三者仲裁，就必須先約定彼此，不論最後的決定是什麼，雙方都必須接受並遵從。

七、淤失敗經驗中記取教訓

我們都期望能解決所遇到的任何衝突，但是，衝突是非常複雜的歷程，有時候即使我們已經盡了最大的努力，仍然必須面對衝突無法解決的挫敗。即使衝突處理失敗，雖然遺憾但並不可恥，我們應該試著回顧衝突引發及處理的過程，仔細分析失敗的原因。重新

檢討在處理的過程中哪些地方失當，哪些是溝通技巧中必須加強的
地方。從失敗中記取教訓重新學習，絕對有助於我們日後坦然面對
衝突。

摘　要

　　人際衝突的本質在於人際互動中出現差異所導致的心理動態
緊張。所包括的類型有主觀與客觀衝突、內容與情緒衝突之分。
另外我們也從衝突升高的不同階段，將之區分爲：假性衝突、內容
衝突、價值觀衝突及自尊衝突。衝突的產生是一個動態的歷程，從
潛在對立、認知與感情的介入、衝突行爲的出現及處理、最後出現
衝突處理的結果。因應衝突的模式各異，包括有：撤退、放棄、攻
擊、說服和問題解決式的討論。

　　要妥善處理衝突首先必須確定雙方有處理衝突的意願，並且認
清衝突的類型，才能針對衝突的焦點來處理。並且儘量設法營造合
作的氣氛，以雙贏來代替競爭。利用幽默的方式來緩和衝突，直接
溝通避免誤解，或甚至尋求公正的第三者來協助。即使仍然不能解
決衝突，還是要仔細檢討缺失，從失敗中記取教訓。

練習一

認識你自己是如何面對衝突的。

請完成下面的問卷，找出你所慣用的衝突處理模式（Johnson & Johnson, 1991）。

請在下列題號前填入適當的答案：

5＝對我來說，這是典型的衝突處理方式

4＝通常我會這樣面對衝突

3＝有時候我會這樣面對衝突

2＝我很少用這種方式面對衝突

1＝對我而言，我絕不可能用這種方式處理衝突

_____(1)對我來說，克制怒氣還算容易。

_____(2)即使別人的想法和我不同，我還是希望他最好依照我的想法來做。

_____(3)我認為，溫柔的言詞更勝堅定的心。

_____(4)如果別人打我一下，我會以牙還牙。

_____(5)我覺得大家理智一點就是了。

_____(6)我覺得，兩個人爭執時，最先閉嘴的那個人比較值得嘉許。

_____(7)我覺得，權力通常可以戰勝權利。

_____(8)我認為，圓滑的言詞會幫助事情更圓滑的處理。

_____(9)我覺得，凡事「有總比沒有好」。

_____(10)我認為，「真理」通常只在書上才有，而且不代表多數人的意見。

_____(11)一個人如果攻擊別人得逞，他下次很可能會再犯。

____(12)我認為，與其讓敵人逃逸還不如征服敵人。

____(13)我覺得應當心懷慈悲，但不一定要寬恕你的敵人。

____(14)我覺得，雙方如果公平互惠，根本就不可能會有爭執。

____(15)我覺得，任何事都不可能由一人獨力完成的，每人都有某部分貢獻。

____(16)通常，如果有人跟我意見不合，我就會乾脆離他遠一點。

____(17)我認為，戰場是屬於那些秉持必勝信念的人的。

____(18)我覺得，說好聽的話，可以得到好處，自己又不會少一塊肉。

____(19)我覺得，「一報還一報」才是一個公平的遊戲規則。

____(20)在我的想法中，只有願意放棄己見的人才會從中得利。

____(21)通常我都會避開那些好辯者，因為他們只會讓我的日子更悲慘。

____(22)其實，我覺得只要自己堅持到底，最後棄甲投降的一定是別人。

____(23)溫柔的言詞是和諧關係的保證。

____(24)我認為，送禮可以贏得好人情。

____(25)對我來說，公開而且坦然面對衝突，是解決衝突的不二法門。

____(26)我覺得，與其去處理衝突還不如避免衝突。

____(27)一個人只要自己站得穩，不管你打算做些什麼都會成功。

____(28)我覺得，溫和比暴力更能獲得勝利。

____(29)對我來說，能得到一點自己想要的東西總強過一無所穫。

____(30)我認為，率直、誠懇與信任會幫助自己面對一切困難。

____(31)以我來說，沒有任何事情會重要到必須為它堅持奮戰。

____(32)我認為，世界上只有兩種人，不是勝利者就是失敗者。

____(33)我覺得「以德報怨」也沒什麼不好。

____(34)其實，只要雙方各退一步，很容易就能達成和解。

____(35)我認為真理會越辯越明。

烏龜型 （撤退）	鯊魚型 （攻擊）	玩具熊型 （放棄）	狐狸型 （說服）	貓頭鷹型 （問題解決 式的討論）
____ (1)	____ (2)	____ (3)	____ (4)	____ (5)
____ (6)	____ (7)	____ (8)	____ (9)	____ (10)
____ (11)	____ (12)	____ (13)	____ (14)	____ (15)
____ (16)	____ (17)	____ (18)	____ (19)	____ (20)
____ (21)	____ (22)	____ (23)	____ (24)	____ (25)
____ (26)	____ (27)	____ (28)	____ (29)	____ (30)
____ (31)	____ (32)	____ (33)	____ (34)	____ (35)
____(Total)	____(Total)	____(Total)	____(Total)	____(Total)
____	____	____	____	____

人際關係
與 溝通技巧

練習二

　　回憶一個最近讓你耿耿於懷的衝突情境，在這次的衝突中你和對方分別用什麼模式來處理衝突？當時你內心的想法和情緒是什麼？當時的語言和非語言反應為何？對解決衝突的作用為何？如果下次再出現類似情境，你覺得應該要如何改進以解決衝突？

練習三

　　用一個星期的時間，記錄你的心情日記，寫下你每天發生的人際大事，以及這件事所帶來的感受。如果是負向的感受，有引發你跟對方的衝突嗎？這個衝突是價值觀或是自尊的衝突嗎？如果是，請再仔細回想一下自己與人衝突的真正理由。

第十一章

團體中的人際溝通

- 團體的特徵與類型
- 團體中的人際溝通與關係型態
- 有效的工作團體
- 如何應用團體溝通來解決問題
- 團體領導者的功能及領導技巧

小陸自從上大學以來，從沒有感覺日子這麼快樂過，終於他可以搬離學校宿舍，自己在外面租屋居住，擁有自己的小天地，讓小陸覺得愜意極了！但是，自由的感覺沒有維持多久，有一天，他獨自去吃早餐、上學，本來打算放了學以後，找同學一起去打籃球，可是同學們有的還有課、有的要趕去參加社團活動，小陸突然覺得自己好孤單！

人是社會性的動物，不可能離群索居，我們終其一生幾乎都在過團體生活。但是人在團體中就真的比較快樂嗎？人與人之間會彼此互助嗎？俗話說：「一個和尚提水喝、兩個和尚抬水喝、三個和尚沒水喝」，究竟在我們的團體生活中，溝通是如何進行的？要怎麼溝通才能達到最大的效益呢？

 第一節　團體的特徵與類型

團體是由兩個以上的成員所組成，但是有了人並不表示就足以構成團體。在車站月台上的一群人，即使成員眾多卻不會被視為一個團體。

一、團體的特徵

一般來說，團體應該要具備下列幾個特徵：

(一)互動

　　團體中的成員彼此是有互動關係存在的。他們透過語言或是非語言的方式，彼此互相交流，並且在互動的過程中造成對彼此的交互影響。團體成員所交流的內容包羅萬象，可以是資訊的交換、心得的分享，也可能是彼此的經驗或是情緒感受的交流。

(二)結構

　　如果只是一群人的聚合，即便彼此有交流，也很難稱之為團體。大部分的團體，會在成員間形成一種穩定的互動關係型態，我們稱之為團體結構，其所包含的三大要項為：角色（roles），成員在團體中有特定並且相對應的行為模式；規範（norms），團體自成一套行為的準則，用以約束團體中的個人，並使團體運作；成員間的關係（intermember relations），形成成員彼此間相互依賴或是權力控制的獨特方式。

(三)目標

　　當個體無法獨立完成某些特定目的，這些共同而特定的目的就成了團體存在的重要理由。成員聚集一起並共同分擔責任，一起完成目標，這是促使團體凝聚的重要因素，而這個目標必須是大多數或甚至全體成員的共識，並能滿足大家的需求。

(四)互賴感

　　團體成員間彼此會存有一種相互依存的感覺，這種共同脈動的體認，感覺到團體是完整的、一體的，在其中的成員認可自己及其

他成員是這個「我們團體」（we-group）的一份子，覺得彼此是命運共同體。

(五)改變

團體是有生命的。大部分的團體都會隨著時間的變化而有所不同，也就是團體的不同時間階段會出現不同的變化。

瞭解團體所需具備的特徵，讓我們知道團體應當會出現的一些共通性，除了這些共通性之外，不同類型的團體也有其差異存在，如果我們從不同的層面或角度來觀察團體，可以進一步看出團體的多元化與多樣性。

二、團體的類型

(一)正式或非正式團體

1. 正式團體：團體的組成有特定目標，而且希望藉由成員的互動來完成這個團體目標，例如，學校、醫院等等，都屬於正式團體。
2. 非正式團體：團體的組成主要是基於成員互動而自然形成，或是因為成員間彼此人際吸引而形成。例如，密友圈、鄰里社區。

(二)開放或封閉式團體

1. 開放式團體：成員隨時可以加入或退出，也正因如此，為這個團體將帶來新問題或是新觀念，但是較不容易建立成員間的互信關係。

2.封閉式團體：成員幾乎不變，團體進行狀況通常比較穩定，
　也較可能長期維持。

(三)初級或次級團體

1.初級團體（primary group）：團體成員不多，彼此互動頻繁、
　經常面對面的溝通，態度或行為的一致程度較高，一般來說
　情感也比較深厚，例如，我們的家庭。
2.次級團體（secondary group）：成員彼此關係不深，而且人數
　較多，通常團體成員的異質性較高，彼此行動的變異性較大。

　　由於團體類型繁雜不一，不同類型的團體具有其特殊性質，在
本章我們主要討論的是人數介於三至二十人間的小團體，而且團體
成員間有共同的特定任務需要一起來完成，他們必須面對面一起討
論問題的解決對策，我們稱之為「工作團體」（work group）。這個
團體可能是正式團體或非正式團體，也許是初級團體或次級團體，
但是每個團體所要達成的目標都各不相同。也許是家庭成員一起討
論新年假期安排；或是學生活動中心的學生代表討論校慶音樂會的
執行細節；或是公司的董事會開會商討政策；或者醫院裡的醫療團
隊討論如何對特定病患進行治療計畫。這些團體運作的成功與否，
需靠團體成員的共同努力。我們先來探討團體中的溝通與互動。

 ## 第二節　團體中的人際溝通與關係型態

　　在團體中因為情感或利益的互賴，經常使團體成員出現許
多不同的互動模式，在兩人的成對關係中，常見的就有互惠對偶
（mutual pair）、乞惠對偶（courtship pair）、依賴—支配對偶

（dependency-dominance pair）等幾種。在互惠對偶中，兩個人站在平等互惠的地位相互協助，就好比「你儂我儂」；乞惠對偶則表示有一人對另一人特別傾慕或獻殷勤，被追求或巴結的一方有權選擇接受或拒絕另一方的美意，因此兩人的關係並不對等，一個是「義無反顧」，另一個卻表現得「可有可無」；而在依賴－支配對偶的關係中，則有一方被他方所支配，形成傾斜的依賴關係，權力亦不對等，比如，我們平常說的「仰人鼻息」。而在三個人的關係中就更為複雜了，如果三個人能夠互相平等互惠，相互支持彼此共生共享，那麼三個人關係可以呈現和諧的（harmonious）狀態。有時候三人關係中的其中兩位無法互相協調，這時候第三個人就得要成為雙方的調停者或是仲裁者，這時候的三人關係就稱為仲裁關係。萬一這三個人中的其中兩人不只是無法協調，甚至為了利益的爭取而互不相讓，這時候的互動關係就已演變為競爭了。假若在三人中有其中二者為了共同的利益，聯合起來對付第三者，這時我們就認為在團體中出現聯盟的關係。

兩個人或是三個人間的互動情形就已經有這麼多不同的狀況，那麼，三個人以上的溝通豈不是要更加複雜？沒錯！溝通確實是個複雜的歷程，在溝通分析理論中，有提到許多平行溝通、交錯溝通、曖昧溝通等等，除此之外，溝通還可以分成直接傳遞訊息的顯性溝通（manifest communication），以及利用隱藏的訊息來表達的隱性溝通（latent communication）。

溝通網絡的形成，開始的時候通常會受到環境的影響，比方說，我們剛到學校報到的時候，最開始交往並建立友誼的朋友幾乎都是自己的室友，這種從環境中容易親近的人開始建立關係的原則，其實就是我們在前面幾章提過的接近性原理（proximity）的延伸。除了這個原理之外，我們常利用下面這個經由實驗研究而建立的五人溝通型態，來說明溝通網絡（Shaw, 1976）。

一、集中化的溝通網絡

　　在這類的溝通型態中，團體成員必須透過居於溝通中心點的人才能傳遞訊息，位於溝通網絡中心的人（A）通常也掌握較大的權力。其中又包含輪型溝通與Y型溝通這兩種型態（**圖11-1**）。

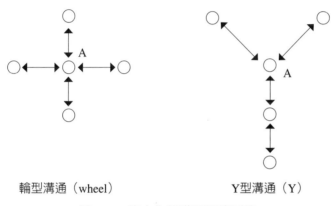

輪型溝通（wheel）　　　　　　　　Y型溝通（Y）

圖11-1　集中化的溝通網絡型態

二、非集中化的溝通網絡

　　網絡中沒有特定的人掌握溝通的中心樞紐位置，大部分或甚至全部成員都能跟其他人自由交換訊息，其中又以自由型網絡，互動狀況最為普及與頻繁，每個人都可以跟其他人自由溝通，因為充分參與的關係，成員在團體中的滿足程度較高，但是所需要的溝通時間較長，對於一些容易解決的問題反而較缺乏工作效益。非集中化的溝通網絡包含下面這三種溝通型態（**圖11-2**）。

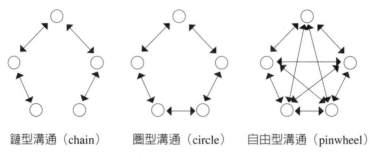

鏈型溝通（chain）　　圈型溝通（circle）　　自由型溝通（pinwheel）

圖11-2　非集中化的溝通網絡型態

第三節　有效的工作團體

　　一個工作團體能發揮溝通效果，達成團體效益，有幾個條件非常重要，例如，創造一個利於互動的環境、適當的團體大小、團體必須有凝聚力、整個團體共同做決策、成員負擔適當角色並遵守團體規範等等。

一、利於互動的環境

　　一個能夠促進團體互動的環境就是團體最好的工作環境。適當的座位安排就能營造利於互動的基本條件，理想的安排是成圓形或是類似圓型的排列，讓每個人都能看到其他成員，而且彼此地位相互平等。圓形排列的優點是視線較好，每個成員表達互動機會較高，但是領導者的地位較不明顯。若是長方型的桌子，坐在頂端的人會被認為是身分地位較高的人，或者就是團體的領導者；因此坐在角落的人發言的意願與機會就可能較少。另外，外部空間也必須適當，如果空間過大，團體的活動與外界缺乏明顯界限，也容易造

成團體成員分心；如果空間過小，則會對成員形成壓迫，而覺得較不舒服。還有就是要避免外界的干擾，例如，電話、吵雜聲等等，以免影響團體工作的進行。

二、團體大小適當

適當的團體成員人數，必須能帶來有效且足夠的互動，但又不會人數多到讓討論變得沉悶。團體越大，溝通越困難、分享頻率越低、匿名性越高，但是成員間的緊張越少、資源越豐富、意見也越多。當團體越小，則出現相反的狀況，溝通的質與量都會提高，但卻比較有壓力，參考範圍也較為有限。大部分研究都指出，團體人數的多寡視團體性質而定。Miller曾提過一個「7±2」的原則作為團體成員多寡的標準，也就是以五到九人為最理想（引自林萬億，2008）。Hare（1976）則認為五個人是最恰當的人數。因為人數若低於五人，則人數太少，無法有足夠的意見，難以發揮團體功能。如果團體人數多於七、八人，那麼原本沉默的人就更不會發言，當團體人數更多時，會變成發言的都是固定幾個人，其他人反而顯得更沉默。

三、團體凝聚力

凝聚力（cohesiveness）是指成員互相吸引，願意團結並共同投注在團體任務上的心理社會力，也就是說它是影響團體成員願意留在團體內的整個合力（resultant of forces）。這個力量使得成員聚在一起（group together），並經常以「我們」（we、us、ours）來表現他們對團體的情感。凝聚力的產生可能來自團體的內外在因素，例如，團體內有某些具有吸引力的成員，或是成為團體的一份子能

滿足成員的重要內在需求，或團體能確實完成個人所無法達到的目標。另外，也可能因為團體外在的因素而發展出凝聚力，就像同學們在參加系際球賽時，因為面臨外系的強大威脅，所以使系上更為團結。

如果團體的凝聚力較高，可以提升團體成員的溝通質量，對團體的歸屬感也較高，並且樂於為團體的目標任務努力，比較能負擔團體責任，團體也比較容易成功。然而，當團體凝聚力過高，同時也可能帶來團體壓力，也就是說團體會要求少數成員服從多數的意見，對於這些少數的歧異者，團體的排斥會更強烈。團體壓力的運作過程可能會從一開始的懷柔政策，希望少數人改變以順從多數意見，維持團體凝聚的形象，以至於到後來，動之以情不成，便出現鐵腕手段迫使順服，或甚至直接排除異己，將之驅離團體以外。

四、團體決策

只要有一群人要共同完成某一件事，就會牽涉到決策。當這個決策是團體成員經過思考與互動的共識結果，團體成員將比較願意投入所做的決策之中，工作的過程也比較愉快。

(一)團體決策的過程

一般來說，團體決策必須包含幾個步驟，從界定問題開始，然後釐清團體的目標及可用資源，先澄清決策程序，再進入問題分析及資料蒐集的階段，此時必須對問題的成因及相關議題都做詳盡的澄清，然後必須討論理想的決策標準為何，充分瞭解決策的考量點，再對所有可行方案反覆考量，最後才決定最適方案。團體決策的討論過程，有許多不同的技術，例如，腦力激盪術

（brainstorming）、具名團體技術（nominal group technique, NGT）
以及德爾菲技術（Delphi technique）等等。而決策的模式包括有：
Thomas與Laura（1964）所提的螺旋模式（the spiral model）。在過
程中由成員提出不同想法，再從所有成員共同接受的觀點出發，以
此爲基礎繼續討論並修正，直到達成共識爲止。其決策的基本過程
可以圖示如**圖11-3**。

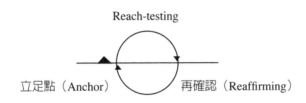

Reach-testing

立足點（Anchor）　　　　　再確認（Reaffirming）

共識（point of agreement）

圖11-3　決策的基本過程

　　另外Forsyth（1990）則提出團體決策的理性模式（a rational
model of group decision making），共包含四個階段，起始、討論、
決策及執行，我們亦先將簡單概念圖示如**圖11-4**。

(二)團體決策的陷阱

　　理論上，透過團體所完成的決策會使團體成員更願意接受並執
行共同決定，進而促使團體目標完成，滿足團體效益。但是，當團
體的討論不夠開放，陷入責任擴散模糊的狀況，甚至造成全體一致
的錯覺時，就有可能出現團體迷思（group think）或甚至發生團體偏
移（group shift）或團體極化作用（group polarization），這時團體
的決策可能反而過於冒險，而因此對團體造成傷害。因此，在團體
討論的過程中，成員保持理性並充分討論是相當重要的，當有成員

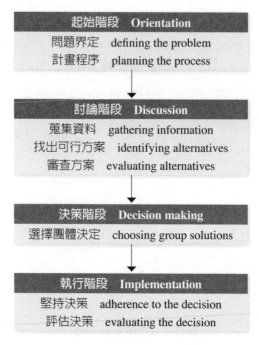

圖11-4　團體決策的理性模式

意見不一致時，必須繼續討論，並仔細檢核每個意見、深入瞭解，甚至鼓勵成員相互評判或分組討論，直到能博採眾議，取得一個能代表團體立場的結論。

五、團體成員的角色

　　角色指的是展現個人在團體中特定地位的行為模式，簡單來說，角色可以說是地位的動態面。團體成員中有任務角色（task roles）、維持角色（maintenance roles）和個別化角色（personal roles）。任務角色就是團體成員為要達到團體目標而完成某些工作；維持角色則是成員表現出促使團體順利運作的行為；而個別化

角色指的是為滿足個別需要所扮演的角色。團體中並非每個角色都具有正向功能，有時候可能會出現一些妨礙團體運作的行為。以一個功能良好的團體來說，成員最好能兼具任務及維持的角色。

(一)任務角色

主要在激發並協調團體共同任務的完成，主要包括下列五種：

◆資訊提供者（information giver）

這個角色提供團體討論的內容，讓團體能有足夠的意見題材，以導出結論，對於團體功能的發揮相當重要。擔任資訊提供的角色，必須準備充分，廣泛蒐集資料，並帶至團體供討論之用。而且要能根據事實資料做客觀陳述，不帶有主觀的情緒。例如，在討論如何防制宿舍竊案時，可以說：「根據生活輔導組的統計資料，近三年來的宿舍竊案每學年增加10%。」

◆資訊尋求者（information seeker）

資訊尋求的角色主要是在探詢進一步的資料或意見，促使團體充分瞭解並討論議題，避免團體在資訊不足時，便遽下結論。因此他必須在適當時候提出問題，關切團體討論的要領，好讓成員能多發表意見或提供更多資訊。比如前例，他可以這麼問：「我們所定義的宿舍竊案是指什麼狀況？」、「我們對偷竊者的處罰通常是什麼？」、「所謂的10%是指近三年來一共發生多少件竊案？」、「對於這部分，我們還有什麼資料？」。

◆團體監督者（evaluator）

這個角色的功能主要在於掌控團體討論的主題，並促使團體依照進度完成任務。不論是短期或是持續性的長期聚會，無可避免的會出現討論離題的現象。雖然離題有時可以形成更具創意的討論空

間或讓成員藉此傾吐心聲，但卻也使得團體的討論與任務或議題無關。團體監督的角色就在於促使團體維持工作進度，繼續在主題上運作。他通常會說：「你剛才提的觀點雖然很有趣，但是和防制宿舍竊案並沒有什麼關聯。」、「我覺得目前的討論雖然很熱烈，但是似乎需要澄清它跟原來主題的相關。」、「時間快結束了，我們討論得慢了些，關於前面所提的還有別的想法嗎？」。

◆議題分析者（analyzer）

這個角色會詳加探究分析團體所討論的內容及推論，評估團體的思慮是否周延，設法有效討論以解決問題。他重視資訊的正確性、代表性及有效性，並且檢核團體成員的推論。比方說，分析角色會注意到：「只根據竊案增加就決定要再加裝保全，這只是單純一個變因做考量，會不會太過草率？」、「我們是否需要先估算一下加裝保全的成本，再做決定。」。

◆行動規劃者（procedural technician）

這個角色主要在促成團體的行動、決策執行、分配任務、管制並安排工作進度。例如，「我想，我們第一個步驟先請生活輔導組再詳細交叉分析宿舍竊案的進一步資料」、「請總務處派人前往接洽保全公司請其估價」、「下星期一我們將所有資料彙整再做討論」。

(二)維持角色

維持團體的運作及團體中的人際關係，主要包括支持、調和以及管制這三種角色。

◆支持者（supporter）

支持者協助團體成員肯定自己的參與和貢獻，鼓舞團體士氣。當成員有好的表現時，支持者會以語言或非語言的方式予以同理及

回饋。例如，點頭、微笑、鼓掌，或說：「小美，妳這個點子真棒！」、「淑芬，妳這個意見很重要！」、「大家辛苦了！」。

◆調和者（harmonizer）

調和者則是促進團體的和諧，讓團體成員凝聚在一起，並且幫助大家化解誤會和對立，舒緩緊張氣氛，減少不必要的衝突。例如，「可玲，我知道妳付出很多，也真的累了，但是我想妳還是該給美華一個說明的機會」、「大家別急著吵，雖然每個人立場不同，但是我覺得應該可以找出我們的共識」。

◆管制者（gatekeeper）

管制者促使團體溝通管道通暢，像個守門員一樣，促使成員的參與，確保每位成員都有所貢獻。為了團體成員均衡參與，他會約束較具支配性的成員，並鼓勵較害羞的成員。管制者會注意到誰想發言卻不得其門而入、誰沒跟上討論，或是誰的話太多讓別人都無法開口。比方說：「允武，你想說什麼嗎？」、「我們已經談了很久，卻都是正文跟宜倫的意見，我很好奇其他人的觀點是什麼？」。

(三)個別角色

為滿足自己的個別需要而扮演的角色，通常是負向角色，而且會對團體的問題解決產生負面影響。

◆攻擊者（aggressor）

攻擊者會在團體進行不順利的時候，批評並指責他人、使人洩氣，甚至反對他人的價值、行動跟感受，否定團體，進而攻擊團體目標，凸顯自己的優越，其目的在貶低別人。面對攻擊者的最好方法就是不要被他激怒，理性地提醒他必須察覺自己的言行及其對團

體所產生的不良影響。

◆玩笑者（joker）

玩笑者喜歡引起別人的注意，容易打斷團體進行，常常像小丑一般開玩笑，或是模仿他人的行為。偶爾這些小玩笑可以緩和團體氣氛，但是如果一再頻頻出現，他們會對其他成員造成干擾。面對玩笑者的方法是，認真告訴他開玩笑要看時機，當團體需要化解緊張狀態的時候才能開玩笑，如果團體正在討論重要的事情，就必須嚴肅面對。

◆退縮者（withdrawer）

這種角色的人是標準「心不在焉」型，他們在心理上並沒有參與團體，對團體的態度冷漠，擺明了「到此一遊」的樣子。面對退縮者的方法是設法激勵動機並引導他們參與，或是找出他們的專長予以善用，通常多給予正向回饋，會有助於讓這些人褪去保護殼。

◆獨占者（monopolizer）

這個角色的人隨時都在發言，利用各種機會表達自己的看法或是感受，以顯示他們對團體的重要性。當他們的意見對團體任務有意義的時候，其發言可以鼓勵，但是如果他們說了太多沒有用的話，領導者就應予以禮貌地打斷或請別人發言。

六、遵守團體規範

為了團體能夠順利運作，必須訂定團體規範，以使成員的行為有所依循。所謂的團體規範指的就是團體成員所共同認定，用以協調並管理自身行為的一套守則，規範對成員的行為相當具有影響力，不只藉此提供團體達成目標的基本架構，並且界定團體行為的

304

可容忍度，並且作爲團體成員規約其內在活動的參照水準。團體規範的形成，是由團體成員聚集在一起，爲達成共同的團體目標而產生，通常在團體開始之初，就會開始建立團體規範，而在成員互相熟識後，規範會隨之修正與改變。因爲團體的型態不同，所以規範的選擇及內涵也大不相同，規範的形式可以是訴諸文字的守則（例如議會規則）；也可以是具有效力的社會默契（例如在團體的聚會中不能談及私事）；或只是適用某種特殊狀況的規則（例如正式會議時成員不得使用不雅的言詞，但非正式聚會時，談話則可以較輕鬆隨便）。團體規範可以大略分成下面三種不同形式：

(一)程序規範（procedural norms）

用以範定成員互動的準則，例如，多久聚一次、每次討論多久、是否需要投票表決等等。

(二)角色規範（role norms）

用以範定成員的行爲表現，例如，團體的領導者或調和者，他就被賦予特定的位置以及他人對其行爲表現的期待。

(三)文化規範（cultural norms）

範定團體的共同信念，包括：態度、價值、理念、儀式等等，這個文化規範通常是異於其他團體，爲此團體所獨有的。

規範可以用語言或非語言的方式呈現，它導引團體成員的行爲、管制團體互動，另外也有助於凝聚力的發展，規範的功能在於使團體維持動態均衡（dynamically balanced）的狀態。當成員遵從規範時，將和其他成員建立較好的關係，但是如果對你而言某些規範具傷害性，就必須提出來並具體說明，因爲團體規範一旦建立，

就很難加以改變。

第四節　如何應用團體溝通來解決問題

團體中有兩種不同的問題解決取向，順其自然（descriptive）和法定規約（prescriptive）。順其自然的解決法，意思是即使團體沒有外力介入，問題仍能自然解決。法定規約的意思則是指問題必須藉由一套程序步驟來處理，這個方法我們又稱它為傳統取向（traditional approach）的問題解決法。傳統取向的問題解決法主要依循杜威（John Dewey）的思考模式而來，一般我們在談到團體決策暨執行的步驟時，大致也是依循這個模式，其順序分別為確認並界定問題（defining），問題分析（analyzing），建議可行方案（suggesting），選擇決策（selecting）和執行實踐（implementing）。下面我們分別來加以說明：

一、確認並界定問題

這個階段主要在於澄清團體所必須解決的問題本質，促使團體成員瞭解他們的目標跟任務。為了有效進行討論，盡可能以開放式的問句呈現，比較有利於澄清團體的任務目標。這個階段必須注意下列幾點：

(一)單一主題討論

當團體討論同時出現兩個主題時，很容易造成觀點的相互聯結，而混淆所討論的重點。比方說，「小學生是否應修習英語並

廢除注音符號教學？」就是一個不適當的溝通語句，因為它包括：
「小學生修習英語」及「小學廢除注音符號教學」兩個不同的主
題，最好兩個主題分開討論，比較能明確知道目標。

(二)明確溝通

如果討論過程中，彼此所用的語詞曖昧模糊，沒有辦法讓所有
成員都瞭解意義時，團體將浪費時間在摸索及揣測意義上，因此最
好事先就用明確的語詞，以免討論困難。例如，課程委員會想討論
系上課程配當的問題，「對於不理想的課，我們打算如何處理？」
這個問句雖然指出討論目標，但是什麼叫「不理想」卻不夠明確，
所以可以修改成：「對於那些系所評鑑時被提出檢討的課程，我們
打算如何處理？」。

(三)客觀討論

討論過程中的溝通行為對團體討論結果影響極大，如果團體在
討論之初已有既定偏見，那麼將影響討論方向，難以充分考量，獲
至滿意結論。例如，「這麼離譜的轉學資格是不是該修改呢？」，
如果已經認定離譜，在問題的討論上就已不中立，不修改似乎都不
應該了！

(四)層次分明

團體討論的方式會因為問題的層次而異。如果討論的是事實，
例如，「這個學生是否確實潛入他人寢室竊取財物」，此時溝通目
的在於明辨內容，也許必須藉著直接觀察或證據記錄來澄清。若是
屬於價值觀的討論，則應確認信念或價值，這類問題的討論與澄清
多半夾雜評價式的字眼，例如，很好、不應該、有效或值得等等，

在討論過程中必須依靠價值判斷，例如，「因為經濟困難一時衝動才犯下竊案，說來情有可原，是否應該再給他一次機會」。再者，如果是政策性（policy）的問題，問題澄清的焦點在決定方案的執行，包括該不該執行，以及如何執行，例如，「我們應該如何防制宿舍遭竊的情形」。

在問題的確認與界定上，必須先清楚所要解決的問題層次，如果主題單純是事實層面或是價值觀的問題，其實就不需要運用下面接著介紹的問題解決步驟。針對事實層面的問題，重要的是確認真相，並進而形成結論。例如，「這個學生是否確實潛入他人寢室竊取財物」，團體討論的重點在於是否有事實或資料證明該學生從別人寢室拿走東西、該生進入他人寢室並取走財物是否未經允許。若討論價值觀的問題，則必須先討論價值選擇的標準依據，因為結論需要依照某個準則來評價，例如，「因為經濟困難一時衝動才犯下竊案，說來情有可原，是否應該再給他一次機會」，團體必須討論的是動機與行為及行為結果的關聯，包括依據什麼準則來判斷情有可原、情有可原是否就該再給予自新的機會等。

二、問題分析

當團體成員對問題產生共識時，就必須接著進行「問題分析」，也就是必須從各種不同面向來充分瞭解問題的性質，例如，問題成因、問題擴散的結果、問題為何引發或持續等等。在討論問題的時候，團體很容易因為急於想解決問題，反而忽略對問題的瞭解分析，但是如果不能清楚問題解決的困難或障礙，任何方法或計畫都可能徒勞無功。例如，討論如何減少宿舍偷竊事件，如果團體一開始就急於列出一些看來似乎有效的解決方法，這些方法卻很可能無法充分達成目標，而且會讓團體成員因為一直無法發揮效能而

覺得挫折。問題分析過程中要儘量考慮所有相關事項，並決定決策
能被接受的參照標準，例如，「目前平均每月宿舍偷竊案件是多
少」、「過去我們都採取哪些防制措施」、「我們該如何評估哪個
防制辦法比較可能有效」、「可能有哪一類的方法是可行而不會
引起其他問題的，或是有哪一類的方法可能會使原來的問題更惡
化」。

三、建議可行方案

　　每一個問題都有一種以上的解決方法，這個階段的討論，目的
就在於找出各種可能的方法，此時對解決方案在「量」上面的期待
要比「質」的期待來得高，而團體討論的原則有下面四點：

1. 不做負面評價：所有的意見跟想法都能被接納，可以利用語
   言或非語言行為給予支持。
2. 以量為主要考慮：意見跟想法是越多越好。
3. 鼓勵想法的延伸跟整合：雖然須避免對意見做批評，但是鼓
   勵對於任何想法做任何修正或聯想。
4. 自由發揮：不管想法可行與否，都可以廣泛地提出來。

　　在這個階段經常被使用，而且也符合上述條件的問題討論技
術，我們特別介紹「腦力激盪術」，它是一種想出各種可能答案的
方法，也可以說是自由聯想（free-association）的過程。在過程中每
個人都儘量抓住腦海中稍縱即逝的念頭，自由發言表達這些想法，
然後把答案都一一列出。十至十五分鐘之後，團體裡應該能列出十
到二十個方法，甚至更多。進行腦力激盪時，要記住不能對任何想
法予以評價，才能有好的效果，當成員覺得不論他們的想法是什

麼，都能自由提出而被接納，不必擔心會被批評，成員的思考將比較具有創發性。

四、選擇決策

這個階段的討論，主要在評估前階段所提出的各種問題解決的方法，並依據決定的參照標準檢核每個方法符合準則的程度。並且要針對問題的假設、推論、資料一一做檢討，甚至是執行的實際程序方法也要討論，不管是正向或是負向的結果都要考慮。如果已經充分討論，有時候必須進行投票以多數決的方式來做成團體決定，或是針對團體已經形成的交集或共識為基礎來決定，也可以乾脆直接授權團體中較具權威的人來做成決定。這個時候要留意的是，團體有時會逃避決定所要負擔的責任，而遲遲不做最後的選擇，在這個階段拖延太久，反而浪費許多時間。

五、執行實踐

任何的決定如果最後不執行，就失去團體討論的意義，問題也就沒有得到解決。此時團體成員必須分工合作，依照原來所決定的最適方案分別進行，以期團體的功能得以有效發揮。除了方案執行之外，還必須針對執行過程及結果分別予以評估，以確認方案的執行切實按照原來的共同決策及計畫，並瞭解方案是否真正滿足原先期待解決的問題。評估的方法可以利用常見的魚骨圖分析法（fishbone diagram）來逐項予以檢討。

第五節　團體領導者的功能及領導技巧

　　所謂的領導者（leader），指的是具備影響團體以達成目標的能力，並在團體中有權利或義務執行決策的角色。在團體之中，可能不只有一位領導者，也可能不一定存在特定的領導者。領導在團體裡其實是一個高度變異的現象。領導（leadership），一般指的是一種人際關係的形式；而領導者是團體中的一個具備領導效能的特定角色，雖然在日常用語中兩者經常交錯使用，但實為兩個密切相關但卻不盡相同的概念。

一、領導者促進團體目標的達成

　　在工作團體中，達成目標意指完成團體任務，或是獲得最好的問題解決方法。組織中的領導者有可能是由上級指派或是投票選舉而產生，但是在工作團體中，卻可能出現團體成員企圖展現領導行為，彼此爭奪領導者角色的情形。也就是說，可能團體中的每個人都會在有意無意間，試圖掌控團體，於是領導者這個角色或許由團體中的某些成員共享，或是出現領導權在不同成員身上轉換的現象。

二、領導者會影響他人

　　影響力是一種能促使他人改變態度或行為的能力。影響的方式可能是直接的、有意圖的影響，也可能是間接完成。間接影響主要是因為領導者的示範及成員的模仿所產生。直接而有意圖的影響歷程，則是領導者有目的地做些什麼來引導成員完成決策、達到團體

目標，這個運用影響力的歷程不包括以不平等的權力去強迫別人順從或屈服。

三、領導權力來源多樣化

一般來說，領導權力的基礎可以分成六種：

1. 法定權力（legitimate power）：由團體或文化所賦予的權力，例如，會長、班長、隊長，也許經由選舉或是高層指派而得的權力。
2. 專家權力（expert power）：因為個人專業知識權威所具有的權力，比方說，在討論如何為團體架設網站首頁（home page）的時候，念資訊系的同學就會比較受到重視。
3. 參照權力（referent power）：具有讓人容易認同的特殊吸引力，例如，某某影視紅星對於粉絲團成員，雖不具法定權力（他不是會長），卻有相當的影響力。
4. 酬賞權力（reward power）：可以獎賞成員的能力，比方可以給予成員加官晉爵或是其他具誘惑力的好處等等。
5. 強制權力（coercive power）：為酬賞權力的反面，也就是處罰的能力，例如，可以將成員開除或懲戒，就像幫派組織中有時領導者會對不順從的成員施以身體上的刑罰。
6. 資訊權力（information power）：因為掌握訊息所獲致的權力，例如，媒體記者，我們常稱之為「無冕王」就是因其具有這樣控制及掌握訊息的權力，而其所提供的資訊將影響他人的行為反應。

四、團體領導者的基本態度

身為一個團體領導者，至少必須具備溫暖（warmth）、同理（empathy）跟真誠（genuineness）的態度。

(一)溫暖

所謂的溫暖其實就是一種無條件的接納，能夠開放自己的心胸，包容各種不同的人跟不同的情緒，對他人表達自己的情感跟關懷。這種溫暖的態度不是出於同情或安慰，而是自發的、出於內心的。溫暖的表達可以經由語言或是非語言，從語調、表情或是手勢來傳遞。

(二)同理

同理是一種設身處地的態度，排除自己的主觀意念，用他人的角度、他人的觀點來理解其行為或所處的情境。因為同理，可以幫助團體成員進一步學習如何瞭解、欣賞及參與跟自己不同生活型態的人，並產生共同的經驗分享與情感交流，進而達到團體成員能相互信任的凝聚情感。

(三)真誠

真誠是一種內在關懷的自然表達，領導者應該要能夠誠懇表達自己的內在感受，並且在語言及非語言的情感表達上有其必然的一致性。領導者有其身為人的情感特質，但又能兼顧團體任務的重要性，並且能夠誠懇反應團體及成員的情感需求。團體領導者的人際溝通能力，對於團體的和諧與任務達成具有重大的影響。

五、工作團體的有效領導

有效的領導者在帶領團體進行任務討論時，必須能先洽妥會議的場地跟時間，設計並準備議程，說明會議方向，維持每位成員在溝通機會上能均等發言，提出適當問題，並總結討論的結果。

(一)預備會議場地及時間

我們曾提及環境對於團體溝通的影響，如果環境不良，就應設法改善。身為領導者應該注意環境的溫度、燈光及座位的配當，必須確定溫度舒適，燈光恰當，而且位置的安排有利於成員的互動。領導者還需要考量會議舉行的時間，什麼時候對於成員來說不宜進行討論，例如，下班前開會，對於團體成員來說就很容易心不在焉，或者剛用過午餐就立即討論嚴肅的話題，也很難獲致有效的結論。除此之外，領導者也必須慎重考量會議是否有舉行的必要、其意義及目標何在、期待會議要達成何種結果、預計要多久時間來完成討論、是否需要分為不同階段來完成、要多久開一次會等等。

(二)設計並準備議程

議程指的是依據會議主旨所涵蓋的主題而列成的會議大綱，可以由領導者自行擬訂或與團體成員共商而訂。議程最好能夠在會議前幾天就發給每位成員，如有附件等書面資料，亦應事先提供或是傳閱，以利團體成員對於聚會討論的內容有所預備。有些人會以為，事先提供議程並不見得有用，因為即使提供了議程，也不表示成員就會有充分的準備，但是如果沒有事先提供議程，則成員根本就沒有機會預做思考，於是通常使得成員在出席會議時才開始瞭

解並逐漸進入議題的討論，反而讓團體討論容易顯得隨便且流於表淺，徒然浪費會議的時間，並讓成員有挫折感，也容易對於討論結果不滿意。議程中應該包括些什麼？一般來說，應扼要陳述會議中擬完成的事項，並註記會議的時間、地點及預定的會議長度。如要討論特定問題的議程，應該對問題的背景大綱做簡要的說明，或對於解決問題的程序及步驟做出初步建議草案。

(三)說明會議方向

　　會議進行之始，領導者必須說明討論的主題及討論程序，並且確定與會的成員都瞭解團體的目標及進展的程度。新成立的團體，有些成員對團體的信任感較低而且缺乏期待與動機，並可能對團體抱持著懷疑的態度，這種情緒會使得一些成員對團體一直不肯參與而保持觀望。有效的領導者在一開始便和成員充分澄清，並約法三章，然後營造團體討論的氣氛。領導者會逐一回答成員的問題，例如，「我們為什麼要開會？」、「我們開會要做什麼？」、「我們需要對誰負責？」、「我們每個成員的責任是什麼？」、「我們需要遵守什麼規定？」，就算有些問題可能曾經和成員個別談過，但是利用會議再做整體說明是相當有助於討論進行的。

(四)維持每位成員均等發言

　　為了能讓團體順利運作，應鼓勵每位成員儘量發表意見與感受。一般成員在會議中的行為模式可以分為下列三種：

1. 用心參與型：努力投入討論，蒐集資料，提出方案，試圖在有限時間內達成團體目標。
2. 互不侵犯型：跟所有成員保持和諧，對於他人的意見有所回

應，但是保持距離。

3.自我中心型：無法融入團體的討論過程，在團體中潛藏個人
的需求或目標，有時壟斷討論、有的會拒絕發言，或是攻擊
他人的觀點、岔開討論的話題等等。

因此領導者應做適當的介入，以使得團體成員能夠對會議有適
當的貢獻。在會議之初，領導者就要讓每位成員知道他們都必須盡
可能提供意見，並且對於獨占發言的人要有所阻止，也必須引導不
說話的成員慢慢參與討論。除非必須，也就是對團體目標有切實的
幫助，否則不要引起辯論，因為那樣會浪費太多時間、偏離主題，
而且導致成員間的負向情緒。

讓成員的發言機會均等，對領導者的管制技巧是一大考驗。
一個經常不發言的人，如果被一再強迫時，可能會更不願意參與
團體討論，領導者必須能替這些害羞的人鋪路，幫助他們發言，當
他們多發表幾次意見之後，就比較能建立信心，以後會比較容易提
出意見。對於過度發言的人，也要用類似的技巧，有的人雖然發言
過多，但是內容卻有其價值，對於這些人如果經常加以阻止，他們
對團體的貢獻會減少，於是可以試著在其發言過後，予以鼓勵並支
持，告訴他其所提供的資料十分可貴，嘗試引導其進一步瞭解其他
成員的想法與意見。

(五)提出適當的問題

團體成員各有不同的溝通技巧、想法意見，也各有不同的動
機，如果未能善加領導，團體就很難有效運作。發問其實是頗為有
效的領導技術之一，發問的技巧包括掌握發問的時機以及問題的內
容。一般來說，領導者應盡可能提出開放式的問題，而非封閉式的
問題，也就是說領導者應避免提出只需要回答「是」或「不是」的

問題。最有效的問題型態包括詢問支持性的訊息，和開放成員自由反應的問題，這樣才能獲得較多有益的資訊。而且，領導者在發問的時候，儘量避免問「為什麼」（why），因為這種「為什麼」的問法通常較帶有質問的意味，容易引起被詢問者的防衛，所以，在提出問題的時候，以另外的5W作為發問的指標為宜，也就是what（什麼）、when（何時）、where（何地）、who（誰）、how（如何）。還有發問的時機也非常重要，需要發問的情形通常是：

◆為了使討論切題

成員發言的內容重點必須和團體討論的有關，而團體討論的重點須和議題或主題有關。因此可以利用提問題來確定成員所敘述的重點是否切合主題。例如，為了確定成員的敘述與討論主題「防制宿舍竊案」之關聯，你可以問：「你所提的資料應如何應用來防制宿舍竊案？」或是針對主題發問：「這個訊息和宿舍竊案之間有什麼關聯？」。

◆為了探詢進一步訊息

成員的敘述需要進一步探查、支持或處理的時候，也是領導者適宜發問的時機。許多團體對於成員的意見，常常未經探查就決定忽視否決或遽予接受，如果成員的觀點有其重要性，或引發其他成員的興趣，領導者可以試著予以回應。例如，為了確定是否值得接受某個成員的論點，可以說：「聽起來你的觀點相當有意思，你可以進一步說明資料來源是從哪裡來的嗎？」或是徵詢其他成員的意見：「大家覺得剛才毛莉這個觀點如何，你們的看法呢？」。

◆為了引起團體的參與討論

為了避免對問題未加仔細探討便倉促做決定的情形，領導者應提出問題以引起團體成員的進一步討論。例如，「現在我們對於應

該積極防制宿舍竊案應該有了共識，接下來是否應該來談一談，宿舍竊案發生的情形及原因多半是什麼？」。

◆為了處理團體中的人際問題

有時候領導者提出問題是為了幫助團體成員討論他們的感受。例如，「玉芳，妳好像有些意見，要不要跟大家分享一下？」。有時候團體會出現對人而不是對事的人身攻擊，你可以說：「問題不在宗德個人，其實宗德的觀點蠻不錯的，大家對這個意見有其他不同的想法嗎？」。

(六)總結討論的結果

如果團體在討論的過程中，能對每個討論的子題產生共識，則在最後必須進行表決時，比較可能容易得到一致的結論，而確定團體最後的決策。因此，在討論的進行中，領導者要帶領並幫助團體，針對下列要項產生共同的看法、凝聚共識：

1.問題的定義跟層面是什麼？
2.問題所呈現的現象是什麼？
3.問題的成因為何？
4.用以評估最適解決方案的標準為何？
5.對這個問題有哪些可能的解決方法？
6.每一種可能的方法符合參照標準的情形分別為何？
7.哪一個方法最符合決策標準呢？（至此完成問題解決方案的決議）
8.方案執行的程序及分工為何？

在討論過程中，可能需歷經相當時間，領導者應仔細察覺討論是否已足夠，並逐一按照各個要項的討論加以摘述並做總結，確認

每位成員都瞭解團體已得到哪些結論，讓大家對這些子題有共識，才能產生最後的重要結論。如果成員對每個要項都有共識，則最後的結論獲得一致性同意的可能較高。

摘　要

　　團體須具備一些特徵才能稱之為團體，包括：成員間的互動、須有特定的結構、團體有共同的目標、成員彼此有互賴感，並且團體會隨著不同的時間歷程而變化。團體的類型可以分為正式團體跟非正式團體，也可以分為開放式團體跟封閉式團體，或是依照成員的關係分為初級跟次級團體。而工作團體一般定位在五至九人。團體中的溝通與互動，我們除了談到二人及三人的關係外，特別提及五人團體的溝通網絡，其中分為集中化的溝通網絡，包括有輪型及Y型兩種；以及非集中化的溝通網絡，則分為鏈型、圈型及自由型。

　　有效的工作團體應該具備一些特質，包括：利於互動的環境、適當的團體大小、團體有凝聚力、能共同做決策、成員扮演有益團體運作的角色，以及遵守團體規範。團體決策的模式包括有螺旋模式及理性模式。團體決策也有其陷阱，就是可能出現偏移作用。團體成員的角色則主要分為三類：任務角色、維持角色及個別化角色。應用團體溝通來解決問題須依照下列步驟：確認並界定問題、問題分析、建議可行的解決方案，以及選擇最適方案，最後執行實踐並檢討評估。

領導就是影響團體達成目標的能力，領導與領導者是兩個彼此密切相關卻不盡相同的概念，領導者是團體中的一個角色，而領導則是一種人際關係的形式。領導者角色在促進團體目標的達成，影響他人，而且領導者影響他人的權力來源相當多樣，包括：法定、專家、參照、酬賞、強制及資訊權力等。身為一個團體領導者，至少必須具備溫暖、同理跟真誠的基本人際態度與能力，而工作團體的有效領導技巧應包括事先預備會議場地及時間、針對議程進行設計及準備、會議之始說明會議方向、維持每位成員均等發言、提出適當的問題，最後並總結討論的結果。

練習一

> 想一想你最近在團體中的經驗，有哪些令你記憶深刻的角色，他們的行為模式分別是如何表現的？再想一想你自己，你扮演怎樣的角色？這個角色是有助於團體進行的嗎？或是負向的角色？請您寫下自己的反思。

練習二

> 請跟同學形成四至六人的小團體，每個團體利用十至十五分鐘時間討論下列的兩難困境，請試圖討論出一個解決之道：
>
> 七個人共乘一艘船，他們是A先生（55歲，全國最著名的心臟科權威），B先生（36歲，愛滋病醫療的研究者），C小姐（23歲，股市超級營業員），D女士（60歲，負責殘障收容機構的修女），E先生（43歲，銀行總經理），F小姐（26歲，待業中、懷孕的未婚媽媽），G先生（58歲，學校知名教授）。當船將要沉時，只有兩位能留在救生艇上，請問應該留哪一位？另外，在團體中指定一位成員做觀察員，觀察團體決策的過程以及團體成員扮演哪些角色？誰是團體的領導者？為什麼？最後再針對決策的過程及過程中出現的角色一起分享。

練習三

> 請六個同學為一組，其中一個人為觀察員，餘五人中找出一位擔任領導者，請同組組員以自己身上所穿的外套、鞋襪，

所帶的書包、課本等等作為材質，設法同心協力造出一棟樓塔，十五分鐘後，由所有同學一起投票選出：(1)最高的塔；(2)最美的塔；(3)最堅固的塔；(4)最有創意的塔（同學投票過程必須投給自己組別以外的組，以維持公平性），而在築塔的過程中，觀察員必須記錄下面要項：(1)領導者如何產生？(2)他具備哪些領導權力基礎？(3)在團體中是否存在其他非正式的領導者？(4)不同成員對於領導者的領導行為出現哪些反應？

最後利用二十分鐘時間由觀察員給回饋，並請團體所有成員一起分享。

練習四

請以「完成本課程期末報告」為主題，設計會議議程的討論子題，決定會議舉行的時間地點，並列成書面資料，且選出會議的主席、記錄等職務，於討論期末報告時，利用該議程及會議型式進行，做成會議記錄。

第十二章

職場中的人際溝通

　　莉香對於即將參與面試的這家公司心儀已久，不只在業界頗負盛名，聽說員工獎勵金高得出奇。剛踏進公司大樓，走到通知面試的地點，看見那長長等候面試的人龍，莉香被這氣勢震懾住了！但是，當她到洗手間整理儀容時，卻無意聽見了兩位看來像是資深員工的耳語：「我們這兒呀！什麼功勞都是那個老怪物的，成天口蜜腹劍、挑撥離間！搞得這裡所有的人都待不久！你沒看今天又來了一堆小笨蛋，替他拚業績。我看今年的績效王肯定又是他！新人做死都沒用！」……莉香讓這段八卦搞得有些心神不寧。當她進入口試會場時，一眼瞧見那兩位資深員工其中一位正幫忙遞著人事資料，並一邊向莉香微笑，此時面談委員開了口：「林小姐，您好！您這次主要應徵的是敝公司最堅強的業務團隊，這位是張經理。您的履歷自傳我們都已經看過，等一下我們會請教您幾個問題，在這個之前，麻煩您先做一個自我介紹。」。莉香想起剛才無意聽見的八卦和那個微妙的笑容，突然覺得頭昏腦脹，在這個公司工作看來是場硬仗，跟不同的人該怎樣維持適當的關係恐怕是個考驗！

 ## 第一節　求職面談

　　在現代社會中，應徵任何工作，幾乎都要經過面談（interview）這一關，許多社會新鮮人在求職路上的第一次面談，常常會遇到挫敗的經驗。所謂的「面談」是人際溝通中一個特殊的形式，由兩個人（或以上）透過彼此問答的方式來進行，以完成特定的目標，而目標的不同會主導不同的溝通內容與類型。有效

的面談，對於面談者（interviewer）或是來談者（interviewee）雙方，都可以藉由面談過程進一步瞭解所需要談論的主題，並對彼此有初步的認識，但是如果面談進行的不好，那麼對雙方來說都是一種時間的浪費，也容易引發負面的情緒。求職面談（employment interview）或稱工作面談（job interview）是眾多面談中的一種特別型式，它的目的主要在於求職，不論是新加入就業市場的求職面談或是為了轉換工作職場而為，都謂之求職面談。求職的錄取與否，取決的因素相當多，包括：工作經驗、在校成績、重要關鍵人的推薦等等，但是能夠在初步甄選中獲得較高評價的重要致勝因素，能否藉著面談帶來良好的溝通與印象，是相當重要的關鍵因素。

 ## 第二節　從面談者的觀點來討論面談的進行

　　在面談的過程中，所包含的角色主要是面談者跟來談者雙方。一般來說，面談進行的流程跟籌備工作是由面談者一方來處理。籌備面談的工作可能頗為瑣碎，但是如果能夠充分預備，花在籌備上的時間其實反而有助於實際面談時節省時間。在求職應徵的過程中，面談者是來談者和組織或公司企業間互動的橋樑，來談者對於組織的印象主要來自於面談者，所以面談者最好能回答來談者所詢問關於組織的問題。有效的求職面談相當地結構化。如果面談缺乏結構，常常容易出現面談者說得比來談者多的情形，如果我們對來談者所知不多，據以決定的參考資料不夠充分，所做的決定也就比較不可靠。如果來談者很多，更是必須確定對每位來談者問的問題足以得到公平且有效的資料，以利於做出適當的決定。在開始面談之前，必須先盡可能熟悉來談者的基本資料，例如：應徵函、履歷表、推薦信、成績單等，這些書面資料可作為預擬面談首要問題的

參考。

一、主持求職面談

一般而言，求職面談中包括有：開場（opening）、主體（body）和結束（closing）三個部分。

(一)開場

開場的首要目標在促使面談者與來談者建立和諧氣氛，尤其面談者要試圖緩和來談者的緊張情緒。所以在面談開始時，面談者可以先叫來談者的名字，並且溫和的致意和握手，然後介紹自己，以便對方能知道如何稱呼。對來談者的態度要坦誠，如果面談過程需要做筆記或甚至錄音，必須先讓來談者知道原因並徵求同意。

面談者可以根據當時情境，決定開場時是要先問一些暖身的問題以建立關係，還是直接進入面談主題。有時因為來談者過於緊張，可以試著先問一些無關緊要、比較有趣的問題來為面談暖身。不過，通常直接進入主題是比較好的方式，但不管是暖身的問題或是直接進入主題，面談者的態度應盡可能溫暖友善。

(二)主體

面談的主體部分主要是由一些問題構成，在呈現面談者本身及表達問題時有一些重要規則如下：

1. 謹慎的呈現語言及非語言訊息：陳述要清楚而自然。避免機械化的發問，而且要敏察自己的非語言訊息，因為來談者會捕捉你所傳遞出的各種訊息符號，任何不經意的眼神或語調

上的變化，都可能讓來談者有錯誤的解釋。

2.避免期待特定答案的問題：來談者對於哪些會讓他們暴露短處的問題非常敏感。如果來談者認為問題有詐，覺得面談者刻意讓他暴露缺點，則這種懷疑將形成敵對氣氛。任何可能影響來談者回答的因素都不利於面談，因為這樣反而容易失去一些重要的真實訊息。

3.不要浪費時間問已知的事：從來談者的履歷表、應徵函等等資料，應該已經可以得到不少訊息，這些已知的部分，如果沒有特殊理由，就不需要再重複詢問。除非在書面資料的呈現上不夠完整，而這個訊息是重要的，就需要再加以追問或澄清，比方說，在來談者的書面資料中提到曾在某家公司工作，但未說明其工作內容，這時才需要再詢問當時的工作情形。

4.讓來談者有機會發問：在面談的尾聲，留些時間讓來談者發問，讓對方對於面談有較多參與。

(三)結束

面談結束的時候，要避免讓來談者沮喪挫折的離開，這麼說的意思並不表示需要對來談者充滿鼓舞或給予承諾，而是盡可能讓他對於自己想表達的做充分的表達，面談者不宜對來談者有任何結果的暗示。而應該告訴來談者後續的事情，說明做決定的程序，由誰做決定，什麼時候做決定，以及如何將結果通知對方等，然後以中性而親切有禮的態度結束面談。在確定要結束前最好可以問句的形式確認來談者已做了充分表達，例如，「你覺得還有什麼非常重要的事情是我們剛才沒有談到，而你認為必須讓我們有所瞭解的嗎？」。

二、面談中使用的問題

面談不同於其他形式的人際溝通，它主要是以發問和回答問題的方式來進行。這些問題可用開放式或封閉式、中立式或引導式、首要或後續問題來予以呈現。

(一)開放式與封閉式問題

開放式問題（open questions）是廣泛的向來談者提問題，而來談者能回答任何他想回答的內容。有些開放式問題範圍極廣，例如，「能否談談你自己？」；有時則會給一些方向，例如，「請問你認為自己適合這份工作的理由是什麼？」。面談者運用開放式問題，引發來談者說話，以便有機會觀察並傾聽，藉此瞭解來談者的想法、目標與價值觀。要特別注意的是，回答開放式問題常常會花較多的時間，若面談者未加留意的話，很容易偏離原來的主題。

而封閉式問題（closed questions）是侷限在特定範圍內的問題，而且只需要簡短的回答，就像是非、選擇或是簡答題一樣。有些封閉式問題，只要回答「是」或「不是」，例如，「請問你修過管理心理學嗎？」；有些封閉式問題則需簡短的回答，例如，「你曾在幾家公司工作過？」。運用封閉式問題時，面談者較容易控制面談的時間及流程，能在短時間內獲得訊息，但是封閉式問題很難讓面談者獲得來談者的自發性訊息。

應使用哪一種問題型式必須依面談目的而定，這個面談主要想獲得哪些資料，以及有多少時間進行面談。在大部分的面談中，都會交互使用到這兩種類型的問題。

(二)中立式與引導式問題

　　中立式問題（neutral questions）就是面談者不給任何方向或暗示，任對方自由回答的問題，比方說，「對於你所要應徵的新工作，你有任何想法嗎？」，在這個問題中沒有任何字眼指引來談者應如何回答。而引導式問題（leading questions）則是在問題中暗示面談者喜歡或期待什麼樣的答案，例如，「你對這份新的工作，看起來企圖心不強，可以談談嗎？」。在大部分的面談情境中，都不適合用引導式問題，因為這種問題對人有強制性，也容易讓人產生心理防衛。

(三)首要與後續問題

　　首要問題（primary questions）是面試者事先預備好的問題，它是面談的重點，是事先計畫好的，這些問題可能是開放式或封閉式問題，也可能是中立式或引導式，當在籌劃一個面談時，必須列出足夠的首要問題，以便得到所希望知道的資訊。而後續問題（follow-up questions）則是從首要問題的回答中再提出的衍生性問題。如果能預期來談者可能的回答，則後續問題也能事先擬訂。不過通常都是在面談進行中才根據來談者的反應產生後續問題。為了能提出適當的後續問題，以便來談者能提供所需要的進一步訊息，面談者必須很專心的聽對方所說的話。有時後續問題只是為了鼓勵對方繼續說下去（「然後呢？」、「還有什麼？」）；有些則進一步探究剛才所說過的內容（「你說『偶爾』指的是什麼意思？」、「那時候，你的規劃原來是什麼？」）；有些則探詢情緒感受（「得到客戶讚美的感覺如何？」、「當你無法處理員工的抱怨時，你心裡覺得如何？」）。

後續問題的目的主要在於促使一個人多談，因為在來談者回答首要問題時，可能因為不清楚面談者期望知道多少資料，或是為了掩飾自己的缺失與弱點，而回答得不完整或模糊，甚至可能故意避而不答。能否有效的使用後續問題，得視面談者的發問技巧而定，簡單來說，應儘量避免具威脅性的探問，而是在彼此信任及良好的溝通氣氛中適度地發問後續問題。

 ## 第三節　從來談者角度討論應邀面談時所用的步驟和方法

一、如何應徵

面談是求職過程中的重要部分，當你得到了接受面談的機會，必須清楚你所能呈現的就是你自己以及你的資歷，因此必須在語言及非語言的溝通行為上都展現最好的一面，包括自己的儀容跟穿著打扮，都必須能讓僱用你的人或組織企業所接受。

求職面談的準備工作

每個人都需要為面談做充分準備，這包括在面談前的兩個重要事項：寫應徵函和寫履歷表，Krannich和Banis（1990）認為這兩項通常就是能否得到面談機會的重要關鍵。

◆應徵函

應徵函的目的在於簡短而清楚表達對該工作的意願。這封信函的對象該是有權僱用你的人，而不是人事部門。因為這封信必須

引起讀信的人對你的興趣，所以信不能寫得像印刷函件一樣毫無特色，應徵函的內容應包括下列幾項：在何處知道有這個求才訊息，為什麼你選擇到此應徵，你的重要資歷，為什麼你認為自己適任，你的工作相關特殊專長，以及你希望獲得面談的機會。儘量寫在一頁之內，然後附上履歷表。

◆履歷表

市售的履歷表有各種不同的樣式，不過格式大同小異，如果市售的履歷表不能滿足你的要求，可以自己用電腦製作。一般來說，寫履歷表不一定要包含一些個人基本資料，例如，身高、體重、婚姻狀況等等，也不一定非得附上照片不可，但是至少必須包括下列各項資料，清楚條列陳述，才能增加你被面談的可能性。

1. 聯絡處：姓名、地址、電話號碼（確實能聯絡到的）。
2. 生涯目標：根據你的專長領域，陳述自己目前應徵的職位與未來的生涯目標，如果自己都不確定，這部分可以簡略，只寫擬應徵的工作職位。
3. 經歷：從最近的經歷寫起，不管是否支薪。
4. 學歷：就讀學校、就讀年份，特別註明跟應徵工作有關的，曾修過的重要相關課程。
5. 檢覈：如果與應徵職位相關的專業能力通過檢覈，或取得任何資格證照，應詳加記錄，並載明證書字號。
6. 服役：是否役畢，也可說明軍中習得的特別技術及能力。
7. 專業團體或學校社團：是否參與團體會員，或隸屬哪些組織。
8. 特殊技能與興趣：外語能力、電腦應用能力、重要興趣。
9. 社會服務與活動：列出與工作有關的，曾參加過的項目。
10. 保證人或推薦人：寫出適於被查詢的保證人，或直接請推薦

人簽名。

要注意的是履歷表不要超過三頁，才能達到立即產生印象的效果，並且要整齊編排，仔細校對，紙張品質要好，看起來乾淨非常重要。試著從雇主或面談者的觀點來思考要在履歷表中呈現些什麼，想想該公司需要什麼，不要寫一些與工作無關的個人特質。還有要特別注意，履歷的資料必須真實，必須遵守倫理，可以強調自己的長處，但是不能誇大不實，不能欺騙和違反道德。

◆預演

對大多數人而言，面談情境確實會帶來壓力。為了能在很短的時間裡展現自己的優點，最好先做面談的預先練習。試著想想可能會被問到哪些問題，認真思考該如何回答，例如，所希望的薪資、你對公司可能的貢獻，以及自己有些什麼特殊才能等等。另外，盡可能事先準備一些資料，包括：自己的資格證書、得意的作品或計畫；如果可能的話，事先瞭解該公司的服務性質、產品、股東、財務狀況。先有這些瞭解，能清楚顯示你對該公司的興趣，這個通常會讓面談者留下深刻的印象，而且也讓你比較容易製造自己可能對公司有貢獻的有利印象。

二、面談應注意事項

(一)服裝儀容

衣著的選擇是我們自我表現的一部分，我們在面試時所展現的服裝儀容不只是衣著本身，同時更傳達許多社會訊息。一般來說，莊重簡潔而傳統的打扮會比較容易引發別人的好感，對面談者來

說，也較容易感受到你對於這個工作機會的看重。因此，在大部分的面試場合中，通常我們會建議男孩子穿著乾淨整齊的西裝，而女孩子則以套裝式的打扮較為合宜。當然，如果你所欲應徵的工作本身就具備某些重要且特殊的屬性，例如彩妝公司的創意設計，那麼在服裝打扮上適度呈現你所欲應徵的工作氣質，對你絕對是有利的。

(二)準時

面談是組織觀察你這個人工作態度的唯一線索，也是你藉由非語言訊息來表達自己工作熱忱的重要機會。如果你在這麼重要的事情上都會遲到，面談者可能據此推測你在正式工作時也會遲到，因此務必要讓自己有充裕的時間，不能因為交通或任何其他原因而遲到。

(三)集中精神、熱忱表現

非語言行為會透露出很多訊息。面談者從你的眼神、姿態和語調來判斷你的自信、專注與熱忱。因此沉穩、微笑，並專注地直視面談者是很重要的，切忌眼神閃爍或是一付十分疲倦的樣子。

(四)給自己思考的時間

如果面談者問了一個你預期以外的問題，不要急切回答，可以在回答前先思考一下。未經思考的匆促回答，很可能使你錯失良機。如果你不能肯定自己確實瞭解問題，可以在回答前先複述一下問題，或乾脆跟面談者再確認或澄清問題後才回答。

(五)詢問工作相關的問題

面談的目的不只是讓組織或企業找到適任的員工，其實也是一

個讓應徵者確認自己是否喜歡並適合這個工作的機會。因此，或許可以請求面談者概略說明一個典型的工作狀況，如果面談的地方在公司裡，你或許也可請求看看工作場所。

(六)不要花時間討論薪資及福利

如果面談者想要套問你對薪資的想法，或期望用較低的薪資僱用你，你可以問：「像我這樣的資歷，在這個職位上通常可以得到多少酬勞？薪資的計算標準是……？」。這樣問是為了讓你對薪資有個概念，而不會一下子就答應接受某個數字的薪資。也可以事先稍作打聽，避免面談時在這個部分浪費太多時間。關於福利部分，最好是在公司錄用之後再談比較合適。

(七)展現有效的溝通行為

在面談過程中，有效的溝通行為利於求職，例如，真誠、開放的態度，表現積極的工作熱忱，同理他人的感受，避免以自己為中心，他人取向的談話內容或態度是必要的，不要做曖昧不明的回答，盡可能明確而理性地表達自己的想法。

第四節　職場中的人際關係

我們生活在團體裡，大多數的人際關係都發生在組織中。我們幾乎都是在醫院裡出生，上托兒所、幼稚園，到學校去上學，然後在機構裡工作，到政府機關辦理結婚登記，到死也是由殯儀館來完成我們的後事。從生到死，我們從來沒有脫離過組織。而職場可以說是我們生命歷程中相當重要的一段組織經驗。良好的溝通技巧

幫助我們在組織中擁有成功的人際關係，也影響我們在組織中的成敗。在職場中最重要的三種人際關係型態，包括：與上司的關係，與同事的關係，與顧客的關係。

 第五節　組織內的人際溝通類型

　　人與人之間的互動是複雜的歷程，而當這個歷程發生在一群人之中，其複雜的程度比起人際間有過之而無不及。在此我們主要討論的是，在一個公司的大型組織中，溝通是如何進行的。由於組織中的權力有階層高低之分，在溝通時必然會存在很大的問題。當溝通行為由上而下時，層層轉述的結果通常會使訊息有所扭曲。換句話說，行政主管的溝通訊息，輾轉溝通到執行階層，經常已非本意。

　　在組織的溝通網絡中，可以分成正式溝通網絡跟非正式溝通網絡兩種不同的系統，在正式的溝通網絡中，組織人員的訊息傳遞都有規範加以限制，其中又可以分為下面三種：

一、正式溝通網絡

(一)下行溝通

　　在下行溝通中，訊息傳遞是從高階主管層級到中層主管，再到基層主管，最後傳到工作執行人員的過程。下行溝通的功能主要在於命令的下達、教導，還有激勵跟評估。而在命令或工作指示下達時，每一階層的主管都會再將訊息做更清楚具體的說明，並且

過濾這些訊息，決定哪些訊息必須再往下傳遞，而哪些訊息則予以保留。除了工作指示之外，常見的下行溝通的訊息還有組織目標、政策、獎懲、福利制度等等，對於員工的激勵與評估通常也是透過這種下行溝通的方式，讓員工瞭解自己工作表現所得到的回饋。下行溝通的媒介除了透過會議指示、電話傳達、電子郵件等直接溝通的方式之外，也可能透過公布欄、員工手冊、工作說明書、訓練手冊、組織刊物或簡訊、年度報告等等。

(二)上行溝通

如果訊息從組織的低階層傳往較高階層，我們稱這樣的溝通歷程為上行溝通。其主要功能在獲取組織人員工作活動的訊息，包括：工作報告、財務預算、工作計畫與建議，或甚至對工作的抱怨及不滿。在訊息往上傳遞的過程中，中層的管理者仍然會過濾訊息，決定哪些訊息要再往上傳遞，而這個過濾的程序有時只是加以整理及濃縮，有時則可能加以扭曲。常見的上行溝通方式有會議、電話、電郵或是面談等等，另外也有利用意見信箱、申訴制度或甚至利用問卷調查的方式，來瞭解基層員工的想法及態度。

(三)平行溝通

前面所說的下行或上行溝通，主要都是橫跨不同的溝通層級，因此都可以視之為垂直溝通。而在組織中，沒有特定層級關係的人，彼此間所形成的溝通網絡稱為平行溝通。其中相同權力階層間的溝通，屬於水平溝通；若是不同階層、但是無直接職權關係的彼此溝通，就稱為對角線溝通。平行溝通的功能在於協調及解決問題，其優點是訊息的傳遞較為直接快速，免去訊息要先上行到達彼此的共同主管階層，再循下行管道下達所必須耗費的時間。常用的

平行溝通模式為會議、電話、電郵、書面記錄或是各種表格等。

二、非正式溝通網絡

除了正式溝通網絡之外，在組織中常見的還有非正式溝通網絡，它通常以「馬路消息」或是「流言」、「八卦」的面貌出現。這些非正式的溝通無所不在，而且傳遞的速度相當快，幾乎組織中的所有人都會對這樣的訊息充滿興趣。而這種非正式網絡的存在，主要隱含的意義是，組織中的正式溝通網絡可能不足。當員工無法從正式的管道中獲得訊息，心裡可能覺得缺乏安全感，再加上人類與生俱來的內在動機——「好奇」，就更容易引起組織內非正式溝通網絡的盛行。非正式溝通的網絡經常是「叢鍊式」（cluster chains），如**圖12-1**所示，其傳遞過程具有選擇性，在溝通的過程中，不同的訊息會傳送給不同的聯絡者，聯絡者再將這些訊息中他們感到有興趣的部分，傳送給其他既定網絡中的人。

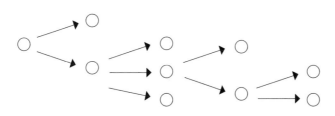

圖12-1 叢鍊式溝通網絡

非正式溝通網絡的功能在於補足正式溝通管道的不足，強化組織功能。若是主管階層能夠善用非正式溝通網絡，對於組織決策也可能產生極大助益，比方說，透過非正式溝通網絡，瞭解員工對於新派任務的想法、幫助員工對於新的工作內容產生興趣、適應新的

工作調整並認同自己的工作團隊等，應該可以提高員工對於工作的
投入狀況與滿意程度。或是在組織公布重要決策前，可以透過非正
式溝通網絡先試探員工的想法、反應及感受，並作為最後決策的考
量基礎。

 ## 第六節　組織中重要的人際關係型態

　　溝通是組織效能的重要核心，組織功能的運作是否良好端賴
於有效的溝通。組織的溝通如果涉及組織與組織間的訊息交換，或
是由外環境導入相關的訊息或情報，稱為組織的外部溝通。在這裡
我們主要探討的是組織的內部溝通，也就是組織依循結構的不同向
度，例如，角色、地位、層級、目標等等而產生的溝通。不管任何
組織，當溝通完全停滯的時候，通常也意謂著組織的活動將不復存
在。在組織中有三種跟組織目標密切相關的人際關係型態，分別是
主從關係、同僚間的關係及與顧客的關係。

一、主從關係

　　組織中的關係以主從關係（supervisor-subordinate relationships）
的研究最多，在這種關係中由一位具有權力的主管，負責監督部屬
的工作績效。上司或是管理者的主要目標，在於協助自己的所屬員
工能夠充分發揮潛能，進而解決工作中所遭遇到的難題。因此其功
能包括有：(1)行政功能，負擔職務層級上的責任；(2)專業功能，必
須提供部屬在專業能力或技術上的訓練及示範教導，並給予專業評
估；(3)情緒支持，協助處理任何會引起部屬工作意願低落的特殊事
件。所以一個良好的主管需要完成的任務包括有：增進部屬的技術

和能力，以滿足組織期待；提供回饋，讓部屬能瞭解自己的工作表現；輔導部屬達成個人及工作任務目標。

　　Redding（1972）指出，主管必須擅長運用溝通能力，才能勝任督導及管理的角色。他除了必須充分瞭解部屬的工作任務與相關專業知識，還要能夠將這樣的瞭解轉達給部屬。主管必須能清楚描述工作行為，以具體清晰的語詞，提供建設性的批評回饋，才能有效協助部屬。他們也必須能夠覺察部屬的心理需求，善於傾聽，而不自私獨斷。具備這些基本條件之後，再運用影響的技巧，才能讓部屬更願意努力於工作目標的達成，進而也滿足他們自己的需求。

　　組織中的任何成員，不論層級，幾乎都隸屬在主從關係之中。不只是主管必須具備良好的溝通技巧，部屬更需要體認二人關係中權力與地位的差異，並充實溝通技巧，才能與上司維繫有效的關係。如果主從雙方都瞭解溝通的重要，也都能充分溝通，雙方的需求才能得到滿足，也因此能充分達到組織的整體目標。主從關係其實就像一般人際關係一樣，會隨時間改變而變化。不同的部屬與主管的關係也各不相同，對主從關係的發展有相當研究的Graen（1976）就提出了「二人垂直連結關係模式」（vertical dyadic linkages model, VDL）來加以說明。

　　所謂的「二人垂直連結關係模式」，其中二人意謂著關係存在於兩個人之間；垂直的意思就是兩個人分處不同的層級，並且其中一人為另外一人的部屬；連結則指的是上下階層必須連結來達成組織目標。這個模式最先的假設是，當主管被要求必須完成超出工作團隊既定的工作標準量時，他必須從所有的部屬中找到某個人來完成額外的工作。一段時間過後，這些願意額外付出的人，對主管而言就會愈形重要，也因此他們擁有反制的權力，也就是掌握了與主管協商的有力條件。在這種情形下，如果報酬與付出並不對等，致使他們不願意繼續為主管做額外的工作，將造成主管的被反制。

而主管為了能讓部屬繼續做額外的工作，必須和部屬間有公平的交換，也就是主管必須與他們協商合理的報酬，形成特殊的「交換關係」（exchange-centered relationship）。所謂合理報酬的形式很多，也許是獎金，也可能是無形的，例如，自由選擇工作時間、提供較好的工作空間、公開予以褒揚、透露屬於高階層的訊息，或甚至成為主管親信，與上司關係親近等等。在這種與上司的親近關係中，主管與特定部屬間會出現類似「師徒關係」（mentoring relationship），部屬能從主管處學習更多技巧和專業知識，並且因為擁有這些技巧，提升他在組織中的價值，對其生涯發展有很大的幫助。

在這種「二人垂直連結關係模式」中，將出現主管親信（in-group）以及非親信（out-group）兩種人，在機會獲得的分配上，會有不平等的現象。當部屬只完成分內工作，卻沒有幫主管額外付出時，依照「二人垂直連結關係模式」，這些人與主管所維持的稱之為「角色關係」（role-centered relationship）。在這種角色關係中，部屬雖然仍可能得到良好的工作評價，給予加薪及其他公平待遇，但是卻很難獲得拔擢，也不容易與主管建立親近的工作關係。這些其實能力相當的人和上司只維持一般的公務關係，沒有私人的交換關係存在，他們對於主管來說，屬於「非親信」。這些非親信，即使工作能力佳或是工作表現優異，通常也都不會被要求額外的工作。而與上司有交換關係存在的部屬，與上司較親近，也就是所謂的「親信」，這群人是主管特別信任的人，而且也願意為主管額外負擔。

在整個組織當中，你可能是或不是你的主管的親信，你的主管又可能是其上司的親信或不是，從這種連鎖效應來看，自然每個人對組織的觀感都有所不同。而在連鎖效應的影響下，個體獲得的酬賞不只依賴他自己與主管的關係是交換關係或角色關係而定，還要

參考主管與各級上司層層之間的關係，不管是升遷或裁員都會受到這種二人垂直連結的連鎖效應影響。

如果我們能藉「二人垂直連結關係模式」來說明主從關係，那麼該如何跟主管建立有效的工作關係呢？第一個步驟：你必須評估自己的能力，是否足以在既定工作之外，額外協助主管完成任務。這些能力也許是工作單位無法支援提供的，如果你缺乏特殊專才，就必須設法培養。比方說，公司希望能將業務工作資訊化，而你的主管對於資訊專業並不熟悉，你身為部屬便可以自行進修或參加訓練課程，並多加練習。當發現主管在這個特殊相關工作上出現滯礙，又對於工作完成進度十分焦慮時，就可以自告奮勇協助主管來做這個業務資訊化的工作設計，雖然這不是你分內的事，但是當主管注意到你的工作能力跟效率，就會慢慢變得依賴你來替他完成這件事，或在以後有相關問題時，需要你提供意見。

當你知道自己擁有什麼專長能力足以與主管建立交換關係之後，第二個步驟就是表達你能額外付出的意願和能力。身為主管的人通常會不好意思向部屬要求協助，但是他們經常在言詞中隱藏求助的訊息：「我實在忙得分不開身，可是業務資訊化的工作設計，星期一必須提交書面報告」，像這就是一句隱藏求助訊息的話。單純期待角色關係的員工可能只會注意到表面的訊息，回答：「辛苦你了！這個工作設計聽起來很不容易，看起來你今天又必須加班了！」然後安分回到自己的工作崗位上。但是希望跟主管建立交換關係的人則會注意到深層的意思，說：「天啊！主任，你豈不是要忙壞了？我想你可能在時間上有些來不及，需要我幫點什麼忙嗎？」

建立親近的主從關係，關鍵在於信任感。所以還需要第三個步驟，就是所做的額外工作必須做得又快又好。但是要達成這個結果，你必須體認自己需要更賣力工作，或者你可以試著跟主管討論

減輕原先日常工作的可能，以免連累原有的工作，或使自己陷於嚴重壓力之中而無法自拔。

上面的這些建議並不是鼓勵你對自己的主管就要多所奉承阿諛，而是你必須清楚體認到現實的層面。在傳統的主從關係裡，主管跟你的權力關係是根本的不平等，上司的權力比部屬大，如果能使主管對部屬的依賴增加，部屬才可能與上司取得比較平衡的關係。工作關係與其他關係最大的不同，其實就在於彼此間不需要有什麼特別的好惡或是情感，互惠是最重要的。即使上司與部屬變成朋友，他們彼此的關係非常特殊，這種關係的改變雖然會影響他們的工作狀態，甚至可能造成有利的影響，但是他們彼此間仍然需要持續互惠交換，才能維持其工作上的穩定關係。

溝通是建立、協商跟維繫主從關係的重要因素。「一樣米養百樣人」，各樣的人形形色色，要瞭解人跟人之間的差異確實不是一件容易的事。從二十世紀初，自佛洛依德的精神分析學派到榮格的分析心理學，還有其他諸多人格心理學家，都試圖找出人的許多不同人格類型或是性格的成因，但即使這些大師們在理論上有多麼博大精深，我們對於人的瞭解仍舊十分有限。在組織的溝通中，我們唯一所能確定的就是，人與生俱來就有不同，至少不是完全一樣，再加上後天環境跟經驗的影響，形成每個人獨一無二的行為模式。既然每個人都會以其自身獨特的眼光來看世界，如何進行有效的溝通就顯得十分重要，若能有效的運用傾聽、知覺查驗、描述澄清、簡述語意以及發問等等語言溝通技巧，並專注瞭解對方的非語言行為，你將比較可能建立二人垂直連結關係。如果只以自己的眼光來對世界做主觀的陳述或判斷，不能用心溝通，你可能和上司或部屬的關係會有距離，而形成不良的工作關係。

二、同僚間的關係

　　同屬一個工作單位而且階層相同的人，就是所謂的同僚。人不可能離群索居，天生就具有親和的心理需求，成員間的同僚關係，滿足我們的社會需求，也促進工作上的協調合作，並促進組織訊息的流通。Feldman（1981）指出，因為組織內運作複雜，成員難以獨力獲得組織內所有資訊，同僚彼此間的資料蒐集與傳遞，就成為我們獲知組織訊息的重要來源。Jablin（1985）則認為，同僚關係影響我們的工作品質和工作滿意度。

　　擁有類似觀念與經驗的同僚，彼此比較不容易出現衝突，也比較容易溝通。一般在工作情境，成員都會儘量避免爭執，以減少衝突及其所致的人際困窘，尤其是工作氣氛較緊張的情境，更是如此。但是當組織成員不能表達不同意見時，組織反而可能失去很多重要訊息或是寶貴意見。因此，每一個工作同僚都必須學習運用溝通技巧，以有效的表達自己的想法與感受，避免因過度順從所衍生的問題，也減低溝通不良所帶來的衝突與負面情緒。

　　過去曾有許多企業在美國強調個別競爭，希望能藉此激勵員工的績效表現，但是卻因此使得組織內積極進取又富才智的人，因為不在乎同僚的感受和需求，反而在工作情境中遭遇挫折，連帶使企業失去優勢。現今美國的企業經營者都深刻體會組織成功的關鍵在於合作，因此更重視同僚間的溝通與互動關係。

　　然而，組織內的員工凝聚力高並不全然都是好的，凝聚力跟組織效能其實是個相互影響的關係。凝聚力高，代表員工間有足夠的情誼，因此可以減低彼此的緊張，並創造出有利的環境以達成團體目標。而當成員對組織的認同感夠高的時候，能夠成功達到團體目標，也有助於提升成員對組織的承諾。但是，假若團體成員對於組

織目標並不認同，或是在工作態度上較為負向，則過高的凝聚力反而會減低組織效能。適當的同僚合作關係並不是靠同事間的私人情誼，或是憑藉他們在任何事上都意見一致。事實上，工作任務愈不同，同僚越可能出現意見歧異。就像我們前面所提到的，凝聚力跟組織效能並不一定決然成正比，大多數的主管也都知道不同的意見中其實蘊含更多的組織力，若能善加引導，反而更能激發創意並研議出有效積極的策略。但是，組織內的同僚關係必須健全，才可能容許歧異，而仍維持相當程度的凝聚力，而健全的同僚關係則有賴於有效的人際溝通才得以建立。

我們不能選擇主管，也無法選擇同僚。我們在工作情境中與這些人建立關係，都得靠我們的溝通能力。如果我們能做到積極的傾聽，覺察彼此差異，便能進而瞭解彼此的需求和感受，那麼就較可能擁有滿意的工作關係。

三、與顧客的關係

顧客指的是享用組織工作成果的人，也就是消費者。傳統上，只要不是組織中的角色，就有可能成為顧客，又叫潛在消費者。在組織中有些人負責與組織外的人互動接觸，這種橋樑者的角色（boundary-spanning roles），必須能與顧客建立良好的工作關係（work-related relationships）。這些人也許是銷售業務代表、送貨員、採購經理人（purchasing agents）、房地產經紀人、公關人員，或甚至是其他服務提供者，例如，社會工作者（social workers）、護士、導遊領隊等等。在與組織之外的人進行與工作相關的溝通時，必須善用溝通技巧，通常在與顧客的關係中最易出現下面幾種困境。

(一)忽略組織對顧客的依賴程度

俗話說「顧客永遠是對的」，這句話雖不盡然完全成立，但是我們也確實必須體認到，組織的業務及利益所需，必然與顧客有關係。擔任組織與顧客間橋樑關係的人，在任何情形下都必須能與大眾建立良好關係，如果忽略了對顧客的依賴性，則容易因為不瞭解這些「衣食父母」的需求，而引起了很大的問題。也許我們都有過這樣的經驗，走進百貨公司的名牌專櫃，遭到售貨小姐以貌取人來決定對你服務的殷勤與否，甚至有的會因為你的服裝打扮太過平常，而對客人贈以白眼甚至出言不遜，言語暗示或者明白挖苦「這兒的東西你買不起」、「小心，別把我們這兒的高級品碰壞了」，這種傲慢的態度非常容易引起顧客的反感，若因此得罪了目前具有消費能力的顧客或是未來可能的潛在消費者，對於組織的利益來說，都是得不償失。

相對地，我們也都曾經因為服務人員的親切態度，而喜歡持續向他買東西。小至早餐店，到一些生活日用品的採購，大到買家電、買新車，有些服務人員總是和顏悅色親切服務，提供適當的詳盡說明，推薦適合的產品，甚至贈送一些小禮物、小贈品。服務人員對顧客的關心與親切的服務，會讓顧客感到被尊重，這樣的人員對公司才會是有利的。顧客服務人員必須能使用同理以及尊重平等的態度，傾聽顧客的需要，善於衝突處理及其他溝通技巧，盡可能站在對方的立場設想，並能合理而適當地向顧客有效的說明組織的立場。

(二)無法建立積極的互動關係

顧客服務人員的角色通常處於壓力狀態，因為他們對公司的政

策只有接受卻不能改變，對組織的政策缺乏主控權，同時還得負責把公司的政策傳達給交易對象。例如，有些公司對於退貨的規定非常嚴格，即使顧客不滿意也無法輕易接受退貨。再比方，經銷商雖能事前答應顧客送貨的時間，但仍需要靠組織中的其他成員配合才可能確實如期交貨。即使顧客服務人員未必能夠承擔顧客對於商品或服務的期待，但作為第一線的服務人員，當顧客不滿意時，負責溝通的正是這些直接面對顧客的工作者。這些擔任溝通橋樑的人，如果可以和顧客好好的溝通，讓顧客明白公司的政策，並委婉解釋原因，應該可以減少很多顧客的抱怨。有些時候，必須在事前就先做好充分的溝通，比方說，經銷商不必向顧客保證送貨的日期，而是向顧客說明大約有百分之九十的顧客可以在訂貨後三天內收到貨品，但偶爾會出現少數狀況到貨時間超過三天，如果到貨時間逾三天，公司的補償辦法如何。若能有此說明，即使顧客遲些收到貨品，仍不至破壞與顧客的關係。或者在顧客選購貨品時，清楚向顧客做簡單的說明：「我們的價格已是最低折扣，所以無法接受退貨。麻煩請您在擇定貨品時務必仔細檢查。」。

雖然溝通橋樑者的角色對公司政策缺乏主控性，但是必須與顧客間維持積極的互動關係，運用坦誠的語言溝通技巧，清楚向顧客做說明，才能在面對一些不確定的情況下，仍能與顧客建立良好關係。

(三)彼此處於敵對關係狀態

在過去，買賣雙方最主要的關注焦點是，如何為己方獲取最大利潤，甚至不顧對手的死活。這種「零—合」的結果，經常讓雙方處於一種敵對關係。但是在現代環境中，大部分的組織都知道，維持長遠的「夥伴關係」，才能讓雙方互蒙其利。舉個簡單的例子，我們很習慣在採購東西的時候盡可能殺價，但是如果今天我們所要

求的價格對賣方來說完全無利可圖甚至血本無歸，賣方的選擇一是決定不賣，二則是以我們所要求的價格賣出，然後卻在其他的成本上東折西扣，這種你贏我輸的遊戲其實對買賣雙方都是一種耗損。賣方來說也是一樣，為求最大利潤，我們經常在價格或服務上不願做較大的讓步，後來造成顧客放棄交易。因此這種敵對關係對於組織的溝通橋樑角色來說，其實並不適當，在現代企業環境之下，成功的橋樑者應能花時間專注傾聽、分享資訊，並從對手處學習。雙方關係的維護是最重要的事，在交易時運用協商的策略來達到雙方的最大利益。因此，橋樑者必須學習如何運用問題解決策略，協商並合作解決衝突的溝通技巧。

(四)過度慣用專業術語

在同一個組織工作的人，經常習慣使用與工作有關的共同語言。這類語言可能就是該組織所特有的專業術語，但對於不隸屬該組織的人而言，就很難理解，於是造成溝通的困難。比方說，所得稅申報單上，本人的代號是DD、配偶SS、綜合所得總額AA、一般扣除額ZA、扣除額合計AB、綜合所得淨額AE，當我們報稅的時候，假設稅務人員一邊審查申報單，一邊嘴上唸唸有詞，一會兒DD、SS，一會兒AA、AB，除了國稅局的工作人員能懂之外，包管一般民眾是聽得一頭霧水，因為對我們來說，這不屬於我們常用的語言。

假設這樣的語言發生在組織與顧客的溝通之間，作為溝通橋樑的人若不能說顧客聽得懂的話，自然很難和顧客建立良好的關係。由於組織中的術語，對於組織成員來說已經成為習慣，很容易忽略它對別人的影響而無法察覺，身為溝通橋樑必須能夠從顧客的非語言訊息中，敏銳察覺對方是否理解，然後用普通的語詞再轉譯說明

一遍。如果必須說明專業技術方面的訊息，最好用對方所熟悉的事物來舉例說明。

　　這個法則不只適用於組織與外在顧客的關係，有時在組織內但不同單位間的相互關係，也必須要避免過度使用專業術語。例如，醫院，雖然醫療相關專業人員是醫院內的工作主力，但是在醫院裡仍然有許多不同專業，但對醫療工作的執行卻相當重要的其他人員，就像社會工作部門、會計部門等等，社會工作部門協助醫療資源的適當利用及醫病關係的協調等等，會計部門則協助醫療費用的計價與核算，這些人對於醫院的經營運作與功能發揮，有著相當的重要性，但是卻因為專業不同的關係，較難以深入理解醫療相關的專業術語。如果醫療人員不能試著以其他專業人員較能理解的方式來做說明，則組織內的工作關係就難以融洽，也較難得到所需要的支援及協助。

摘　要

　　面談是人際溝通中的特殊形式，由兩個人（或以上）透過問答的方式來進行。求職面談是一種特殊的溝通情境，不管是面談者或是來談者都要盡可能做好事先的準備與良好的溝通。面談的進行包括開場、主體及結束，所使用的問題型式則可以採用開放式或封閉式、中立式或引導式、首要或後續問題等等不同型態。而作為一個來談者，在接受求職面談之前，要花時間先瞭解公司背景，並充分準備應徵函、履歷表，以爭取面談的機會。面談時，要注意服裝儀

容，務須準時，並且要集中精神，對於困難的問題先思考再回答，詢問與工作有關的問題，最重要的是展現對該工作的熱忱。

　　職場是多數人相當重要的一段組織經驗。組織中的溝通類型可以簡單分爲：下行溝通、上行溝通以及平行溝通。下行溝通就是訊息由上而下傳遞；上行溝通則是訊息由下而上傳遞；平行溝通則發生在相同的權力階層間。另外還有非正式的溝通網絡，俗稱「馬路消息」，通常以「叢鍊式」的網絡來傳遞。善用正式與非正式的溝通網絡才能讓組織內部訊息充分流通，並能建立共識。

　　組織中重要的人際關係型態有主從關係、同僚關係以及顧客關係三種。在所有工作關係中，主從關係被研究得最多，其中我們引用「二人垂直連結關係模式」來說明這種關係的演變。同僚關係滿足我們的社會需求並使成員獲得更多訊息，同僚關係影響個體的工作品質和工作滿意度。另外一種關係就是顧客關係，顧客關係主要建立在組織中的橋樑者角色和組織外的人們之間。這些溝通的橋樑必須避免因爲忽視關係中對顧客的依賴程度、缺乏積極互動、與對方形成敵對關係狀態，以及過度使用專業術語等，而導致與顧客間的關係不良。良好顧客關係的培養技巧除了可應用於組織與外部他人的關係間，在組織內不同專業或不同單位的工作人員亦可引爲借鏡。

練習一

> 為你將來可能尋找的工作，準備一份應徵函和履歷表。

練習二

> 請每位同學在下一次上課時，穿一套自認為最適合參與求職面談的服裝，並做合適的打扮，由授課教師與全體同學參與評比，討論求職面談時應作怎樣的裝扮較適當。

練習三

> 每三位同學一組，就各人所擬的應徵函及履歷表，找出面談者可以發問的不同問題。每一組推出一位應徵代表，每組的應徵代表依序在全班同學面前接受求職面談，除了同組的另兩位同學之外，其他非扮演應徵代表的同學都是面談者，分別對不同應徵者進行十五分鐘左右的聯合面談，同組同學可以提供答覆面談的書面協助，最後由全班同學一起進行評比，決定哪一組的應徵代表是求職勝利軍，並由授課老師帶領討論。

練習四

> 回想一下你的消費經驗，各找出一個愉快及不愉快的，仔細想一想，為什麼？試著把它寫下來，並跟同學做討論。

練習五

　　利用練習四裡面，不愉快的消費經驗所寫下來的內容作為腳本，跟同學做角色扮演，參考愉快的消費經驗中，服務人員的溝通態度及技巧，由你來飾演服務提供人員，練習一下該如何溝通以避免不愉快的顧客關係。

參考書目

中文部分

王政彥（1994），《溝通恐懼——面對人際溝通的焦慮與害怕》。台北：遠流。

李美枝（1995），《社會心理學》。台北：大洋。

李茂興、李慕華、林宗鴻（譯）（1994），《組織行為》。台北：揚智文化。

林萬億（2008）。《團體工作——理論與技術》。台北：五南。

林萬億（1985），《團體工作》。台北：三民。

苗延威、張君玫（譯）（1998），《社會互動》。台北：巨流。

高子梅（譯）（1996），《有效溝通》。台北：桂冠。

徐木蘭（1991），《行為科學與管理》。台北：三民。

夏林清（1994），《大團體動力——理念、結構與現象之探討》。台北：張老師。

陳世穎（2007），〈談判的理論與技巧對學校經營者談判策略之啟示〉。《學校行政雙月刊》，第47期，頁43-66。

陳皎眉、鍾思嘉（1996），《人際關係》。台北：幼獅。

陳彰儀（1995），《組織心理學》。台北：心理。

湯淑貞（1994），《管理心理學》。台北：三民。

黃光國（1988）。《人情與面子：中國人的權力遊戲》。台北：巨流。

黃嘉琳（譯）（1994），《你誤解了我的意思——正確解讀不同的談話風格》。台北：遠流。

黃惠惠（1995），《助人歷程與技巧》。台北：張老師。

蔡幸佑、彭敏慧（譯）（1996），《說服傳播》。台北：五南圖書。

蔡伸章、吳思齊（譯）（1998），《肢體溝通》。台北：巨流。

鄧碧玉（譯）（1997），《自信訓練手冊——學習自尊、憤怒、溝通的藝術》。台北：遠流。

賴美惠（譯）（1994），《如何轉弱爲強》。台北：遠流。

蘇玲娜（譯）（1995），《談判高招》。台北：絲路。

張維安（2002），〈網路與溝通〉。《網路社會學通訊期刊》，第25期。

張慧美（2006），〈網路語言之語言風格研究〉。《彰化師大國文學誌》，第13期，頁331-359。

鍾從定、謝孟樺（2008），〈情緒智力與談判行爲：談判策略、人際吸引力與談判結果〉。《管理學報》，25(5)，頁525-548。

英文部分

Abelson, R. P. (1976). "Script in attitude formation and decision making," in J. Carroll and T. Payne, eds., *Cognition and Social Behavior*. Hillsdale, N. J.: Erlbaum.

Adler, R. B. & Towne, N. (1981). *Looking Out/ Looking in: Interpersonal Communication* (4/E). Harcourt Brace College Publishers.

Alberts, J. K. (1990). "The use of humor in managing couples' conflict interactions," in Dudley D. Cahn, ed., *Intimates in Conflict: A Communication Perspective*. Hillsdale, N. J.: Lawrence Erlbaum.

Altman, I. & Taylor, D. A. (1973). *Social Penetration: The Development of Interpersonal Relationships*. Oxford, England: Holt, Rinehart & Winston.

Ardener, S. (ed.) (1992). *Person and Powers of Women in Diverse Cultures*. Oxford: Berg.

Arnold, W. E. & McClure, L. (1996). *Communication Training and Development*. Waveland Press, Inc.

Andersen, P. (1994). "Explaining intercultural differences in nonverbal communication," in Larry A. Samovar and Richard E. Porter, eds., *Intercultural Communication: A Reader*, 7th ed., Belmont, Calif.: Wadsworth.

Aries, E. J. & Johnson, F. L. (1983). Close friendship in adulthood: conversational content between same-sex friends. *Sex Roles* (December 1983), 1189.

Argyle, M. (1991). "Intercultural communication," in Larry A. Samovar and Richard E. Porter, *Intercultural Communication: A Reader*, 6th ed., Belmont, Calif.: Wadsworth.

Argyle, M. & Furnham, A. (1983). Sources of satisfaction and conflict in long-term relationships. *Journal of Marriage and the Family, 45* (August 1983), 490.

Argyle, M. & Henderson, M. (1984). The rules of friendship. *The Journal of Social and Personal Relationships, 1*, 211-237.

Arvey, R. D. & Campion, J. E. (1982). The employment interview: a summary and review of recent research. *Personnel Psychology, 35*, 281-321.

Austin, W. (1980). Friendship and fairness: effects of type of relationship and task performance on choice distribution rules. *Personality and Social Psychology Bulletin, 6*, 402-408.

Axtell, R. E. (1991). *Gestures: The Do's and Taboos of Body Language Around the World*. New York: Wiley.

Bach, K. & Harnish, R. M. (1979). *Linguistic Communication and Speech Acts*. Cambridge, Mass.: MIT Press.

Barker, L., Edwards, R., Gaines, C., Gladney, K. & Holley, F. (1980). An investigation of proportional time spent in various communication activities by college students. *Journal of Applied Communication Research, 8*, 101-109.

Bass, B. M. (1990). *Bass and Stogdill's Handbook of Leadership: Theory, Research, and Managerial Applications*, 3rd ed., New York: The Free Press.

Baxter, L. (1982). Strategies for ending relationships: two studies. *Western Journal of Speech Communication, 46*, 223-241.

Bell, R. R. (1981). Friendships of women and men. *Psychology of Women Quarterly* (Spring 1981), 404.

Berg, J. H. & Derlega, V. J. (1987). "Themes in the study of self-disclosure," in John H. Berg and Valerian J. Derlega, eds., *Self-Disclosure: Theory, Research, and Therapy*. New York: Plenum Press.

Berger, C. R. & Bradac, J. J. (1982). *Language and Social Knowledge: Uncertainty in Interpersonal Relations*. London: Arnold.

Berger, C. R. (1985). "Social power in interpersonal communication," in M. L. Knapp and G. R. Miller, eds., *Handbook of Interpersonal Communication*. Beverly Hills, Calif.: Sage.

Berko, R. M., Wolvin, A. D. & Wolvin, D. R. (1989). *Communicating : A Social and Career Focus*. Houghton Mifflin Co.

Berne, E. (1985). *Games People Play*. Random House Publishing Group.

Berscheid, E. (1985). "Interpersonal attraction," in G. Lindzey and E. Aronson, eds., *Handbook of Social Psychology*, 3rd ed., 2, 413-484. New York: Random House.

Berscheid, E. & Walster, E. H. (1978). *Interpersonal Attraction*, 2nd ed., Reading, Mass.: Addison-Wesley.

Bloch, J. D. (1980). *Friendship*. New York: Macmillan.

Bochner, A. P. (1984). "The functions of human communicating in interpersonal bonding," in Carroll C. Arnold and John Waite Bowers, eds., *Handbook of Rhetorical and Communication Theory*. Needham Heights, Mass.: Allyn & Bacon.

Brammer, L. M. (1993). *The Helping Relationship: Process and Skills*. Allyn and Bacon, Inc.

Breckler, S. J. (1993). "Emotion and attitude change," in Michael Lewis and Jeannette M. Haviland, eds., *Handbook of Emotions*. New York: Guilford Press.

Britchnell, J. (1990). Interpersonal theory: criticism, modification, and elaboration. *Human Relation, 43*(12), 1183-1201.

Brown, J. D. & Smart, S. A. (1991). The self and social conduct: linking self-representations to prosocial behavior. *Journal of Personality and Social Psychology, 60*, 368.

Brown, R. & Gilman, A. (1960). The pronouns of power and solidarity. In Sebeok, T. A. (ed.), *Style in Language*. Cambridge: MIT Press, pp. 253-276.

參考書目

Burgoon, J. K. (1994). Nonverbal signals. In M. L. Knapp & G. R. Miller (Eds.), *Handbook of Interpersonal Communication*. Thousand Oaks, CA: Sage.

Burgoon, J. K., Buller, D. B. & Woodall, W. G. (1989). *Nonverbal Communication: The Unspoken Dialogue*. New York: Harper & Row.

Burgoon, J. K., Walther, J. B. & Baesler, E. J. (1992). Interpretations, evaluations, and consequences of interpersonal touch. *Human Communication Research, 19*, 259.

Cahn, D. D. (1990). "Intimates in conflict: a research review," in Dudley D. Cahn, eds., *Intimates in Conflict: A Communication Perspective*. Hillsdale, N. J.: Lawrence Erlbaum.

Campbell, J. D. (1990). Self-esteem and clarity of the self-concept. *Journal of Personality and Social Psychology, 59*, 538.

Campbell, R. J., Kagan, N. & Krathwohl, D. R. (1971). The development and validation of a scale to measure affective sensitivity (empathy). *Journal of Counseling Psychology, 18*, 407.

Canary, D. J. & Stafford, L. (1992). Relational maintenance strategies and equity in marriage. *Communication Monographs, 59* (September 1992), 259.

Cate, R. M., Lloyd, S. A. & Long, E. (1988). The role of rewards and fairness in developing premartial relationships. *Journal of Marriage and the Family, 50*, 4433-452.

Cegala, D. J. & Sillars, A. L. (1989). Further examination of nonverbal manifestations of interaction involvement. *Communication Reports, 2*, 45.

Centi, P. J. (1981). *Up with the Positive: Out with the Negative*. Englewood Cliffs, N.J: Prentice Hall.

Chebat, J. C., Filiatrault, P. & Perrien, J. (1990). Limits of credibility: the case of political persuasion. *Journal of Social Psychology, 130* (April 1990), 165.

Cloven, D. H. & Roloff, M. E. (1991). Sense-making activities and interpersonal conflict: communicative cures for the mulling blues. *Western Journal of Speech Communication, 55* (Spring 1991), 136.

Cody, M. J. & McLaughlin, M. L. (1986). "Situation perception and message strategy selection," in Margaret L. McLaughlin, eds., *Communication Yearbook, 9*. Beverly Hills, Calif.: Sage.

Cogger, J. W. (1982). Are you a skilled interviewer? *Personnel Journal, 61*, 842-843.

Coombs, C. H. (1987). The structure of conflict. *American Psychologist, 42*, 355-363.

Corey, M. S. & Corey, G. (1998). *Becoming a Helper*. Brooks/Cole Publishing Co.

Cormier, W. H. & Cormier, L. S. (1991). *Interverwing Strategies for Helpers: Fundamental Skills and Cognitive Behavioral Inerventions*. Brooks/Cole Publishing Co.

Crable, R. E. (1981). *One to Another: A Guidebook for Interpersonal Communication*. New York: Harper and Raw.

Crebert, G., Bates, M., Bell, B., Patrick, C.-J. & Cragnolini, V. (2004). Developing generic skills at university, during work placement and in employment: graduates' perceptions. *Higher Education Research & Development, 23*(2), pp. 147-165.

Cupach, C. R. & Metts, S. (1986). Accounts of relational dissolution: a comparison of marital and non-marital relationships. *Communication Monographs, 53*, 319-321.

Davidson, L. R. & Duberman, L. (1982). Friendship: communication and interactional patterns in same-sex dyads. *Sex Roles* (August 1982), 820.

Davitz, J. R. (1964). *The Communication of Emotional Meaning*. New York: McGraw-Hill.

Deal, T. & Kennedy, A. (1982). *Corporate Cultures*. Reading, Mass.: Addison-Wesley.

Deaux, K., Dane, F. C. & Wrightsman, L. S. (1993). *Social Psychology*, 5th ed., Belmont, Calif.: Wadsworth.

Demo, D. H. (1987). Family relations and the self-esteem of adolescents and their parents. *Journal of Marriage and the Family, 49,* 705-715.

Deutsch, M. & Krauss, R. M. (1962). Studies of interpersonal bargaining. *Journal of Conflict Resolution, 6*, pp. 52-76.

DeVito J. A. (1994). *Human Communication: The Basic Course*. Harper Collins College Publishers.

Duck, S. & Gilmour, R. (1981). *Personal Relationships*. London: Academic Press.

Duncan, S. Jr. & Fiske, D. W. (1977). *Face-to-Face Interaction: Research, Methods, and Theory*. Hillsdale, N. J.: Erlbaum.

Egan, G. (1998). *The Skilled Helper: A Problem-Management Approach To Helping*. Brooks/Cole Publishing Co.

Ekman, P. & Friesen, W. V. (1969). The repertoire of nonverbal behavior: categories, origins, usage, and coding. *Semiotica, 1*, 49-98.

Ekman, P. & Friesen, W. V. (1975). *Unmasking the Face*. Englewood Cliffs, N. J.: Prentice-Hall.

Ekman, P. & Oster, H. (1979). Facial expression of emotion. *Annual Review of Psychology, 30*, 527-554.

Ellis, D. G. & Fisher, B. A. (1994). *Small Group Decision Making: Communication and The Group Process*. McGraw-Hill, Inc.

Estes, W. K. (1989). "Learning theory," in Alan Lesgold and Robert Glaser, eds., *Foundations for a Psychology of Education*. Hillsdale, N. J.: Erlbaum.

Fazio, R. H., Sherman, S. J. & Herr, P. M. (1982). The feature-positive effect in the self-perception process: does not doing matter as much as doing? *Journal of Personality and Social Psychology, 42*, 411.

Feldman, D. C. (1981). The multiple socialization of organization members. *Academy of Management Review, 6*, 309-318.

Feldman, R. S., Philippot, P. & Custrini, R. J. (1991). "Social competence and nonverbal behavior," in Robert S. Feldman and Bernard Rime, eds., *Fundamentals of Nonverbal Behavior*. New York: Cambridge University Press.

Fiedler, F. E. (1967). *A Theory of Leadership Effectiveness*. New York:

McGraw-Hill.

Fincham, F. D. & Bradbury, T. N. (1991). Marital conflict: towards a more complete integration of research and treatment. In JP Vincent (eds.), *Advances in Family Intervention, Assessment and Theory*. London: Kingsley.

Fischer, J. L. & Narus, L. R. Jr. (1981). Sex roles and intimacy in same sex and other sex relationships. *Psychology of Women Quarterly* (Spring 1981), 449.

Fisher, B. A. & Adams, K. L. (1994). *Interpersonal Communication: Pragmatics of Human Relationships*. McGraw-Hill, Inc.

Fisher, R. J. (1997). *Interactive Conflict Resolution*. NY: Syracuse University Press.

Foa, E. B. & Foa, U. G. (2012). Resource Theory of Social Exchange. In K. Törnblom and A. Kazemi (eds.), *Handbook of Social Resource Theory: Theoretical Extensions, Empirical Insights, and Social Applications*. NY: Springer.

Forgas, J. P. (1991). "Affect and person perception," in Joseph P. Forgas, ed., *Emotion and Social Judgments*. New York: Pergamon Press.

Forgas, J. P., Bower, G. H. & Moylan, S. J. (1990). Praise or blame? affective influences on attributions for achievement. *Journal of Personality and Social Psychology, 59*, 809.

Forsyth, D. R. (1990). *Group Dynamics*. Brooks/Cole Publishing Co.

French, J. R. P., Jr. & Raven, B. (1968). "The bases of social power," in Dorwin Cartwright and Alvin Zander, eds., *Group Dynamics*, 3rd ed., New York: Harper & Row.

Gary, J.（1992）。《男女大不同》。蘇晴譯（1994）。台北：生命潛能文化事業。

Gazda, G., et al., (1984). *Human Relations Development: A Manual for Educators*, 3rd ed., Needham Heights, Mass.: Allyn & Bacon.

Gibb, J. R. (1961). Defensive Communication. *The Journal of Communication, 11*(3), pp. 141-148.

Gorham, J. (1988). The relationship between verbal teacher immediacy behaviors and student learning. *Communication Education, 37*, 51.

Graen, G. (1976). "Role making processes within complex organizations," in M. D. Dunette, ed., *Handbook of Industrial and Organizational Psychology*. Chicago: Rand McNally.

Grice, H. P. (1975). "Logic and conversation," in Peter Cole and Jerry L. Morgan, eds., Syn*tax and Semantics*, *Vol. 3: Speech Acts*. New York: Academic Press.

Grove, T. G. & Werkman, D. L. (1991). Conversations with able-bodied and visibly disabled strangers: an adversarial test of predicted outcome value and uncertainty reduction theories. *Human Communication Research, 17* (June 1991), 507.

Gudykunst, W. B. & Kim, Y. Y. (1992). *Communicating with Strangers: An Approach to Intercultural Communication*, 2nd ed., New York: McGraw-Hill.

Hall, E. T. (1959). *The Silent Language*. Greenwich, Conn.: Faweett.

Hall, E. T. (1969). *The Hidden Dimension*. Garden City, N.Y.: Doubleday.

Hall, E. T. (1976). *Beyond Culture*. New York: Doubleday.

Hare, P. (1976). *Handbook of Small Group Research*, 2nd ed., New York: The Free Press.

Hattie, J. (1992). *Self-Concept*. Hillsdale, N. J.: Erlbaum.

Healey, J. G. & Bell, R. A. (1990). "Assessing alternative responses to conflicts in friendship," in Dudley D. Cahn, ed., *Intimates in Conflict: A Communication Perspective*. Hillsdale, N. J.: Lawrence Erlbaum.

Hill, C. T. & Stull, D. E. (1987). "Gender and self-disclosure: strategies for exploring the issues," in John H. Berg and Valerian J. Derlega, eds., *Self-Disclosure: Theory, Research, and Therapy*. New York: Plenum Press.

Hinkin, T. R. & Schriesheim, C. A. (1989). Development and application of new scales to measure the French and Raven (1959) bases of social power. *Journal of Applied Psychology, 74*, 561-567.

Hobbs, J. R. & Evans, D. A. (1980). Conversation as planned behavior.

Cognitive Science, 4, 349-377.

Hodgson, J. W. & Fischer, J. L. (1979). Sex differences in identity and intimacy development. *Journal of Youth and Adolescence, 8*, 47.

Hollman, T. D. (1972). Employment interviewer's errors in processing positive and negative information. *Journal of Psychology, 56*, 130-134.

Holloway, E. L. (1995). *Clinical Supervision: A System Approach*. Sage Publications, Inc.

Jablin, F. M. (1985). "Task/work relationships: a life-span perspective," in Mark L. Knapp and Gerald R. Miller, eds., *Handbook of Interpersonal Communication*. Beverly Hills, Calif.: Sage.

Jensen, A. D. & Chilberg, J. C. (1991). *Small Group Communication: Theory and Application*. Belmont, Calif.: Wadsworth.

Jick, T. D. (1993). "The vision thing (B)," in T. D. Jick, *Managing Change: Cases and Concepts*. Homewood, IL.: Irwin.

Johannesen, R. L., Valde, K. S. & Whedbee, K. E. (2008). *Ethics in Human Communication*. IL: Waveland Press.

Johnson, D. W. & Johnson, F. P. (1991). *Joining Together: Group Theory and Group Skills*. Prentice-Hall International, Inc.

Jones, E. E. (1990). *Interpersonal Perception*. New York: W. H. Freeman.

Jordan, J. V. (1991). "The relational self: a new perspective for understanding women's development," in Jaine Strauss and George R. Goethals, eds., *The Self: Interdisciplinary Approaches*. New York: Springer-Verlag.

Judd, C. M. & Park, B. (1993). Definition and assessment of accuracy in social stereotypes. *Psychological Review, 100* (January 1993), 111.

Keller, P. W. & Brown, C. T. (1968). An interpersonal ethic for communication. *Journal of Communication, 18*, 79.

Kellermann, K. (1992). Communication: inherently strategic and primarily automatic. *Communication Monographs, 59* (September), 288.

Kellermann, K. & Reynolds, R. (1990). When ignorance is bliss: the role of motivation to reduce uncertainty in uncertainty reduction theory. *Human Communication Research, 17* (Fall 1990), 67.

Kelly, L. (1982). A rose by any other name is still a rose: a comparative analysis of reticence, communication apprehension, unwillingness to communicate, and shyness. *Human Communication Research, 8*, 102.

Kennedy, C. W. & Camden, C. T. (1983). A new look at interruptions. *Western Journal of Speech Communication, 47*, 55.

Kerr, N. L. (1992). "Issue importance and group decision making," in Stephen Worchel, Wendy Wood, and Jeffry A. Simpson, ed., *Group Process and Productivity*. Newbury Park, Calif.: Sage.

Knapp, M. L. (1984). *Interpersonal Communication and Human Relationships*. Boston: Allyn & Bacon.

Knapp, M. L., & Hall, J. A. (2002). *Nonverbal Communication in Human Interaction*. Belmont, CA: Wadsworth/Thomson Learning.

Knapp, M. L. & Hall, J. A. (1992). *Nonverbal Communication in Human Interaction*, 3rd ed., New York: Holt, Rinehart & Winston.

Komorita, S. S. & Brenner, A. R. (1968). Bargaining and concession making under bilateral monopoly. *Journal of Personality and Social Psychology, 9*(1), pp. 15-20.

Kotlowitz, A. (1991). *There are No Children Here: The Story of Two Boys Growing up in the Other America*. New York: Doubleday.

Krannich, R. L. & Banis, W. J. (1990). *High Impact Resumes and Letters*, 4th ed., Woodbridge, Va.: Impact Publications.

Lai, H. (1989). *A Theoretical Basis for Negotiation Support Systems*. Unpublished doctoral dissertation, University of Purdue.

Lazes, P. & Falkenberg, M. (1991). Workgroups in America today. *Journal for Quality and Participation, 14*(3), 58-69.

Leathers, D. G. (1992). *Successful Nonverbal Communication: Principles and Applications*, 2nd ed., New York: Macmillan.

Lee, J. A. (1973). *The Colors of Love: An Exploration of the Ways of Loving*. Don Mills, Ont.: New Press.

Levine, D. (1985). *The Flight from Ambiguity*. Chicago: University of Chicago Press.

Levinger, G. K. & Snoek, J. D. (1972). *Attraction in Relationship: A New Look at Interpersonal Attraction*. NJ: General Learning Press.

Lewis, R. A. (1978). Emotional intimacy among men. *Journal of Social Issues, 34*, 108-121.

Littlejohn, S. (1992). *Theories of Human Communication*, 4th ed., Belmont, Calif.: Wadsworth.

Luscig, M. W. & Koester, J. (1993). *Intercultural Competence: Interpersonal Communication Across Cultures*. New York: Harper Collins.

Marche, T. A. & Peterson, C. (1993). The development and sex-related use of interruption behavior. *Human Communication Research, 19* (March 1993), 405.

Marcus, L. (1979). "Communication concepts and principles," in Francis J. Turner, ed., *Social Work Treatment: Interlocking Theoretical Approaches*, 2nd., New York: The Free Press.

Markus, H. & Nurius, P. (1986). Possible selves. *American Psychologist, 41*, 954-969.

Markus H. R. & Kitayama, S. (1991). "Cultural variation in the self-concept," in Jaine Strauss and George R. Goethals, eds., *The Self: Interdisciplinary Approaches*. New York: Springer-Verlag.

McCroskey, J. C. (1970). Measure of communication-bound anxiety. *Speech Monographs, 37*, pp. 269-277.

McGill, M. E. (1985). *The McGill Report on Male Intimacy*. New York: Holt, Rinehart and Winston.

McLaughlin, M. L. (1984). *Conversation: How Talk is Organized*. Newbury Park, Calif.: Sage.

Miller, G. R., Boster, F. J., Roloff, M. E. & Seibold, D. R. (1987). "MBRS rekindled: some thoughts on compliance gaining in interpersonal settings," in Michael E. Roloff and Gerald R. Miller, eds., *Interpersonal Processes: New Directions in Communication Research*. Beverly Hills, Calif.: Sage.

National Institutes of Health (1982). *Hearing Loss*. Washington, D. C.: National

Institutes of Health.

Newton, D. A. & Burgoon, J. K. (1990). "Nonverbal conflict behaviors: functions, strategies, and tactics," in Dudley D. Cahn, ed., *Intimates in Conflict: A Communication Perspective*. Hillsdale, N. J.: Lawrence Erlbaum.

Nofsinger, R. E. (1991). *Everyday Conversation*. Newbury Park, Calif.: Sage.

Noller, P. (1987). "Nonverbal communication in marriage," in Daniel Perlman and Steve Duck, eds., *Intimate Relationships: Development, Dynamics, and Deterioration*. Newbury Park, Calif.: Sage.

Noller, P. & Fitzpatrick, M. A. (1993). *Communication in Family Relation ships*. Englewood Cliffs, N. J.: Prentice Hall.

Ogden, C. K. & Richards, I. A. (1923). *The Meaning of Meaning*. London: Kegan, Paul, Trench, Trubner.

O'Hair, D. & Cody, M. J. (1987). Machiaveilian beliefs and social influence. *Western Journal of Speech Communication, 51* (Summer 1987), 286-287.

Osgood, C. E., Suci, G. J., & Tennenbaum, P. H. (1957). *The Measurement of Meaning*. University of Illinois Press, Urbana.

Patterson, B. R., Bettini, L. & Nussbaum, J. F. (1993). The meaning of friendship across the life-span: two studies. *Communication Quarterly, 41* (Spring), 145.

Pearson, J. C., Turner, L. H. & Todd-Mancillas, W. (1991). *Gender and Communication*, 2nd ed., Dubuque, Iowa: Wm. C. Brown.

Pleck, J. H. (1975). "Man to man: is brotherhood possible?" in N. Glazer-Malbin, ed., *Old Family/New Family: Interpersonal Relationships*. New York: Van Nostrand.

Pogrebin, L. C. (1987). *Among Friends: Who We Like, Why We Like Them, and What We Do With Them*. New York: McGraw-Hill.

Reardon, K. K. (1987). *Interpersonal Communication: Where Minds Meet*. Belmont, Calif.: Wadsworth.

Redding, W. C. (1972). *Communication Within the Organization: An Interpretive Review of Theory and Research*. New York: Industrial

Communication Council.

Reis, H. & Wheeler, L. (1991). Studying social interaction with the Rochester interaction record. *Advances in Experimental Social Psychology, 24*, pp. 269-318.

Richards, A. (1965). *The Philosophy of Rhetoric*. New York: Oxford University Press.

Richmond, V. P. & McCroskey, J. C. (1989). *Communication: Apprehension, Avoidance, and Effectiveness*, 2nd ed., Scottsdale, Ariz.: Gorsuch Scarisbrick.

Robbins, S. P. (2005). *Organizational Behavior* (11/E). Prentice Hall.

Roloff, M. E. & Cloven, D. H. (1990). "The chilling effect in interpersonal relationships: the reluctance to spealt ones mind," in Dudley D. Cahn, eds., *Intimates in Conflict: A Communication Perspective*. Hillsdale, N. J.: Lawrence Erlbaum.

Rubin, Z. (1973). *Liking and Loving: An Invitation to Social Psychology*. New York: Holt, Rinehart and Winston.

Rusbult, C. E. (1983). A longitudinal test of the investment model: The development (and deterioration) of satisfaction and commitment in heterosexual involvements. *Journal of Personality and Social Psychology, 45*, pp. 101-117.

Sacks, H., Schegloff, E. A. & Jefferson, G. (1974). A simplest systematics for the organization of turn-taking for conversation. *Language, 50*, pp. 696-735.

Samovar, L. A. & Porter, R. E. (1991). *Communication Between Cultures*. Belmont, Calif.: Wadsworth.

Schutz, W. (1966). *The Interpersonal Underworld*. Palo Alto, Calif.: Science and Behavior Books.

Shaw, M. E. (1981). *Group Dynamics: The Psychology of Small Group Behavior*, 3rd ed., New York: McGraw-Hill.

Shaw, M. E. (1976). *Group Dynamics: The Psychology of Small Group Behavior*. McGraw-Hill.

Sillars, A. L. & Weisberg, J. (1987). "Conflict as a social skill," in Michael E. Roloff and Gerald R. Miller, eds., *Interpersonal Processes: New Directions in Communication Research*. Beverly Hills, Calif.: Sage.

Spitzberg, B. H. & Cupach, W. R. (1984). *Interpersonal Communication Competence*. Beverly Hills, Calif.: Sage.

Steil, L. K., Barker, L. L. & Watson, K. W. (1983). *Effective Listening*. Reading, Mass.: Addison-Wesley.

Sternberg, R. J. (1986). A triangular theory of love. *Psychological Review, 93*, 119-135.

Tannen, D. (1990). *You Just Don't Understand: Women and Men in Conversation*. New York: Ballantine.

Taylor, S. E., Peplau, L. A. & Sears, D. O. (1997). *Social Psychology*. 9th., New York: Prentice-Hall, Inc.

Temple, L. E. & Loewen, K. R. (1993). Perceptions of power: first impressions of a woman wearing a jacket. *Perceptual and Motor Skills, 76* (February 1993), 345.

Tengler, C. D. & Jablin, F. M. (1983). Effects of question type, orientation, and sequencing in the employment screening interview. *Communication Monographs, 50*, 261.

Thibaut, J. W. & Kelley, H. H. (1986). *The Social Psychology of Groups*, 2nd ed., New Brunswick, N. J.: Transaction Books.

Trenholm, S. (1989). *Persuasion and Social Influence*. Englewood Cliffs, N. J.: Prentice Hall.

Trenholm, S. (1991). *Human Communication Theory*, 2nd ed., Englewood Cliffs, N. J.: Prentice Hall.

Verderber, K. S., Verderber, R. F. & Berryman-Fink, C. (2006). *Inter-Act: Interpersonal Communication Concepts, Skills, and Contexts*. Oxford University Press.

Verderber, R. F. & Verderber, K.S. (1995). *Inter-act: Using Interpersonal Communication Skills* (7th ed). Belmont, Calif: Wadsworth Publishing Company.

Verderber, R. F., Verderber, K. S. & Sellnow, D. D. (2011). *COMM 2*. MA: Wadsworth Publishing Company.

Virginia Shea (1994). Netiquette. CA: Albion Books . http://www.albion.com/netiquette/corerules.html 查閱日期：2013年7月5日

Watziawick, P., Beavin, J. H. & Jackson, D. D. (1967). *Pragmatics of Human Communication*. New York: W. W. Norton.

Weiten, W. (1989). *Psychology: Themes and Variations*. Pacific Grove, Calif.: Brooks/Cole.

Wheeless, L. R., Barraclough, R. & Stewart, R. (1983). "Compliance-gaining and power in persuasion," in Robert N. Bostrom, ed., *Communication Yearbook*. Beverly Hills, Calif.: Sage.

Whetten, D. A. & Cameron, K. S. (1991). *Developing Management Skills*, 2nd ed., New York: HarperCollins.

White, R. & Lippitt, R. (1968). "Leader behavior and member reaction in three 'social climates'," in Dorwin Cartwright and Alvin Zander, eds., *Group Dynamics*, 3rd ed., New York: Harper & Row.

Wilson, John A. R., Robeck, M. C. & Michael, W. B. (1974). *Psychological Foundations of Learning and Teaching*, 2nd ed., New York: McGraw-Hill.

Wolvin, A. & Coakley, C. G. (1992). *Listening*, 4th ed., Dubuque, Iowa: Wm. C. Brown.

Wood, J. T. (1994). *Gendered Lives: Communication, Gender, and Culture*. Belmont, Calif.: Wadsworth.

Wood, J. T. & Inman, C. C. (1993). In a different mode: masculine styles of communicating closeness. *Journal of Applied Communication Research, 21* (August), 291.

Zebrowitz, L. A. (1990). *Social Perception*. Pacific Grove, Calif.: Brooks/Cole.

心理學叢書 32

人際關係與溝通技巧

編　　著／鄭佩芬
校　　閱／曾華源
出 版 者／揚智文化事業股份有限公司
發 行 人／葉忠賢
總 編 輯／閻富萍
特約執編／鄭美珠
地　　址／22204 新北市深坑區北深路三段 258 號 8 樓
電　　話／(02)8662-6826
傳　　真／(02)2664-7633
網　　址／http://www.ycrc.com.tw
 E-mail ／ service@ycrc.com.tw
 I S B N ／ 978-986-298-128-3
初版一刷／2000 年 10 月
二版一刷／2014 年 2 月
二版三刷／2020 年 3 月
定　　價／新台幣 420 元

國家圖書館出版品預行編目（CIP）資料

人際關係與溝通技巧 / 鄭佩芬編著. -- 二版.
-- 新北市 : 揚智文化, 2014.02
面 ； 公分.--(心理學叢書 ;32)

ISBN 978-986-298-128-3(平裝)

1.人際傳播 2.人際關係 3.溝通技巧

177.1   102027952